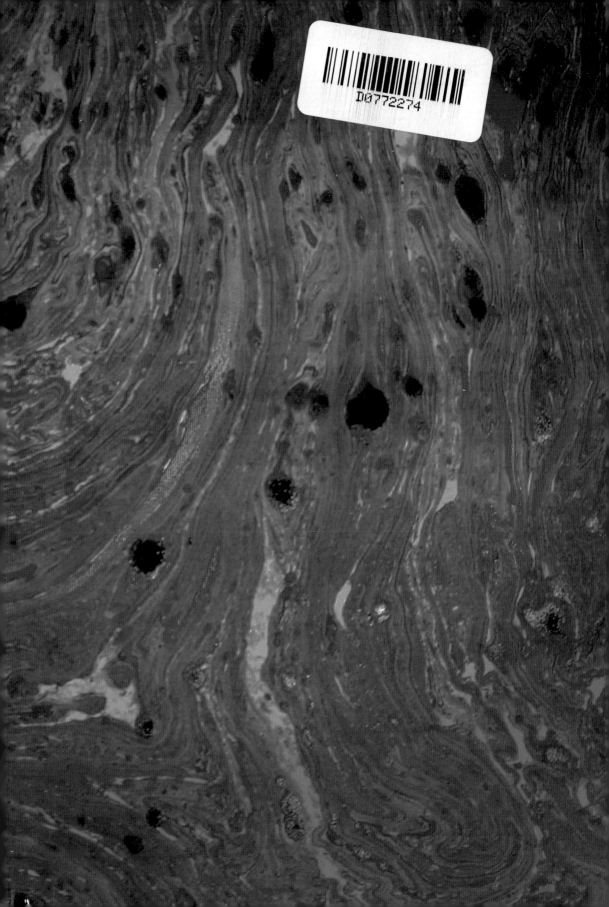

LOS DUENDES

JESÚS CALLEJO Y CARLOS CANALES

ILUSTRACIONES
RICARDO SÁNCHEZ

A nuestros numerosos compañeros de viaje por esos mundos llenos de leyenda y fantasía; a todos aquellos que tienen la capacidad de soñar, y a los que conservan las tradiciones para no perder su identidad. Y también a esos seres que siguen agazapados al otro lado del espejo, esperando que alguien cuente sus historias… Ahora es el momento.

Los Duendes

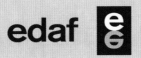

www.edaf.net

MADRID - MÉXICO - BUENOS AIRES - SANTIAGO
2018

Los duendes
© 2018. Jesús Callejo y Carlos Canales
© 2018. De esta edición, Editorial EDAF, S. L. U.
© Diseño de la cubierta e ilustraciones: Ricardo Sánchez

EDITORIAL EDAF, S. L. U.
Jorge Juan, 68. 28009 Madrid, España
Tel. (34) 91 435 82 60
Fax (34) 91 431 52 81
http://www.edaf.net
edaf@edaf.net

ALGABA EDICIONES, S.A. de C.V.
Calle 21, Poniente 3323,
Colonia Belisario Domínguez
(entre la 33 Sur y la 35 Sur)
Puebla, 72180, México
Telf.: 52 22 22 11 13 87
jaime.breton@edaf.com.mx

EDAF DEL PLATA, S. A.
Chile, 2222
1227 Buenos Aires, Argentina
Tel/Fax (54) 11 43 08 52 22
edaf4@speedy.com.ar

EDAF CHILE, S. A.
Coyancura, 2270 Oficina, 914
Providencia, Santiago de Chile
Chile
Tel (56) 2/335 75 11 - (56) 2/334 84 17
Fax (56) 2/ 231 13 97
comercialedafchile@edafchile.cl

Primera edición: Marzo 2018

ISBN: 978-84-414-3775-3
Depósito legal: M-2903-2018

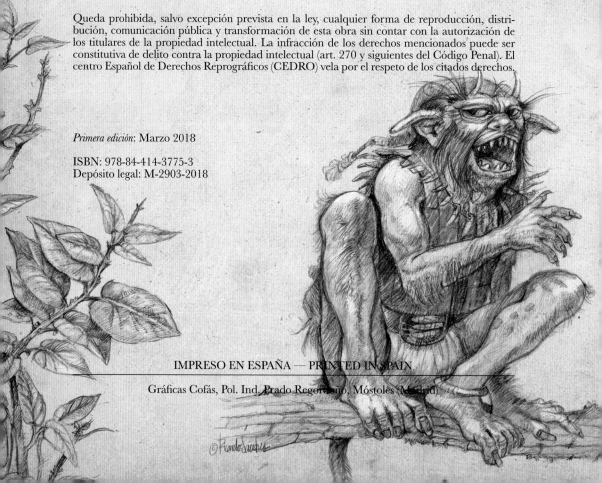

IMPRESO EN ESPAÑA — PRINTED IN SPAIN

Gráficas Cofás, Pol. Ind. Prado Regordoño, Móstoles (Madrid)

ÍNDICE

INTRODUCCIÓN A LA NUEVA EDICIÓN 19

1.- ANTES, UNAS PALABRAS SOBRE LA
GENTE MENUDA 23

    LOS ELEMENTALES DE PARACELSO 23
    LAS TRECE COINCIDENCIAS 25

2.- COSAS DUENDILES QUE DEBEN SABER 37

    SU CONFUSIÓN CON LOS FANTASMAS 37
    ¿REALMENTE EXISTEN? 45
    ¿POR QUÉ A UN DUENDE LE RESULTA ATRACTIVA UNA CASA? .. 48
    TIPOLOGÍA Y VARIEDAD 54
    EL TABÚ DE LA SAL Y DEL GORRO 59
    CASAS ENDUENDADAS Y *POLTERGEIST* 62
    HOGARES QUE DAN MIEDO 65
    Y UN CUENTO PARA ABRIR BOCA 67

3.- LA IGLESIA Y LOS DUENDES-DEMONIOS 71

    SU ORIGEN: ÁNGELES MALUTOS 71
    EL PADRE MARTÍN DEL RÍO: *DISQUISICIONES MÁGICAS* 77
    EL PADRE FUENTELAPEÑA: *EL ENTE DILUCIDADO* 77
    EL PADRE BENITO FEIJOO: *TEATRO CRÍTICO UNIVERSAL* 79

4.- HABLEMOS DE TRASGOS 83

    ESPÍRITU TRAVIESO, FUGAZ Y ORDENADO 83
    TRASGOS *VERSUS* DIAÑOS 86
    EL *TRASGU* ASTURIANO 89

Cosas de duendes, que no de trasgos 92

Formas de echarle 94

La glotonería del *trasgu* 95

El sumicio 96

El trasgo cántabro 100

El trastolillo 102

El trasno gallego 104

Cuento del trasno y el zorro 107

El xas 110

El trasgo castellano-leonés 111

Los trasgos de Benavente 114

Trasgos sorianos 115

El trasgo apedreador de Salamanca 118

Los trasgos leoneses 121

5.- HABLEMOS DE *FOLLETS* 127

Els follets de Cataluña 127

Aspecto, costumbres y hábitat 128

El *follet* de los vientos 136

Els follets de Levante (Valencia y Murcia) 137

Els follets de Almudaina 138

Donyets y *cerdets* 141

El duende de la ópera valenciana 141

Els follets de Baleares 142

El amigo *barruguet* 143

6.- SOBRE OTROS DUENDES DOMÉSTICOS 149

Los duendes extremeños 150

Duendes hurdanos y pacenses 152

El duende de El Ladrillar 154

El frailecillo 157

Tesoros extremos y extremeños 162

Del duende jamplón al duende mamón 163

Índice

Los duendes vasco-navarros 164

    Etxajaun e *Iratxo* 165

    Arantziliak 168

    Gorri-txiqui 169

    ¿Duendes constructores de dólmenes? 169

    El duende del castillo de Guevara 172

Los duendes castellano-manchegos 173

    Duendes toledanos 174

    Los incordios del doctor de las Moralejas ... 179

    El duende Martinico de Mondéjar 182

    El duende de San Carlos del Valle 185

Los duendes canarios 186

    Fórmula impactante para espantarlos 190

Los duendes de Aragón 191

    De los duendes organistas a los de Goya 191

    Los duendes del reloj de la torre 195

    El extraño caso del falso duende de
    la hornilla 199

    Los duendes tejedores de Zaidín 208

    Los menos 212

    Más duendes mañicos 214

Los duendes andaluces 215

    Martín, el duende justiciero cordobés 217

    Bastián, el granadino 221

    El duende quejoso del Darro 223

    Los duendes de la Alhambra 225

    Las otras piedras de Antequera 226

Los duendes de la Villa y Corte de Madrid 228

    Los duendes que buscó Torres Villarroel 228

    La casa de los enanos 231

    Otros duendes castizos 234

Los duendes protectores de niños 238

    Cuines (Cantabria) 242

    Meniñeiros (Galicia) 242

    Ratones coloraos (Murcia y Andalucía) 243

7.- **DIABLILLOS FAMILIARES**
(LAS BRUJAS Y SUS DUENDES) 247

SERVIDORES DE UN SÓLO DUEÑO 247
    DE SILBATOS Y SAPOS MÁGICOS 252
    HOMÚNCULOS Y *GOLEMS* 256
    DIABLOS DENTRO DE BOTELLAS 259
    EL DIABLO COJUELO 262
FAMILIARES ISLEÑOS 267
    ISLAS BALEARES: *HOMENET DE COLZADA* 267
    MALLORCA Y MENORCA: *DIMONIS-BOIETS* 269
    IBIZA Y FORMENTERA: *ES FAMELIAR* Y SU BOTELLA 274
    ISLAS CANARIAS: FAMILIARES SEGADORES............. 276
MUCHOS NOMBRES PARA UNA MISMA FAMILIA 279
    COSA DE MARIDILLOS 280
    CASTILLA: ENEMIGUILLOS 281
    CANTABRIA: MENGUES Y UJANOS 283
    CATALUÑA: *MINAIRONS* Y *MANEIRÓS* 288
    GALICIA: DIABLILLOS Y *XAININES* 292
    ASTURIAS: PAUTOS 295
    ANDALUCÍA: CERMEÑOS Y LANILLAS 298
    ARAGÓN: *DIAPLERONS* O NEMOS 302
    NAVARRA: SAPOS VESTIDOS 303
    PAÍS VASCO: MAMUR, MOZORROS
    Y *GALTXAGORRIS* 306
    EL CASO DEL CURA-BRUJO DE BARGOTA 310
    UN CASO ESPECIAL: ZEQUIEL Y
    EL DOCTOR TORRALBA 314

8.- **LOS DUENDES DAÑINOS DE DORMITORIO** 321

DUENDES VAMPIRIZANTES (EFIALTES) 323
    TARDOS (GALICIA) 328
    INGUMAS (EUSKADI) 329
    PESANTAS (CATALUÑA) 330
    MANONAS (CASTILLA) 334
    PESADIELLU (ASTURIAS) 334

Duendes lascivos (Íncubos) 336

    Magdalena de la Cruz, Balbán y Pitonio 338

    Íncubos modernos:

    visitantes nocturnos de dormitorio 342

**9.- LOS MINÚSCULOS MALIGNOS
(DEMONIOS DENTRO DEL CUERPO)** 351

Se cuentan por miles 351

    Las romerías diabólicas 353

    Demachiños y *tangaraños* 355

    Gaizkiñes y ubenduas 358

    Muy malinos y muy malignos 361

10.- UN POCO DE MITOLOGIA COMPARADA 365

En todos los países cuecen habas 365

    En las Islas Británicas 369

    En Alemania 374

    En Suiza 375

    En Escandinavia 375

    En Portugal 376

    En Holanda 376

    En Italia 376

    En Francia 376

El duende asesino Hudequin de Sajonia 377

Los *brownies* que vio Hodson 379

Los *farfadets* que martirizaron a Berbiguier 381

Los trasgos de Tolkien 383

EPÍLOGO 387

BIBLIOGRAFÍA 391

Introducción a la nueva edición

HA PASADO CASI UN CUARTO DE SIGLO, 24 AÑOS, se dice pronto, desde aquella primera edición del libro *Duendes* en 1994. De entonces a hoy mucho ha llovido y muchas cosas han pasado. Un libro que nació de la ilusión de aportar algo nuevo en el panorama ibérico donde, por vez primera, se recogían multitud de leyendas y testimonios de estos seres tan traviesos y escurridizos. Fueron cuatro años de investigación y recogida de datos en todo tipo de obras literarias y antropológicas, la mayoría de un ámbito muy rural y local, para hacer una compilación y sistematización lo más amena posible de estas criaturas duendiles repartidas por toda la geografía española.

Con el tiempo, quién lo iba a decir, se ha convertido en todo un clásico con decenas de reediciones, un libro que ha sido citado en otros libros sobre temas mitológicos y tradiciones populares, un libro que ya ocupa, por derecho propio, un lugar en el acervo cultural y etnológico de nuestro país.

Lo mágico y lo maravilloso se aunaban en los casi cien personajes que citábamos entonces (ahora hay alguno más), pero aún no sabíamos que lo realmente mágico y maravilloso —y casi milagroso— es que después de tantos años, las cuatro partes implicadas en este proyecto inicial, más bien en este gran sueño, siguen vivas, activas, en contacto y guardando una sincera amistad: la editorial Edaf, el extraordinario dibujante Ricardo Sánchez y los dos autores, Carlos Canales y Jesús Callejo.

Nosotros, los de entonces, ya no somos los mismos, diría Pablo Neruda. Aquel año 1994 fue clave para todos, pues no sabíamos aún que ese libro iba a tener la repercusión que tuvo, que se convertiría en una obra de obligada lectura para todos los que han querido saber algo más de ese mundo fascinante y duendil. Un libro, les aseguramos, hecho con todo el esfuerzo, dedicación, cariño y entusiasmo de un primer hijo literario, pues con él se iniciaron en el mundo de la literatura tanto Carlos como Jesús. Luego siguieron otras obras, proyectos y más sueños, pero el primero, sea un amor, un beso, un viaje o un libro, siempre marca. El primero queda grabado a fuego en el corazón.

No sé cuántas veces nos habremos visto citados en las bibliografías de obras, artículos, blogs y páginas de Internet (a veces sin citarnos expresamente) y cuántas veces hemos visto dibujos del libro de *Duendes* reproducidos en multitud de medios (a veces sin citar a Ricardo). Eso forma parte del juego y lo entendemos de una manera totalmente positiva. Si nos leen, nos citan, incluso si nos copian o nos plagian, es buena señal. Algo bueno habremos aportado para que *Duendes* haya dejado esa huella.

Por eso pensamos que era oportuno hacer una edición especial del libro, sí, ahora, en este año 2018, aprovechando para darle un lavado de cara, quitándole las legañas, atusándolo y vistiéndolo de gala para la ocasión. Con nuevos textos, ampliaciones, modificaciones, mejoras, actualizaciones y con más imágenes, dibujos e ilustraciones. Con una edición muy cuidada llevada a cabo por la editorial Edaf. Es nuestra particular manera de conmemorar y celebrar que esas «cuatro partes» de antaño sigamos juntas, unidas, animadas y entusiasmadas por un proyecto que continúa siendo actual y que tantas alegrías nos ha dado a lo largo de estos 24 años.

Esperamos que lo disfruten porque va dirigido a todos los que saben que un «duende» es más que una palabra y más que un personaje fantástico. Dirigido tanto a los que ya habían leído la obra en ediciones anteriores como a los que se acerquen a esta nueva edición especial, cargada de muchas sorpresas. Es también nuestro homenaje a todos los que han seguido la senda que en su día marcamos, a los que han escrito libros inspirados en nuestra labor, rescatando leyendas y tradiciones locales de nuestros seres más universales, fantásticos y entrañables.

Sin duda alguna, este libro sigue teniendo mucho «duende».

D. Manuel:	El juicio podré perder:
	pero no, Cosme, creer
	cosa sobrenatural.
Cosme:	¿No hay duendes?
D. Manuel:	Nadie los vio
Cosme:	¿Familiares?
D. Manuel:	Son quimeras
Cosme:	¿Brujas?
D. Manuel:	Menos
Cosme:	¿Hechiceras?
D. Manuel:	¡Qué es eso!
Cosme:	¿Hay íncubos?
D. Manuel:	No
Cosme:	¿Encantadoras?
D. Manuel:	Tampoco
Cosme:	¿Mágicas?
D. Manuel:	Es necedad
Cosme:	¿Nigromantes?
D. Manuel:	Liviandad
Cosme:	¿Energúmenos?
D. Manuel:	¡Qué loco!

Calderón de la Barca. *La dama duende.*
Jornada Primera, escena XVI.

Antes...,
unas palabras
sobre la gente
menuda

*Solamente estás donde
ya no te busco.*

Julio Cortázar

Los «elementales»
de Paracelso

Hablar de unos extraños seres que no son hombres, no son ángeles, no son espíritus, pero que son a la vez todo eso y más, no es, evidentemente, tarea fácil. No obstante, podemos aventurarnos por este mágico mundo de los «elementales», la «gente menuda», el «pueblo de la buena gente» o, simplemente, los «habitantes del País de las Hadas» bien provistos de toda clase de talismanes y de los conjuros que se conozcan, así como de una buena dosis de sentido común y de sentido del humor, pues, aunque los seres de los que vamos a hablar son normalmente invisibles para nosotros, no por ello son menos reales.

El médico y alquimista suizo Paracelso, cuyo auténtico nombre le hace a uno trabarse la lengua: Theophrastus Bombastus von Hohenheim, afirmaba en su *Philosophia Occulta* que los «elementales» tenían todas estas características:

> No pueden clasificarse entre los hombres, porque algunos vuelan como los espíritus, no son espíritus, porque comen y beben como los hombres. El hombre tiene un alma que los espíritus no necesitan. Los elementales no tienen alma y, sin embargo, no son semejantes a los espíritus, estos no mueren y aquellos sí mueren. Estos seres que mueren y no tienen alma ¿son pues animales? Son más que animales, porque hablan y ríen. Son prudentes, ricos, sabios, pobres y locos igual que nosotros. Son la imagen grosera del hombre, como este es la imagen grosera de Dios... Estos seres no temen ni al agua ni al fuego. Están sujetos a las indisposiciones y enfermedades humanas, mueren como las bestias y su carne se pudre como la carne animal. Virtuosos, viciosos, puros e impuros, mejores o peores, como los hombres, poseen costumbres, gestos y lenguaje.

El comportamiento ecológico es propio de todos los «elementales», desde el busgosu asturiano hasta el trenti de Cantabria, pasando por las distintas familias de hadas que existen en nuestro país, y tienen su mayor exponente en Mari, deidad femenina considerada por las tradiciones vascas como la reina de todos los «elementales», ya que se identifica con casi todas las fuerzas de la Gran Madre Naturaleza, sean estas tormentas, rayos, nublados o pedriscos. Todos estos seres son parte indisoluble de la misma —aunque en una realidad paralela—, sin la que no sobrevivirían y, por supuesto, nosotros tampoco.

Intentar elaborar una clasificación de todos los tipos de seres míticos que aparecen en España es una tarea complicada. Cuando se dedica tiempo y esfuerzo a seguirles la pista, se comprueba la diversidad de nombres, aspectos, costumbres y actitudes que adoptan ante los humanos; es por esto por lo que se les suele llamar genéricamente «elementales», término más amplio que «duendes», «hadas», «espíritus», «geniecillos», etc., pues todos estos nombres designan a una parte de estos seres o a un grupo en concreto, pero nunca a la totalidad. Además, la palabra los define muy bien, ya que son seres relacionados con los cuatro elementos básicos y primarios de la naturaleza: el agua, el fuego, el aire y la tierra.

Paracelso creía que cada uno de estos cuatro elementos estaba constituido por un principio sutil y por una sustancia corporal densa, es decir, todo tiene una doble naturaleza. Así, el fuego es visible e invisible, pues una llama etérea y espiritual se manifiesta a través de una llama sustancial y material; algo parecido a lo que pasa con los otros tres elementos. Por esta razón, del mismo modo que la naturaleza visible está habitada por un número infinito de criaturas vivientes (plantas, animales y hombres), la contraparte espiritual e invisible —su universo paralelo diríamos hoy en día— está también habitada por una multitud de peculiares seres a los cuales dio el nombre de «elementales», más tarde llamados Espíritus de la Naturaleza. Esa población la dividió en cuatro grupos diferentes a los que arbitrariamente denominó gnomos (elemento tierra), ondinas (elemento agua), silfos (elemento aire) y salamandras (elemento fuego). Creyó que eran criaturas realmente vivas, semejantes a un ser humano en la forma, que habitaban sus propios mundos no muy alejados del nuestro, aunque invisibles para nosotros por la única razón de que los sentidos poco desarrollados del hombre no son los más aptos para detectarlos.

Las trece coincidencias

No OBSTANTE, a pesar de sus diferencias, que en ocasiones son enormes, todos ellos presentan una serie de curiosas similitudes, que escuetamente pasamos a comentar:

Cuernecillos

Gorro

El duende y sus características

La fisonomía de un duende nunca es lo que parece.

tendencia a la melancolía

Son inteligentes

Aspecto Grotesco

Cuernos y rabos tienen
la mayoría de ellos, si
bien solo coincidirían
en una característica
común: su aspecto casi
siempre es
muy grotesco.

Duendes

1. Son seres interdimensionales y atemporales. A diferencia de nosotros, no se rigen por las leyes físicas ordinarias, o al menos eso parece. Sin embargo, todos los indicios hacen pensar que viven como nosotros en la Tierra, a pesar de que son seres del mundo etérico y astral, y que comparten con los humanos los mismos lugares (ríos, bosques, montañas e incluso hogares). Todos los elementales están esencialmente ligados a elementos y fuerzas que forman parte del lado desconocido de la naturaleza. La protegen y se mimetizan en ella de forma tal, que consideran cualquier agresión a los árboles, las plantas o los animales como una afrenta hacia ellos mismos.

2. Generalmente viven en comunidades y están organizados jerárquicamente. Existe un jefe, rey o reina que los gobierna (así ocurre con la familia de las hadas, de las lamias, de los xacios, etc), incluidos los seres vinculados a los hogares, como los duendes o familiares, que suelen obrar en colectividad, si bien se manifiestan por separado. Al vivir en tribus o grupos tienen comportamientos similares a los de los humanos; se casan, tienen hijos, asisten a entierros, etc.

3. En su estado habitual son invisibles para el ser humano, no tanto para niños y animales. Por ejemplo, una variedad de los duendes, los tardos, son visibles para los gatos y los perros. Sin embargo, tienen cierta capacidad para materializarse en nuestra dimensión física y, por tanto, hacerse visibles. Solo se dejan ver por quien quieren y cuando quieren. Muchas veces, aunque lo deseen, no son visibles en su totalidad, lo que ha motivado la existencia de una gran diversidad de opiniones sobre su naturaleza. La teoría más generalizada es considerarlos seres intermedios entre el hombre y los ángeles, dotados de cuerpos ligeros, cambiantes, camaleónicos y tan sutiles que pueden aparecer o desaparecer a voluntad.

4. La característica anterior puede ser ampliada en el sentido de que muchos elementales pueden cambiar de tamaño y forma,

adoptando aspectos grotescos o hermosos, e incluso animalescos. Esta posibilidad es hoy en día muy discutida; lo que probablemente ocurra en realidad no es que voluntariamente quieran parecer feos o extravagantes, sino que verdaderamente sean así. La creencia general de que su tamaño es siempre diminuto hay que cuestionarla, pues, aunque prefieren el reducido para ocultarse mejor de las miradas indiscretas, pueden adoptar dimensiones gigantescas. Lo cierto es que son multiformes, como así se lo confirmó al investigador Walter Wentz uno de sus informantes:

> Pueden aparecer bajo distintas formas. Una vez se me apareció uno que apenas tenía un metro de altura y era de complexión robusta pero me dijo: «Soy mayor de lo que tú ahora me ves. Podemos rejuvenecer a los viejos, empequeñecer a los grandes y engrandecer a los pequeños».

5. Respecto a su temperamento son, por lo general, juguetones. Les encanta confundir, asustar y asombrar a los humanos con sus trucos, invenciones y juegos (así lo hacen, al menos, los elementales de la tierra, como trasgos, frailecillos, sumicios y demás familia de duendes, y los seres de los bosques, como el tentirujo, el diaño burlón o el busgoso). Son caprichosos y se les describe como seres codiciosos, con tendencia a la melancolía.

6. Están enormemente interesados en determinados aspectos sexuales de los humanos, de forma directa o indirecta, produciéndose en ocasiones contacto con ellos y descendencia. Es este un asunto polémico asociado a íncubos y súcubos. En España existen leyendas de enlaces entre humanos y elementales que han dejado hijos. Este aspecto es especialmente interesante por estar poco estudiado por los folkloristas y de él hablaremos ampliamente en otra obra.

7. Cuando se hacen amigos de un humano o por alguna razón lo estiman y aprecian, le otorgan grandes regalos materiales (algo relacionado con el «oro de los duendes», donde nada es lo que

parece) o bien poderes psíquicos (telepatía, clarividencia...). Si, por el contrario, nos enemistamos con ellos, son tremendamente rencorosos y vengativos. Un ejemplo muy claro lo tenemos con los duendes, familiares y hadas.

8. Viven mucho más tiempo que los hombres, pero sin llegar a ser inmortales. Pueden alcanzar del orden de 500 o más años, según los casos, y cuando llegan a una cierta edad, dependiendo de cada grupo, empiezan a menguar hasta desvanecerse totalmente. Los espíritus de la naturaleza no pueden ser destruidos por los elementos más densos y groseros del fuego, la tierra, el aire o el agua. Vibran en un rango más elevado que las sustancias terrestres. Al estar compuestos por apenas un único elemento o principio —el éter en el que funcionan—, no poseen espíritu inmortal y, cuando les sobreviene la muerte, simplemente se desintegran en el elemento individual original. Los que están compuestos de éter terrestre (gnomos, duendes, enanos...) son los que viven menos; los del aire, los que viven más.

9. Son éticamente neutros y pueden resultar perversos y dañinos, pero también bondadosos y amables, en función de nuestro contacto personal con ellos y de lo que simbolizan. No olvidemos que representan todos los aspectos de la naturaleza, a la que están vinculados de forma inherente y esencial. Carecen de un yo individualizado y, por esta razón, no distinguen moralmente el bien del mal, aunque ayudan a la gente bondadosa y perjudican a los que son malvados con ellos. Se supone que tales criaturas son incapaces de desarrollo espiritual, pero algunas tienen un sorprendentemente elevado carácter moral.

10. Son inteligentes, en el sentido de que sus actos obedecen a un fin racional y concreto. Algunos poseen una inteligencia extremadamente desarrollada y otras ciertas limitaciones que les hacen en ocasiones parecer débiles y fáciles de engañar ante los humanos. Muchos de ellos disponen de poderes para nosotros inalcanzables.

11. Conocen y usan las leyes de la naturaleza para conseguir sus objetivos (como los nuberos y los ventolines), y con frecuencia se les atribuye la construcción de megalitos. Algunos estudiosos vinculan erróneamente a ciertos elementales con los dioses de los antiguos, aunque la verdad es que casi todos ellos poseen fuerza física y poder de sugestión como para afectar a nuestra voluntad y sentimientos, si estamos en su campo de acción (así sucede con el canto de las sirenas o la danza de las hadas, por ejemplo).

12. Les aterrorizan el hierro y el frío acero, y su sonido, a pesar de que, paradójicamente, algunos de ellos, como los enanos o los gnomos, se dediquen a la profesión de herreros. Sus armas no están compuestas de estos materiales, sino que, en su mayoría, se construyen con una piedra similar al pedernal amarillo. Las utilizan para defenderse o para atacar a animales. De todo esto se infiere que uno de los mejores talismanes para evitar su presencia es precisamente el hierro y todo cuanto se relaciona con este material; así, por ejemplo, serviría para huyentarlos el tañido de las campanas.

13. Sus principales ocupaciones y fiestas, en las que gastan la mayor parte de sus energías, incluyen la música, la danza, las luchas, los juegos y la comida. Básicamente, poseen tres grandes festividades: la del mes de mayo, la del 24 de junio (solsticio de verano) y la del mes de noviembre.

En España buscan sus habitáculos en contacto directo con la naturaleza, aun en el caso de aquellos más íntimamente vinculados a los humanos (como los duendes), siendo así que encontramos su presencia entre cuevas y montañas (gnomos, trastolillos, enanos), fuentes, lagunas, lagos o ríos (lamias, xacias, damas del agua, alojas), bosques (busgosos, diaños, trentis), vinculados a fenómenos atmosféricos (nuberos, ventolines, tronantes) o a la naturaleza en general (xanas, anjanas, mouras, encantadas y demás hadas o espíritus femeninos de la naturaleza).

Al tener un cuerpo sutil, la posibilidad de metamorfosearse en lo que quieran y cuando quieran lo tienen al alcance de la mano o de la pluma.

Duendes

Tal como asegura Juan García Atienza, los seres elementales vienen a ser «una especie de llamada de atención hacía una realidad que se da en la naturaleza y que no se comporta conforme a los cánones físicos o morales establecidos por la sociedad humana». Más tarde dice que es inútil tratar de entenderlos. Por nuestra parte, vamos humildemente a intentarlo en esta obra monográfica sobre duendes y demás seres vinculados a los hogares.

Por su amplitud, importancia y especial presencia entre los humanos, los duendes domésticos y espíritus familiares (encuadrados en el elemento tierra) constituyen un grupo genuinamente propio, y los hemos estudiado de forma separada, aunque no independiente, del resto de los seres mágicos.

2

Cosas duendiles que deben saber

*Y tiene el duende, en efecto,
para ti mano de lana, para mí mano de hierro.*

Calderón de la Barca. *La dama duende*

Su confusión con los fantasmas

CON EL NOMBRE GENÉRICO DE «DUENDES» se denomina, en España y resto de Europa, a un grupo de seres que tienen entre sus características principales su apego por determinadas casas, habitadas o deshabitadas, en las que se instalan. Respecto a su remoto origen, hay que decir que forman parte de aquella legión de ángeles caídos que no fueron lo suficientemente buenos para salvarse ni lo suficientemente malos para condenarse, por lo que se les permitió vivir en la Tierra, junto a los hombres, pero en una especie de civilización paralela.

Duendes

Los integrantes de esta subraza de seres llamados «duendes domésticos» eran hace siglos habitantes de zonas agrestes, boscosas y montañosas que vivían en el interior de cuevas y grutas hasta que, de forma paulatina, se fueron acercando a los hogares humanos. Al principio como curiosidad, por conocer a los del «otro lado», es decir, a nosotros, y después para realizar diversas tareas domésticas (poner orden en la cocina, ayudar en las tareas relacionadas con el ganado y actividades similares) con el único objetivo de divertirse, cogiendo poco a poco el gustillo por todo lo relativo al hombre y sus quehaceres. En ciertas zonas, la relación duende-hombre fue tan intensa que se producían visitas asiduas —siempre por la noche— con actos serviciales, con sus travesuras y manifestando sentimientos de agrado o de enfado, según su comportamiento con ellos. Para el reverendo escocés Kirk de Aberfoyle no había muchas dudas sobre su origen: eran miembros de un pueblo que él llamaba «subterráneos» y no espíritus malignos o diablos, porque «si bien arrojan a los que habitan en ellas (las casas) grandes piedras, fragmentos de madera y terrones del suelo, no los golpean, como si su forma de actuar no fuera la maligna de los diablos, sino la burlona de los bufones y payasos».

Lo que singulariza a los duendes de sus otros congéneres es que se vinculan siempre, de diversas maneras y con distintas manifestaciones, a las casas y a los seres humanos que las habitan. Equivaldrían, dentro de la antigua mitología romana, a los espíritus protectores del hogar y de los campos, es decir, a los dioses lares, manes y penates. Los lares eran representados mediante unas figurillas que llevaban un plato en la mano y se guardaban en una hornacina especial —o cuya imagen se pintaba en una pared de la misma—, con la apariencia de dos jóvenes danzando. Los manes eran las almas de los familiares difuntos y los penates eran espíritus protectores del almacén del hogar que recibían como ofrendas usuales sal y harina.

Algunos antropólogos opinan que este culto es prolongación y reminiscencia de la veneración y respeto que se tenía entre los romanos al cabeza de familia ya fallecido, que desde el más allá seguía protegiendo a los suyos. Tal explicación, respecto a los duendes ibéricos, no es nada satisfactoria, pues entre las actitudes y labores de estos no está precisamente la de custodiar y proteger a los propietarios de una casa, sino a veces todo lo contrario. También existían en la mitología de Roma, al lado de los espíritus protectores, los espíritus malhechores: los *larvae* o los lémures, considerados como las almas perversas de ciertos difuntos, que erraban por los viñedos, los pozos y las estancias del hogar molestando a criadas, niños y animales, así como propinando buenos sustos y amargos sinsabores. Para los *larvae* existía un rito ejecutado por el *pater familias*, consistente en arrojarles habas negras (legumbres consideradas muy negativas tanto por griegos como por romanos), con el fin de que se entretuvieran recogiéndolas y dejaran en paz a la familia. Mucho más perversos eran los lémures, que se suponía que eran las sombras de aquellos que habían muerto antes de su momento, ajusticiados o asesinados. El padre Feijoo, al hablar de los duendes en su *Cartas eruditas*, escribía categóricamente: «No son ángeles buenos ni ángeles malos, ni almas separadas de los cuerpos, sino unos espíritus familiares, semejantes a los lémures de los gentiles».

Desde siempre, a los duendes se les ha considerado seres intermedios entre los espíritus más elevados (los ángeles y similares) y el hombre. Los ocultistas medievales, procedentes en su mayoría de la Cábala, dividían a los seres invisibles en:

ℙ Ángeles y toda su jerarquía celeste (incluidos los «dioses» de los pueblos antiguos).

ℙ Diablos y toda su corte demoníaca (así como los llamados «ángeles caídos», situados en una categoría distinta a estos demonios).

ℙ Almas de los muertos o fantasmas.

ℙ Espíritus elementales de la naturaleza.

A los duendes, según diversos autores y según zonas geográficas, se les ha encuadrado en las cuatro categorías, aunque preferentemente como demonios de poca monta y, sobre todo, como elementales o espíritus de la naturaleza, vinculados sobre todo al elemento tierra, tanto de la superficie como de su interior.

± 25 cm.

Los juegos y las payasadas que suelen hacer los duendes en los hogares forman parte de una teatralidad totalmente estudiada y que pertenece a su esencia.

Duendes

Algunos investigadores, profundizando más en las íntimas conexiones de todos estos seres y apoyándose en las Antiguas Enseñanzas, afirman que al ser humano, desde casi el mismo momento en que tiene un alma individualizada, le siguen tres entidades:

♇ Su ángel de la guarda o custodio, a modo de Pepito Grillo o voz de la conciencia, que le acompaña durante toda su vida.

♇ Su diablillo particular, encargado del lado oscuro de su mente, que asimismo le acompaña toda su vida.

♇ Su espíritu elemental, o genio individual (generalmente un duende o un hada), que le acompaña hasta la edad aproximada de siete años y que le sugiere, a modo de voz interior, aquello que debe evitar por ser peligroso para su vida. A partir de esa edad este papel lo cumple a la perfección su particular ángel de la guarda, ya que es el momento en el que se encarnan sus principios superiores.

Esta trinidad juega un papel equilibrante, al estar conectado cada ser a un eje de la existencia humana que, desde el enfoque cristiano, serían: el cielo, el infierno y la tierra. No hay que olvidar que tienen la consideración de dueños o señores de las casas (aunque molestos) y etimológicamente así se han considerado en el País Vasco. El vocablo «duende» deriva de la voz duendo y esta a su vez del céltico *deñeet* (domesticado, familiar), existiendo dos acepciones distintas del mismo:

♇ La de duende propiamente dicho, ser fantástico de pequeña estatura.

♇ La de fantasma, espíritu o aparecido que se materializa en determinadas circunstancias y que viene a ser una especie de doble energético de una persona fallecida.

Y, como veremos, el ámbito de los muertos es muy difícil de desligar del mundo de los duendes o de los «elementales», entre otras cosas porque los dos proceden del llamado mundo astral, dimensión esta poco conocida con la que estamos, sin embargo, íntimamente interrelacionados, al decir de algunos esotéricos. Un componente esencial de nuestro organismo, el cuerpo astral, también participa de esta dimensión, pero hemos de tener claro que no se trata de un lugar lejano, sino de «este» lugar, y que su proceso es inmanente a nosotros.

Tan imbricados están los duendes con las almas en pena que en aquellas zonas donde no existe una clara creencia popular en duendes, *follets* o trasgos se atribuyen a las almas de los antepasados ya muertos los ruidos nocturnos del hogar y los fenómenos anómalos que se producen (como ocurre, por ejemplo, en la comarca del Pallars o en algunos pueblos de Vizcaya). Para el gran folklorista asturiano Constantino Cabal no hay ninguna duda de que los duendes eran muertos: «Consta, porque son muertos todavía en numerosos lugares y así, en los pueblos del Norte, los juzgan almas en pena que vivieron sin rienda en este mundo y están ahora condenadas a peregrinar por él», y muertos son también para Cabal los enanos, los gnomos, las hadas o los diaños, apreciación esta con la que no podemos estar totalmente de acuerdo.

Hemos utilizado la terminología genérica de duendes domésticos para referirnos a grupos tan diferenciados como los trasgos, los *follets* o el resto de duendes, con sus respectivos y numerosos nombres locales, de los que tenemos constancia al realizar nuestra investigación —aproximadamente unos setenta—, y ponemos sobre aviso al lector respecto a tres importantes cuestiones:

℗ Todos los duendes domésticos que vamos a mencionar proceden originariamente del grupo llamado «elementales de los bosques» que, en un momento dado, decidieron voluntariamente separarse de sus congéneres más allegados (como los diablos burlones) y acercarse a los hogares humanos, movidos en gran parte por su curiosidad y por los adelantos tecnológicos que apreciaban en los hombres. Al estar dotados de inteligencia y sensibilidad, llegan a coger odio a una familia o, por el contrario, desarrollan hacia ella una cierta simpatía o afecto, hasta el punto de que pueden seguirla de un lugar a otro. Este carácter ambivalente del duende es una constante en todas las historias en las que interviene: son leales con la casa que escogen e incluso aman (en el sentido en que ellos lo entiendan) a sus miembros, pagando sus atenciones y sus ofrendas con todos los beneficios que un duende puede dispensar, que son muchos si quiere. En cambio, si le maltratan verbal o físicamente se puede convertir en el ser más vengativo que uno pueda imaginarse, y procurará hacer la vida imposible a la familia. Encontraremos varios ejemplos de este proceder, muy característico de todos los elementales; el más extremo, el *gorri-txiqui* vasco.

ℙ Este desmedido afecto por algunas familias, que les obliga a seguirlas, es lo que ha provocado la extensión y difusión de los duendes por zonas de España a priori poco recomendables y propicias para ellos, al carecer de los elementos característicos de sus hábitats de origen, es decir, vegetación y frondosidad. Aun así, lo cierto es que evolucionaron y se acomodaron con mucha rapidez a los cambios sufridos y hoy podemos hablar de duendes, en sus más diversas categorías, repartidos por toda la geografía española —así como por la del resto de Europa e Hispanoamérica— gracias a la utilización de este singular método.

ℙ La localización geográfica de las apariciones de duendes en España es bastante curiosa, pues, por lo general, van disminuyendo de norte a sur, así como de este a oeste. En las zonas megalíticas costeras y en los litorales son mucho más abundantes, y más escasos, en cuanto a leyendas, en las dos mesetas centrales, en Aragón y La Rioja. Esta singularidad geográfica es muy similar respecto al resto de seres sobrenaturales, especialmente las hadas.

¿Realmente existen?

¿Acaso la gente ya no cree en duendes? Es verdad que sus noticias no salen en la prensa, ni siquiera en las revistas especializadas en misterios, salvo algunas referencias a aluxes en México, a elfos en Islandia o a leprechauns irlandeses. ¿Han dejado de existir y de manifestarse? ¿Son cosa del pasado? Desde nuestro punto de vista, las historias de duendes siguen estando presentes, pero ya no se les llama duendes. Ahora se prefiere hablar de visitantes nocturnos de dormitorio, fenómenos *poltergeist* o casas encantadas y, en algunos casos, se les asocia a ufonautas bajitos.

Algunos folkloristas actuales, como Luis de Hoyos Sainz y Nieves de Hoyos Sancho, han manifestado claramente que no creen en ellos, utilizando argumentos tan pueriles como este:

> Naturalmente, los duendes no se han visto más que por algunas familias alucinadas o por los niños. Evidentemente, existe una influencia de la pubertad en este tipo de alucinaciones o supersticiones, así como el sexo, ya que hay estadísticas que dan un 95% de chicas que han visto duendes, mientras que para los muchachos sólo queda el 5%.

Adriano García-Lomas tampoco creía en ellos y trata el mito como alucinaciones de la gente sencilla de campo, como algo ya pasado. Para otros, sin embargo, la cuestión no es tan simple. Más aún cuando su presencia es tan escandalosamente abrumadora en toda España, llámense trasgos, duendes o *follets*, con cientos de relatos y leyendas que han dejado —y van dejando— a su paso. Incluso el escéptico padre Feijoo, que desmitifica varios casos de duendes falsos, reconoce en sus *Cartas eruditas y curiosas*: «No obstante, se puede sostener, en uno que otro caso rarísimo, la intención auténtica del trasgo en los negocios del hombre». Y se refiere en concreto a un asunto que fue famoso en Barcelona, el de un militar que llegó a esta ciudad procedente de Sevilla, seguido por un duende ya casi amigo suyo que no quiso abandonarle. Fue tras él y en la Ciudad Condal protagonizó mil travesuras y trastadas —propias de un trasgo— incluso a sus compañeros de cuartel. Para que Feijoo admitiera este caso

Los duendes existen y no son humanos. Ellos lo saben, pero nosotros nos empeñamos en negarlo. El aspecto que pueden adoptar es el masculino, sin olvidar que hay duendas, elfas o como queramos llamar a estas criaturas que saben crear y procrear.

como excepción a la regla general, imagínense cuáles debieron de ser las andanzas del dichoso trasgo.

En las zonas rurales, los incrédulos en la existencia de estos seres eran muy pocos hace aproximadamente un par de siglos, y lo decimos con esta rotundidad por los testimonios escritos que hemos podido recoger a lo largo y ancho de todo el folklore español. En el acervo mitológico de los pueblos (y no solo de España) está comúnmente aceptado, en el inconsciente colectivo y en el imaginario popular, que existe todo aquello que tiene nombre. Y los duendes siempre los han tenido. Creencia esta que revela una interesante concepción del mundo, aún hoy en día aceptada en muchas poblaciones del País Vasco, donde todavía se conserva una sentencia popular, referida a todos los seres fantásticos en general, que reza: «No hay que creer que existen, pero nunca hay que decir que no existen». Se relaciona de una forma directa con aquella otra de Galicia, archiconocida y referida a las meigas, que afirma: «Yo no creo en ellas, pero haberlas haylas».

Para Antonio de Torquemada, que dedica un coloquio, el tercero, a «fantasmas, visiones, trasgos, encantadores, hechiceras, brujas, relatadores, con algunos cuentos de cosas acaecidas y otras cosas curiosas y apacibles», en su interesante obra *Jardín de flores curiosas*, publicada en 1570, no hay duda de su existencia, y así analiza sus intenciones y sus limitaciones:

> Algunos cuentos serán fingidos, pero muchos dellos son verdaderos; porque los trasgos no son otra cosa que unos demonios más familiares y domésticos que los otros, los cuales, por algunas causas o razones a nosotros ignotas, perseveran y están más continuamente en unas partes que en otras; y así, paresce que algunos no salen de algunas casas, como si las tuviesen por sus proprias moradas, y se dan a sentir en ellas con algunos estruendos y regocijos y con muchas burlas, sin hacer daño ninguno; que aunque yo no daré testimonio de haberlo visto, he oído decir a muchas personas de crédito que los oyen tañer con guitarras y cascabeles, y que muchas veces responden a los que llaman, y hablan con algunas señales y risas y golpes, y en fin, se viene a perder el miedo que dellos se podría tener si, como ya os he dicho, pudiesen poner por

47

obra lo que desean conforme a su maldad y malicia; que si estuviesen en libertad para dañarnos no serían burlas, sino veras, hasta echarnos a perder así el cuerpo como el alma. Pero está su poder atado, como ya os he dicho, de manera que solamente pueden llegar a burlar, y si hacen algún daño es muy poco, como se ve cada día por experiencia.

Y más adelante, otro interlocutor de la obra añade:

Si queremos hablar de trasgos será para nunca acabarse y ninguna cosa me dirán de ellos que yo no lo crea, pues es tan fácil para ellos todo lo que hacen, así oyéndolos como mostrándose en diversas formas, que unos dicen que lo vieron en figura de fraile, otros de perro, otros de simio...

En todo caso, creamos o no en su existencia, es preferible que nunca tengamos que salir de esa duda de la manera relatada en este breve cuento inglés, atribuido a la pluma de George Loring Frost, publicado en 1923:

Al caer la tarde, dos desconocidos se encuentran en los oscuros corredores de una galería de cuadros. Con un ligero escalofrío, uno de ellos dijo:
—Este lugar es siniestro. ¿Usted cree en fantasmas?
—Yo no —respondió el otro, ¿y usted?
—Yo sí —dijo el primero y desapareció.

¿Por qué a un duende la resulta atractiva una casa?

COMO EL RESTO DE LOS SERES MÁGICOS ASOCIADOS al «entorno de la penumbra», los duendes sólo se manifiestan al anochecer, período en el que desarrollan una intensa actividad. Descarados, gustan de gastar bromas pesadas de forma especial a quienes duermen, haciéndoles cosquillas con sus dedos fríos, quitándoles la manta y la sábana o tapándolos la nariz, para dificultar su respiración. Algunos, como los tardos, son peligrosos para los niños y para los adultos, en tanto que otros apenas pueden hacer otra cosa que dar pequeños sobresaltos a los humanos que encuentran a su paso. Como, en el fondo, lo que les gusta a los duendes es la diversión, disfrutan bailando por toda la casa, saltando en los tejados, arrojando piedras y arrastrando, a veces, cadenas. Sus lugares favoritos son los desvanes, las cuadras y las cocinas donde construyen sus entradas o puentes de contacto entre su dimensión astral y nuestra dimensión física.

Su comportamiento habitual es ser perezosos, gandules y egoístas. Cuando ayudan a determinadas personas en sus labores domésticas lo hacen a cambio de algo. En ese sentido, se les puede convencer ofreciéndoles un cuenco lleno de leche o dándoles alguna que otra golosina, pero nunca ropa o vestidos, como luego veremos.

Los duendes no abandonan el lugar en el que viven, a menos que los dueños de la casa quiten de ella todo aquello que les gusta. El problema es saber qué es eso que les gusta tanto. A veces cogen querencia a la propia familia y por eso se mudan con ella cuando abandona la el hogar. No debe olvidarse que los duendes pueden ser convocados, consciente o inconscientemente, por el ser humano y son capaces de permanecer agazapados en espera de encontrar el instante idóneo para manifestarse. No aparecerán hasta el momento en que, por ejemplo, un cambio en la decoración o en el mobiliario convierta de golpe la casa en un lugar enormemente atractivo para ellos. Estamos hablando de casas rurales y campestres porque, por lo que se refiere a las ubicadas en las grandes ciudades, suelen huir de ellas como gato escaldado. Aborrecen el ruido, la contaminación y todo aquello que no sea puro y natural, aunque existen varios casos célebres de duendes que han desarrollado sus trastadas en viviendas urbanas.

Tenemos serias sospechas de dos elementos que interactúan para que un duende se sienta atraído por una casa, mansión, palacio, masía, desván, cocina, establo o cualquier habitáculo que huela a humano. Uno estaría relacionado con los cruces telúricos y el otro con la presencia de un catalizador, una persona joven que sirva de foco a sus manifestaciones. Así como la reina de un hormiguero elige construir su ciudad en el centro

Los hogares ejercen un imán para ellos, tanto por la estructura de la casa como por sus moradores, hasta el punto que en ocasiones adquieren tanto cariño a sus inquilinos que les siguen donde vayan.

de un cruce de dos líneas telúricas o fuerzas energéticas terrestres (redes Hartmann) o así como un perro gusta de acostarse en los lugares menos perniciosos o geopatógenos de estas invisibles bandas (al contrario que los gatos, que se recargan con estos focos energéticos), también creemos que los duendes domésticos y otros seres invisibles prefieren aquellos habitáculos que irradian una especial densidad vibratoria que les permite conectar inmediatamente con su longitud de onda y, por tanto, con sus gustos y sensibilidad. Son entradas que la cultura china llama «zonas de subida de demonios».

De todo lo expuesto hasta aquí se infiere que, a pequeñas y grandes escalas, estas zonas especiales existen en muchas partes del mundo, algunas de tal envergadura sociológica que son lugares mágicos, habitados por los llamados *genius locis*. En ellas se producen en mayor medida esas confluencias de energías cosmotelúricas que las hacen susceptibles de provocar ciertas manifestaciones paranormales.

Por último, para que un duende se manifieste en una determinada vivienda, dejándose sentir con todas sus consecuencias, se requiere al menos su materialización parcial, pues es evidente que los objetos se mueven por la acción de algún ente que, si bien invisible para nosotros, ha de estar suficientemente materializado o corporeizado para llevar a cabo sus fines en un medio físico. Por esa razón, solo pueden producirse dichas manifestaciones en presencia o bajo los efectos de un ser vivo (que puede ser el dueño de la casa, el hijo, la criada o quien fuere) dotado de condiciones mediúmnicas.

Estas personas, junto con las demás circunstancias descritas, son las que, a nuestro juicio, hacen de puente entre nuestro mundo y el suyo, ambos, recordemos, superpuestos. Cuanto mayor sea el poder psíquico del viviente —del que la gran mayoría de las veces no es consciente— mayor grado de presencia en la casa tendrá el duende en cuestión y más fácilmente se hará visible su cuerpo energético para el resto de la familia y otros eventuales testigos.

En el folklore de algunos países —como los eslavos— existe un espíritu doméstico femenino llamado *kikimora*, que ayuda al ama de casa en las labores del hogar cuando es hacendosa; pero si es holgazana, la trae de cabeza con sus diabluras, entre las que se incluye hacer cosquillas a los niños por la noche para provocar que lloren y tenga que levantarse a acunarlos. *Kikimora* ayuda también cuidando de las aves del corral y en otro tipo de faenas domésticas. En determinadas regiones rusas son consideradas las esposas de los *domovoi* (de *dom*: 'casa').

A los duendes de las tradiciones indogermánicas y célticas se les designa con el término genérico de *alfars* o elfos y tienen también su contraparte femenina, las *discas*. En Gran Bretaña cuentan con las sedosas, duendes femeninos vestidos con seda blanca que realizan todo tipo de faenas en las casas y levantan dolores de cabeza a las criadas holgazanas. Existen numerosos relatos sobre ellas en Newcastle, ya entrado el siglo XX, sin olvidar que en las antiguas sagas irlandesas se suele mencionar a una Señora de los Duendes (*Leanhaun Shee*) que intercedía entre los amantes desavenidos. ¡Ah!, y sin olvidarnos tampoco de la *Banshee*, protectora de algún clan o árbol genealógico escocés e irlandés.

También se habla de las hembras de los perversos trolls, trollos o *trows*, muy populares en diversas regiones de Alemania, Dinamarca, Noruega o Irlanda. Se las considera causantes del mal tiempo y de las tempestades y van cabalgando sobre las nubes negras, algo similar a lo que ciertas leyendas de Asturias atribuyen a las nuberas.

Unos versos de la obra teatral *Las travesuras de don Luis Cuello*, de Marcelo de Ayala y Guzmán, publicada en 1765, hacen alusión a la manía de los duendes de mudarse con la familia cuando les viene en gana, cualidad que, ya veremos, se repite en varias leyendas:

> *Había un duende en una casa;*
> *y una y otra travesura*
> *no pudiéndole sufrir,*
> *el vecino, con cordura,*
> *trató de mudarse; y cuando*
> *os trastos los arrebuja,*
> *los suyos juntando el duende*
> *fuéronse a mudar; / y en suma,*
> *viéndolo el vecino, dijo:*
> *¿Dónde vas? —¿En esto hay duda?*
> *Respondió el duende. Me mudo*

con él, si no se disgusta.
—Pues si conmigo has de irte,
dijo el vecino con mucha
paciencia, quédome en casa,
si adonde me voy me buscas.

Tipología y variedad

En un cuento breve e impactante de Pío Baroja, *El trasgo* (publicado en 1900), el que fuera tío del antropólogo Julio Caro Baroja y que citaremos en varias ocasiones en esta obra hace mención a estas criaturas del imaginario popular con todas las variedades y confusiones posibles que, por otra parte, debían ser comunes en la época que le tocó vivir a este insigne escritor vasco. Veamos lo que dice:

—Pues si estuviera usted en Galicia, vería usted lo que era bueno —saltó el empleado de la fundición—. Nosotros tuvimos una criada en Monforte que cuando se le quemaba un guiso o echaba mucha sal al puchero, decía que había sido o trasgo; y mientras mi mujer le regañaba por su descuido, ella decía que estaba oyendo al trasgo que se reía en un rincón.

—Pero, en fin —dijo el médico—, se conoce que los trasgos de allá no son tan fieros como los de aquí.

—¡Oh! No lo crea usted. Los hay de todas clases; así, al menos, nos decía a nosotros la criada de Monforte. Unos son buenos, y llevan a casa el trigo y el maíz que roban en los graneros, y cuidan de vuestras tierras y hasta os cepillan las botas; y otros son perversos y desentierran cadáveres de niños en los cementerios. Otros, por último, son unos guasones completos y se beben las botellas de vino de la despensa o quitan las tajadas al puchero y las sustituyen con piedras, o se entretienen en dar la gran tabarra por las noches, sin dejarle a uno dormir, haciéndole cosquillas o dándole pellizcos.

—¿Y eso es verdad? —preguntó el cartero, cándidamente.

Todos nos echamos a reír de la inocente salida del cartero.

—Algunos dicen que sí —contestó el empleado de la fundición, siguiendo la broma.

—Y se citan personas que han visto los trasgos —añadió uno.

—Sí —repuso el médico en tono doctoral—. En eso sucede como en todo. Se le pregunta a uno: «¿Usted lo vio?», y dicen: «Yo, no; pero el hijo de la tía Fulana, que estaba de pastor en tal parte, sí que lo vio», y resulta que todos aseguran una cosa que nadie ha visto.

—Quizá sea eso mucho decir, señor —murmuró una humilde voz a nuestro lado.

Nos volvimos a ver quién hablaba. Era un buhonero que había llegado por la tarde al pueblo, y que estaba comiendo en una mesa próxima a la nuestra.

—Pues qué, ¿usted ha visto algún duende de esos? —dijo el cartero, con curiosidad.

—Sí, señor.

—¿Y cómo fue eso? —preguntó el empleado, guiñando un ojo con malicia—. Cuente usted, hombre, cuente usted, y siéntese aquí si ha concluido de comer. Se le convida a café y copa, a cambio de la historia, por supuesto —y el empleado volvió a guiñar el ojo.

—Pues verán ustedes —dijo el buhonero, sentándose a nuestra mesa—. Había salido por la tarde de un pueblo y me había oscurecido en el camino. La noche estaba fría, tranquila, serena; ni una ráfaga de viento movía el aire. El paraje infundía respeto; yo era la primera vez que viajaba por esa parte de la montaña de Asturias, y, la verdad, tenía miedo. Estaba muy cansado de tanto andar con el cuévano en la espalda, pero no me atrevía a detenerme. Me daba el corazón que por los sitios que recorría no estaba seguro.

De repente, sin saber de dónde ni cómo, veo a mi lado un perro escuálido, todo de un mismo color, oscuro, que se pone a seguirme. ¿De dónde podía haber salido aquel animal tan feo?, me pregunté. Seguí adelante, ¡hala, hala!, y el perro detrás, primero gruñendo y luego aullando, aunque por lo bajo. La verdad, los aullidos de los perros no me gustan. Me iba cargando el acompañante, y, para librarme de él, pensé sacudirle un garrotazo; pero cuando me volví con el palo en la mano para dárselo, una ráfaga de viento me llenó los ojos de tierra y me cegó por completo. Al mismo tiempo, el perro empezó a reírse detrás de mí, y desde entonces ya no pude hacer cosa a derechas; tropecé, me caí, rodé por una cuesta, y el perro, ríe que ríe, a mi lado.

Yo empecé a rezar, y me encomendé a San Rafael, abogado de toda necesidad, y San Rafael me sacó de aquellos parajes y me llevó a un pueblo. Al llegar aquí, el perro ya no me siguió, y se quedó aullando con furia delante de una casa blanca con un jardín. Recorrí el pueblo, un pueblo de sierra con los tejados muy bajos y las tejas negruzcas, que no tenía más que una calle. Todas las casas estaban cerradas. Solo a un lado de la calle había un cobertizo con luz. Era como un portalón grande, con vigas en el techo, con las paredes blanqueadas de cal. En el interior, un hombre desarrapado, con una boina, hablaba con una mujer vieja, calentándose en una hoguera. Entré allí, y les conté lo que me había sucedido.

—¿Y el perro se ha quedado aullando? —preguntó con interés el hombre.

—Sí; aullando junto a esa casa blanca que hay a la entrada de la calle.

—Era o trasgo —murmuró la vieja—, y ha venido a anunciarle la muerte.

—¿A quién? —pregunté yo, asustado.

—Al amo de esa casa blanca. Hace una media hora que está el médico ahí. Pronto volverá.

Seguimos hablando, y al poco rato vimos venir al médico a caballo, y por delante un criado con un farol.

—¿Y el enfermo, señor médico? —preguntó la vieja, saliendo al umbral del cobertizo.

—Ha muerto —contestó una voz secamente.

—¡Eh! —dijo la vieja—; era o trasgo.

Entonces cogió un palo, y marcó en el suelo, a su alrededor, una figura como la de los ochavos morunos, una estrella de cinco puntas. Su hijo la imitó, y yo hice lo mismo.

—Es para librarse de los trasgos —añadió la vieja.

Y, efectivamente, aquella noche no nos molestaron, y dormimos perfectamente...

Concluyó el buhonero de hablar, y nos levantamos todos para ir a casa.

Aunque su número ha disminuido, en lugares alejados de las ciudades todavía es posible encontrar personas que no solo creen, sino que también sufren los incordios duendiles. Con todo, los duendes se han acondicionado al mundo moderno de muy desigual forma; si bien algunos, como los tardos y los trasgos, han conseguido un notable éxito en su adaptación, otros se han disfrazado de personajes en los cuales los humanos están dispuestos a creer, puesto que son conscientes de que en los duendes apenas nadie cree en esta época tecnológica, o incluso se han transformado en ellos. Por eso, gracias a sus facultades transformistas, pueden hacerse pasar por tripulantes de ovnis, visitantes nocturnos de dormitorio, animales domésticos o lo que se tercie. La transformación de estos seres es algo característico del mundo del que proceden. En nuestro universo físico y material todas las formas son estables y no suelen cambiar con facilidad, pero en el «mundo astral» o «mundo de los deseos» (dicen los entendidos en hermetismo y ciencias ocultas) es muy distinto, porque allí las formas cambian a voluntad de la vida que las anima y los «elementales», en general, como habitantes de ese plano, tienen esta facultad de modificar su forma.

Debido a estas circunstancias, hemos tenido difícil clasificar a estos pequeños seres, principalmente porque es casi imposible rastrearlos y mucho menos distinguirlos de otro tipo de manifestaciones y, sobre todo, porque su recuerdo se ha ido perdiendo en muchas zonas y regiones españolas. Además, por si esto fuera poco, hay una absoluta falta de claridad y unidad de criterios entre los pocos que se han ocupado de estudiar este fenómeno en el pasado. Por tanto, para una mayor comprensión, decidimos crear tres grupos fundamentales, teniendo en cuenta que, como denominador común, todos ellos están asociados de una manera directa a los hogares de los seres humanos:

1. Duendes domésticos

Viven en el interior o en los alrededores de las casas humanas, donde se manifiestan preferentemente de noche, momento en el que aprovechan para divertirse. Algunos pueden llegar incluso a colaborar con los hombres y es frecuente que, además de traviesos, puedan ser muy molestos. Serían los trasgos, *follets* y duendes en general, que llegan a alcanzar el medio metro de altura y actúan siempre en la oscuridad, huyendo del sol. Aman la luz de la luna o de los pequeños candiles y esto es así porque, al parecer, las descargas de los vientos fotónicos emanadas del sol lastiman su piel etérica, de la misma manera que a nosotros una fuerte tormenta de arena nos daña la piel física. Cometen sus fechorías amparados en su invisibilidad, norma que rompen pocas veces, las suficientes para que nos hayan llegado algunos datos fragmentarios sobre su aspecto físico. Normalmente se manifiestan como hombrecillos bien proporcionados, salvo la cabeza, que es mucho más grande en relación al resto de su cuerpo.

Reseñable es también el matiz diferenciador existente entre trasgos, duendes y *follets*, ya que, a pesar de pertenecer al mismo grupo, forman familias separadas. Los primeros —los trasgos— prefieren escoger casas más campestres y rurales, y habitar en desvanes o cuadras; a diferencia de los duendes, que son mucho más señoriales (diríamos que «señoritos») y gregarios. A estos les gusta habitar, o al menos manifestarse, en hogares más refinados, muchas veces ubicados en ciudades o villas muy pobladas. Los duendes son, por lo general, más inteligentes que sus parientes los trasgos, no tienen agujero en la mano, no cojean y visten ropas más ostentosas, siendo sus bromas mucho más crueles. El *follet* participa de las cualidades de unos y otros, manteniéndose en un justo término medio en cuanto a sus contactos con el género humano, pues, por un lado, sí tiene agujero en la mano y se le conjura como a los trasgos, pero, por otro, sigue a los dueños de la casa, como hacen preferentemente los duendes.

2. Diablillos familiares

Con aspecto de diablillos, están ligados no a una casa, sino a una persona a la que ayudan y que se convierte en su dueño. Como tal, sería un brujo o mago que puede venderlos, trasmitirlos en herencia, cederlos, etc. La forma de conseguirlos es, por tanto, muy variada. Pueden ser «fabricados», capturados, recibidos como regalo, comprados e incluso invocados mediante determinados rituales secretos o artes mágicas, razón por la cual están muy vinculados históricamente a la brujería. Respecto al tamaño que adoptan, son extremadamente pequeños, minúsculos, ya que caben varios de ellos en un acerico o alfiletero. Actúan en colectividad y en la época actual su rastro ha desaparecido o ha mutado.

3. Duendes dañinos de dormitorio

Extraña familia de duendes (utilizando esta palabra con ciertas reservas) individualistas y agresivos que viven de absorber la energía vital a los seres humanos y de tener «contactos» con ellos, provocando pesadillas y enfermedades a los que eligen como víctimas, sobre todo a niños y mujeres. Actúan generalmente en casas solitarias donde construyen sus guaridas. Su presencia, por fortuna, es menos abrumadora que la de los duendes domésticos. Su tamaño oscila desde unos pocos milímetros hasta el medio metro, pudiendo adoptar formas variadas —por ejemplo la de perros negros u otras pequeñas e indefinidas— o poseer, en ocasiones, grandes manos peludas. Hemos hecho dos subcategorías dentro de este grupo para entender mejor su complejidad: duendes vampirizantes y duendes lascivos.

Además, hablaremos de los «minúsculos malignos» que se introducen en el interior del organismo para provocar algunas dolencias, aunque lo vamos a hacer con las reservas que en su momento comentaremos. Sin su presencia no estaría completa una obra de estas características.

El tabú de la sal y el gorro

Tanto los trasgos como los *follets* —que viven en lugares eminentemente marítimos y están, por consiguiente, rodeados de agua salada— tienen un miedo visceral y reverencial al océano. No hemos encontrado ninguna leyenda que relacione, directa o indirectamente, a estos duendes con el mar y sí, por el contrario, muchas que ubican sus hazañas y travesuras en los ríos o cerca de las fuentes donde fluye agua dulce. La razón es más sencilla de lo que parece: para todos los seres sobrenaturales asociados al elemento tierra —entre ellos, los duendes— la sal es un elemento tabú inquebrantable. Por lo tanto, les está rigurosamente prohibido, por leyes internas que nos son desconocidas, adentrarse en el mar o en cualquier otro medio que contenga esta sustancia. Incluso su consumo estaba vedado en los banquetes que las brujas daban en sus reuniones sabáticas. Para comprender esto es preciso destacar la importancia que adquiere la sal como señal de purificación en ceremonias que aún están presentes en diversas culturas.

Es sabido que una de las condiciones que ponen algunas hadas para casarse con mortales es que no tengan ante su vista la sal y que ni siquiera se mencione en su presencia la palabra. Así ocurre en la isla de Madagascar. En Japón este condimento se considera un potente purificador, y los japoneses esparcen cada día sal en el umbral y el interior de sus casas, sobre todo tras la partida de una persona poco agradable. Los campeones de sumo, la lucha tradicional japonesa, la arrojan en el ring o dohyo antes de los combates, también en señal de purificación. Los dos luchadores la lanzan como parte de los rituales de su religión Shinto, al estar convencidos de que ahuyenta los malos espíritus.

Al *arantziliak*, uno de los aguerridos duendes vasco-navarros, se le conjura con un sencillo ritual de sal. Esta sustancia es tabú para el demonio y todos sus adláteres (como los diablos burlones), hasta el punto de que en Galicia existía hasta hace poco la costumbre de poner granos de sal alrededor de una persona muerta para que no se llevase su alma el demonio.

Un irlandés muy conocedor de las costumbres del *Buen Pueblo* explicó al investigador norteamericano Walter Wentz que estas criaturas «nunca prueban nada que tenga sal, sino que únicamente comen carne fresca y beben agua pura».

Un rasgo común en la indumentaria característica de los duendes es la de estar tocados por su inseparable gorro colorado. Ocurre también con la imagen clásica y muy tópica de los gnomos. Pero, ¿tiene alguna función ese gorrillo en nuestros duendes domésticos? Aparentemente su finalidad es decorativa, aunque no siempre es así...

En antiguos mitos, se asocia la captura del gorro del gnomo o del duende a la búsqueda de tesoros escondidos: quien lo posea tendrá el don de localizar riquezas ocultas, así al menos lo cuenta Petronio en su *Satiricón*, sin citar a duendes, pero sí a íncubos.

Todo esto indica que el gorro tiene propiedades mágicas inusitadas, y cabe preguntarnos ¿qué sucedería si no lo tuviera puesto?

Aunque no lo parezca, algunos son muy "salaos".

¡Conocéis alguna imagen clásica de un duende sin su gorro? Si no lo lleva quizás no sea un duende. ¡Ojo a su forma y su color!

El folklorista asturiano Jove y Bravo recoge una leyenda en la que un aldeano, de nombre Manolín, logró por fin arrebatarle el gorrito al duende que cada noche le daba la paliza y le mortificaba tirándole de la colcha. Este, medio lloroso, le imploró: «¡Dame el *guetu*, Manolín!». Y este que nada, hasta que ya muy lastimero el duende exclamó: «¡Manolín, dame el *guetu*, que *amanez*!».

Se lo dio, y el duende no volvió a presentarse en aquella casa, lo que significa dos cosas: que a la del alba tienen que estar en sus guaridas subterráneas —o al menos ocultas del sol— y que sin su caperuza pierden alguna de sus virtudes esenciales y vitales. Sin el gorro, tal vez, tendrían problemas de supervivencia en nuestro mundo; por lo tanto, su *guetu*, gorro o caperuza es un talismán para ellos y bajo ningún concepto lo olvidan o lo prestan. En el caso de la aventura de Manolín, es seguro que no haberlo devuelto a tiempo les habría deparado malas consecuencias a los dos.

Casas enduendadas y *poltergeist*

Las casas encantadas, también llamadas «casas infestadas», «casas del miedo» o «casas enduendadas», serían aquellas donde, sin causa física aparente, se producen fenómenos de diferente naturaleza. Pueden ser sitios donde ocurren apariciones de fantasmas (ideoplastias); donde se escuchan chasquidos, ruidos y golpes (raps) o extrañas voces (metafonía); donde se observa la caída inexplicable de piedras (paralitergia o litotergia) o se dan otros fenómenos —a cual más sobrecogedor—, como ruidos de cadenas; huellas de pisadas siniestras; campanillas que suenan solas (thorbismo); malos olores (osmogénesis); formaciones luminosas (paraóptica); sonidos musicales (paramelofonía); manchas de sangre (parahematosis); y una retahíla de muebles, sillas y puertas que se mueven solas (telequinesis).

Todo el mundo ha oído hablar de los *poltergeist*, pero pocos saben que sus ruidos característicos no son debidos a fantasmas ocultistas, sino a una clase concreta de genios domésticos llamados *poltersprites*. Son descendientes de los *kobold* y son, como ellos, protéicos o cambiantes de forma.

Con esta frase tan tajante y dogmática comienza la investigadora Nancy Arrowsmith el capítulo que dedica en su *Guía de campo de las hadas y demás elfos* (publicada en 1986) a estos seres. Nosotros no nos atrevemos a tanto, pues sabemos que el asunto es más complejo de lo que a simple vista parece. Genéricamente, tres han sido los intentos de explicación de este fenómeno:

P Se deben a causas naturales, como la presencia de ratas y otros animales en los techos, paredes, muebles..., o bien son provocados por seres humanos bromistas y con un sentido del humor excesivamente molesto.

P La interpretación espiritista los atribuye a personas muertas que prolongan su abreviada existencia terrena en forma, según Paracelso, de «caballos, lemures, espíritus estrepitosos o ruidosos». Serían almas en pena, fantasmas, espectros, ectoplasmas o cualquier otra manifestación relacionada con el mundo de los muertos.

P La investigación moderna considera que los fenómenos poltergeist tienen como foco u origen a un ser humano muy joven durante el período de pubertad, con tensiones instintivas reprimidas, tendencias agresivas y demás circunstancias psíquicas, que sería la causante involuntaria de los mismos. Hans Bender, de la Universidad de Friburgo, acepta esta teoría.

Para la doctrina hoy imperante, el *poltergeist*, palabra alemana que traducida significa «duendes burlones», y más literalmente alude a un espíritu (*geist*) que ocasiona ruidos (*polter*), es una manifestación física producida por un ser vivo, generalmente por un joven, con claros síntomas de desarreglos emocionales que desencadena y exterioriza una psicorragia o desplazamiento de objetos casi siempre de forma inconsciente, aunque se conoce algún caso, pocos, en que el fenómeno se puede desencadenar de manera consciente por el sujeto cuando este ha asumido un gran potencial mental que le permite ejecutar tan extraños prodigios. Al *poltergeist* se le suele denominar también «psicoquinesia espontánea recurrente». Su duración es corta en el tiempo.

En las casas encantadas su autoría no se puede endosar a un adolescente, sino a otros seres no visibles y no vivos, es decir, a apariciones fantasmales, a extrañas condensaciones de energía, a espíritus, a impregnaciones psíquicas de un suceso violento, etc. Las causas son variadas, pero todas ellas ocasionarían el desplazamiento de objetos tanto como la aparición o desaparición de los mismos, fenómenos eléctricos y cosas parecidas. Cuando la autoría es achacable a los duendes o seres similares —normalmente porque hay testigos oculares que dicen haberlos visto—, estas casas reciben la denominación de «enduendadas», término este muchas veces difícil de otorgar, de manera que participan a la vez del calificativo de «encantadas». La duración del fenómeno suele ser más prolongada en el tiempo.

Para la doctrina espiritista, teosófica o rosacruz, estas manifestaciones producidas en los hogares humanos obedecen a varios factores:

- ☿ Algunas están ocasionadas intencionadamente por los difuntos, con propósito de ahuyentar al nuevo inquilino de la casa, y ello porque aún no han perdido el sentimiento de propiedad del que fue su hogar y les disgusta enormemente verlo ocupado por un extraño.

- ☿ Otras veces son efecto de deliberados propósitos de venganza de estos difuntos hacia personas concretas de su familia o amistades que les hicieron algún mal cuando estaban vivos.

- ☿ Hay casos en que el difunto desea «vivamente» llamar la atención y no acierta con el medio más adecuado de expresión, porque desconoce todavía las posibilidades del plano astral. Aunque no les animan malas intenciones, provocan miedo e incidentes por su torpeza involuntaria. Se podría aplicar aquí el segundo significado de la palabra duende: el de 'fantasma', como han mantenido algunos autores. Un duende, de acuerdo con la terminología del investigador y especialista en casas encantadas Hans Holzer, sería «el recuerdo emocional superviviente de una persona que ha fallecido trágicamente y que no logra liberarse del trastorno emocional que le ata al lugar de su óbito». Para él, «duende» equivale a 'fantasma' como ser desencarnado que aún no sabe que ha fallecido.

℘ En otras ocasiones suele suceder que algún socarrón espíritu de la naturaleza dotado de facultades imitativas se apresure a reproducir por su cuenta hechos fantasmales, si bien serían manifestaciones duendiles.

Si nos atenemos tan solo a la explicación de que todos estos incidentes paranormales en los hogares los provoca una mente juvenil trastornada, caemos en un error similar a considerar, por ejemplo, que los provocan única y exclusivamente los duendes o los extraterrestres, pongamos por caso. El mundo visible e invisible es más complejo de lo que tal vez nos imaginamos y mientras no tengamos más datos fidedignos, todo es cuestionable y posible. Lo que sí parece cierto es que un *poltergeist* sigue un patrón de comportamiento muy homogéneo en todos los casos: asediar a sujetos determinados, más que a lugares.

Hogares que dan miedo

En la zona levantina, las casas de fantasmas o encantadas reciben el nombre de *casa de la por*, que significa «casa del miedo». A veces, en las tres provincias valencianas los fantasmas no tienen fama de ser entes incorpóreos, sino todo lo contrario, seres vivientes de carne y hueso que, tapados con una sábana, con una calabaza en la cabeza y un cirio encendido dentro de la misma, adoptan tal apariencia para arrear una serie de sustos, buscando algún beneficio. Este tipo de apariciones fantasmales se llaman «bubotas».

En las islas Baleares, las casas donde se manifiestan espíritus por medio de luces, ruidos, desplazamiento de objetos o cualquier otro fenómeno extraño se conocen como *cases de sa por* (casas del miedo) y casi no hay pueblo de Mallorca, sobre todo en la cordillera norte, que no tenga una de estas viviendas que nadie quiere habitar. De hecho, en el barrio de Génova, situado a las afueras de la ciudad de Palma de Mallorca, se ubicaba una en la que, a veces, se vieron lucecitas corriendo por la oscuridad e incluso cómo una borrosa mano salía de la pared para voltear un crucifijo y dejarlo bocabajo.

Otra estaba situada en la calle de la Luna, en Sóller, donde murió un Miércoles de Ceniza de 1530 el grosero, agresivo y malvado bandolero Benet Esteva, la persona más indeseable de la isla, dejando su energía allí impregnada. Son casas más relacionadas con espíritus fantasmales que con duendes.

Tantas casas similares había que en el año 1595 se promulgó en Burdeos una ordenanza por la que se prohibía la venta de inmuebles «infestados». En España ocurría tres cuartos de lo mismo en dicho siglo, ya que, si una persona alquilaba o compraba una vivienda y luego se enteraba de que en ella había espíritus molestos o duendiles, «vicios ocultos» diríamos, podía legalmente abandonarla sin mayores consecuencias.

En el siglo XVII se produjo en la villa conquense de San Clemente, localidad brujeril al decir de Blázquez Miguel, un caso espectacular. Este pueblo y Daimiel son los lugares donde mayor número de personas fueron procesadas por el Santo Oficio en la zona de la Mancha, acusadas de prácticas supersticiosas y hechicerías. La protagonista en esta ocasión fue Gabriela García, quien aseguraba que el mismísimo diablo se le había aparecido, preguntándole: «¿Quieres que hagamos ruido?».

Como a ella le dio por contestar afirmativamente, a partir de ese momento todos los muebles de los aposentos comenzaron a temblar y a desplazarse por sí solos. Al final fue denunciada por sospechosa de malas artes, siendo desterrada durante dos años del pueblo. Su casa conservó una fama no siempre merecida que ha perdurado hasta nuestros días.

En fin, se pueden contar cientos de casos de «infestación» o encantamiento de casas, en todos los siglos y en todas las zonas geográficas. Como muy bien dijo en cierta ocasión el doctor Jiménez del Oso:

Duendes, demonios, apariciones, espíritus, parecen haber sido barridos por completo en el siglo del átomo y de las comunicaciones interplanetarias. Hablar de ellos parece no sólo irrelevante, sino demencial. Sin embargo, no todos los hombres de ciencia piensan así.

A falta de explicaciones convincentes, los expertos se han dedicado a poner nombres y más nombres a los fenómenos misteriosos que se generan en esas casas que, por otra parte, siempre son muy similares, independientemente de la época de la que hablemos.

No podemos concluir este capítulo sin referirnos al comandante Tizané, que ha estudiado en su vida más de un centenar de procesos incoados por la gendarmería francesa en torno a los *poltergeist* y casas encantadas en general, manifestando unas conclusiones que apuntan en la misma dirección de lo que, en definitiva, se quiere plantear en este libro:

Todos estos fenómenos nos conducen a admitir la acción de una potencia invisible, inteligente, maliciosa y muy astuta; respondiendo a veces, como para divertirse, a los deseos de los testigos. Actúa exactamente como podría hacerlo un ser humano, poseyendo facultades acrecentadas por su invisibilidad y otras que escapan aún a nuestras concepciones.

Cuando el lector acabe de leer la última página de este libro, le sugerimos que relea el párrafo anterior. Para refrescar la memoria.

Y un cuento para abrir boca

PARA ADENTRARNOS DE HOZ Y DE COZ en este mundo maravilloso de los duendes, donde todo es posible, vamos a contar un breve cuento, todo un clásico de Fernán Caballero (nacida en la Navidad de 1796 con el nombre de Cecilia Böhl de Faber y Larrea), considerada la matriarca de la literatura infantil española. Cuento en el que ya se apuntan algunos de los aspectos que más tarde veremos con mayor detalle, como su facilidad para transformarse, sus travesuras y su mal humor. Lleva por título *La gallina duende*:

Duendes

Una mujer vio entrar en su corral a una hermosa gallina negra, que ha poco puso un huevo que parecía de pava, y más blanco que la cal. Estaba la mujer loca con su gallina, que todos los días ponía su hermosísimo huevo.

Pero hubo de acabársele la overa y la gallina dejó de poner. Su ama se incomodó tanto que dejó de darle trigo, diciendo:

3

La Iglesia y los duendes-demonios

*Hecho me has imaginar
que los que llamas pretendes
demonios son estos duendes
que suelen siempre habitar
el más oscuro lugar.*

Lope de Vega. *La burgalesa de Lerma*

Su origen: ángeles malutos

ERA Y ES FRECUENTE, EN LA ESPAÑA DE ANTAÑO Y HOGAÑO, asociar al duende con el demonio. Así lo hemos visto hasta ahora y lo seguiremos comprobando en las siguientes páginas del libro. El cristiano viejo, a través de clérigos y teólogos, fue considerando a los antiguos dioses lares del paganismo como demonios de poca monta que ocupaban su sitio dentro de la infinita jerarquía de las huestes infernales. Los demonólogos clásicos de los siglos XV, XVI y XVII recogieron en sus obras algunos incidentes propios de duendes caseros y los atribuyeron a los demonios. Su aspecto físico no les ayuda mucho: eso de tener cuernos, rabos y ser de color rojo les identifica con diablillos, no muy tentadores, pero que sí generaban mucho incordio. Dentro del santoral cristiano no tenían cabida seres no angélicos que rehuían toda clasificación y además se comportaban de un modo tan burlón y aparentemente hostil para el ser humano.

Francisco Botella de Moraes, en su *Historia de las Cuevas de Salamanca* (1737), repetía que «en la común opinión, los duendes se llamaban demonios». Lógicamente, al ser considerados de esta guisa, no tardó mucho en asociárseles con las brujas y todo su lóbrego mundo. A partir de los siglos XVIII y XIX, los estudiosos de estos fenómenos se dieron cuenta de que seguían existiendo numerosos testimonios de duendes en el interior de las casas, ajenos ya a pactos con Satán y desvinculados totalmente de la brujería. De la enorme legión de demonios sobre la que ciertos teólogos se encargaron de contar y divulgar, el único que aún sigue gozando de alguna credibilidad es el duende doméstico, utilizando similar treta que, según dicen, tiene el mismísimo demonio: hacernos creer que no existe.

Pedro Sánchez Ciruelo, autor de *Reprobación de las supersticiones y hechicerías* (1539), considerado el primer libro sobre brujería que se publicó en castellano (fue durante treinta años inquisidor de Zaragoza), decía al referirse a ellos:

> Más porque hemos dicho que una de las maneras en que el diablo se aparece a los nigrománticos es haciendo estruendos y espantos por las casas, de día y de noche, aunque no lo vean los hombres (...) y hace roídos y estruendos y da golpes en las puertas y ventanas y echa cantos y piedras y quiebra ollas y platos y escudillas y hace otros muchos males por casa. Algunas veces no quiebra cosa alguna más revuelve todas las presas de casa y no dexa cosa en su lugar. Otras veces, viene a la cama donde duermen las personas y les quita la ropa de encima y les hace

algunos tocamientos deshonestos; y de otras muchas maneras les hace miedos y no les dexa dormir reposados (...) y mientras dura aquella dexación en aquella casa (...) pongan cruces de ramos benditos o de candelas benditas en todos los lugares de la casa y tengan siempre en ella agua bendita.

El origen de los duendes lo encontraban, a falta de mayores argumentos, en la rebelión de los ángeles, parte de los cuales, al ser precipitados desde el cielo, se quedaron en un estado intermedio. Incluso en un manual para exorcistas, su autor, el padre Benito Remigio Noydeus, sermoneaba así a sus lectores en el año 1668:

La experiencia enseña que hay demonios que, sin espantar ni fatigar a los hombres (porque Dios no se lo permite ni les da mano para ello), son caseros, familiares y tratables, ocupándose en jugar con las personas y hacerles burlas ridículas. A estos llamamos comúnmente trasgos o duendes, los franceses les llaman guelicos, los italianos farfarelli y los gentiles, supersticiosamente, les veneraban por dioses caseros, llamándoles lares y penates.

Los teólogos españoles de los siglos XVI y XVII creían en estos seres como los causantes del movimiento de los objetos y de los misteriosos ruidos que se oían en algunas casas. Pedro de Valencia resumió muy bien la postura de la Iglesia en su tiempo:

Creer que hay demonios o ángeles malos no solo los cristianos católicos lo creemos, sino todos los herejes, los judíos y los moros, y lo entendieron así muchos filósofos gentiles y el vulgo de los gentiles en general, mayormente los romanos. Esto no es menester probarlo, que se puede hacer un gran libro de solas alegaciones y es ignorancia muy fea para cualquier hombre de letras el dudar de esto.

De las obras de los teólogos más eruditos de los siglos XVI y XVII se desprenden varias conclusiones, según el resumen que efectúa Julio Caro Baroja. A saber:

1. Creían en la realidad de los duendes como demonios de poca categoría.

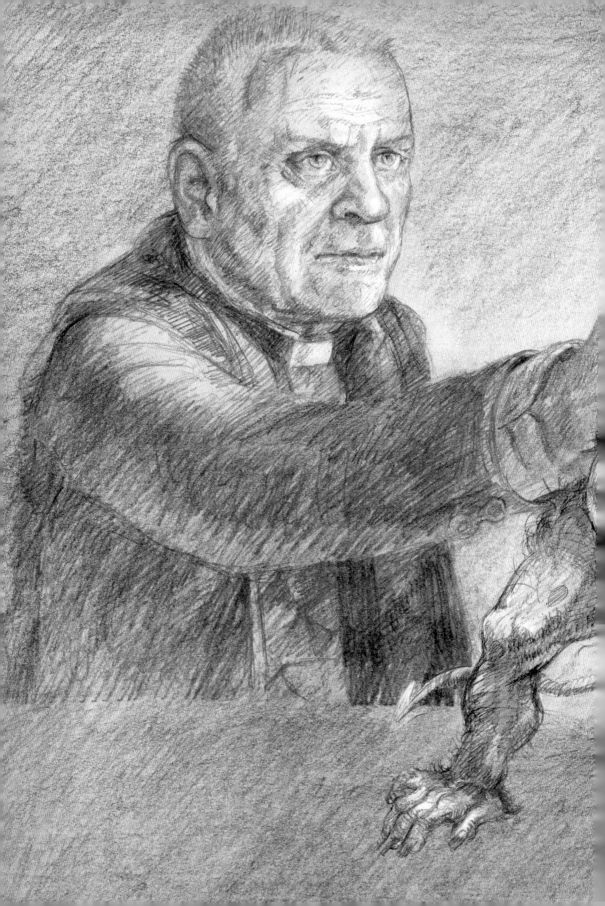

Su presencia
suele ser molesta

En ocasiones, se ha
recurrido a ritos y
conjuros de lo más
estrafalarios para
expulsarles, incluyendo
exorcismos.

2. Que estos duendes en particular eran caseros, es decir, domésticos.

3. Que armaban varios estrépitos en las casas, gritando, gimiendo o riéndose.

4. Que se les consideraba como guardadores de tesoros fingidos, los cuales se convertían en carbones cuando pasaban a poder del hombre.

5. Que tenían semejanza con ciertos númenes domésticos y secundarios de la antigüedad clásica (Grecia e Italia), y con los espíritus de los muertos y los caminos especialmente.

6. Que era posible la traslación local por los aires de estos seres[1].

También un místico de la talla de san Juan de la Cruz sufrió en sus propias carnes la impertinencia de los duendes, que no le dejaban dormir; hasta el punto de que una noche, cuando salía de su celda, se le enredaron entre los pies haciéndole caer al suelo. Así lo cuenta al menos Carmelo Lisón Tolosana en su obra *La España mental*.

Heinrich Heine pensaba que estas gentes menudas eran «dioses en el exilio», pues en el paganismo ocuparon un papel más relevante que cuando el cristianismo los relegó a la categoría de demonios de medio pelo.

Hemos escogido a tres teólogos como muestra de las tres tendencias que, en distintas épocas, adoptó la Iglesia, o por lo menos parte de ella, respecto a tema tan espinoso como era el de los duendes.

El padre Martín del Río (siglo XVI) representa la tendencia crédula, la que acepta la existencia de estos seres, aunque encuadrándolos en la categoría de demonios.

El padre Fuentelapeña (siglo XVII) intenta explicar, con argumentos lógicos y a veces inverosímiles, su existencia, llegando a unas muy particulares conclusiones.

Y, por último, está el padre Feijoo (siglo XVIII), incrédulo en todo lo tocante a magias, brujerías, supersticiones y seres invisibles.

---

[1] Julio Caro Baroja, *Algunos mitos españoles y otros ensayos*.

El padre Martín del Río:
Disquisiciones mágicas

ESTE JESUITA NACIDO EN LOS PAÍSES BAJOS, aunque descendiente de españoles, escribió la obra más completa en su época sobre brujería y maleficios, conocida como el *Malleus Maleficarum* (*Martillo de brujas*) de Sprenger y Kramer. Ambas rebosan de casuística, por lo que aún hoy día son citadas para comprobar cómo era el pensamiento religioso predominante en esos siglos de herejías y supersticiones a granel.

Martín del Río (1551-1608), que llegó a ser catedrático de Teología en Salamanca, escribe en su obra *Disquisitiones Magicarum* que las brujas son una infeliz especie engañada por los demonios, que las obligan a renegar de Jesucristo y, una vez hecha la renuncia de la fe, las marcan como sus esclavas y las asignan un martinillo o maridillo, que es un ser que las sigue y lleva a los aquelarres, en donde las espera su príncipe, el diablo. De estos engendros hablaremos ampliamente en el capítulo dedicado a los «diablillos familiares». El libro le parece a Menéndez Pelayo «el más erudito y metódico y el mejor de cuantos hay sobre la materia». En cambio, nosotros estamos con Sánchez Dragó cuando afirma que Martín del Río es un individuo de notables tragaderas que «nos habla de monstruos, demonios súcubos y demonios íncubos, de cabrones con alas, de brujas a lomos de escoba y de aquelarres por él mismo presenciados».

Consideramos la obra como una curiosa rareza que, aparte de suministrar datos muy valiosos, contiene notorias incongruencias que no hacen desmerecer su valioso estudio de las supersticiones del siglo XVI.

El padre Fuentelapeña:
El ente dilucidado

EL EXPROVINCIAL DE CASTILLA y fraile capuchino fray Antonio de Fuentelapeña publicó en 1676 un libro curioso y divertido bajo el título de *El ente dilucidado*, cuyo afán es demostrar o dilucidar a estos duendecillos caseros a base de argumentos y silogismos, diciendo que no son demonios ni espíritus sino seres aéreos:

> Quitan y ponen platos, juegan a los bolos, tiran chinitas, aficionándose a los niños más que a los grandes y especialmente se hallan duendes que se aficionan a los caballos. En Milán es esto cosa muy sabida y experimentada, y un capitán me certificó a mí que en solo su compañía había tres que cuidaban de tres caballos y que el suyo tenía un duende muy apasionado que le hazía las crines, le echaba de comer y cuidaba mucho de su regalo y adorno.

Llega a la inverosímil conclusión de que estos duendes son animales invisibles «que tienen su primer ser en caserones inhabitados y lóbregos y que son engendrados y alimentados por la corrupción de los vapores gruesos que en tales lugares se producen, por falta de habitación, lumbre y comercio que purifiquen el aire». Y añade: «Supongo que a estos duendes en Castilla les llaman trasgos, en Cataluña *folletos*, que quiere decir espíritus locos, y en Italia *farfareli*». Caro Baroja nos hace un gracioso comentario de su libro cuando escribe:

> Yo no sé cómo se las arregló nuestro fraile para hablar lo menos posible de los duendes en las 486 páginas a dos columnas de que consta. Está escrito con arreglo a la más rancia de las escolásticas (...) Se refleja en él una curiosidad morbosa por cuestiones sexuales, sobre todo en la segunda sección, donde Fuentelapeña habla con visible gusto, y sin tener que decir nada de provecho, del sexo en sí, de la causa sexual de los monstruos, de los hermafroditas, de los partos monstruosos y de otros extremos poco agradables de mencionar.

A modo de conclusión, recogemos una descripción física de los duendes, según lo que le relataron a Fuentelapeña ciertos testigos oculares, acorde con la versión popular que sobre los mismos tenían sus conciudadanos:

1. Tienen figura humana.

2. Suelen aparecer con hábitos de religioso.

3. Duermen, pues se les oye de noche y no de día.

4. Se muestran especialmente regocijados con los niños, y no así con los mayores.

5. Los duendes martirizan a los que están dormidos, creándoles pesadillas.

6. Tienen una mano de estopa y otra de hierro, aunque en esta creencia Fuentelapeña ve una metáfora «tomada de que unas veces suelen dar más recios golpes y otras más blandos».

7. Nos da una definición de los duendes diciendo que «no es otra cosa que un animal invisible, secundum quid o casi invisible, trasteador».

El padre Benito Feijoo:
Teatro crítico universal

ENTRESACAMOS AHORA ALGUNOS JUGOSOS PÁRRAFOS de esta célebre obra que el benedictino Feijoo escribió entre 1726 y 1740 en forma de discursos. Llegó a publicar nueve gruesos tomos que forman en su conjunto el famoso *Teatro*, dirigido a un amplio público en tono coloquial. Hace mención de materias variopintas, entre las que no podían faltar el mundo sobrenatural y las supersticiones vulgares, a las que se refiere de modo muy escéptico en su tomo III, dedicado monográficamente a los *Duendes y espíritus familiares*.

Feijoo se mete con todo bicho viviente, y nunca mejor dicho, pues habla de basiliscos, dragones, unicornios, sirenas y otros bichejos, con su estilo socarrón. No deja de lado, por supuesto, la creencia en los duendes, que tan extendida estaba en su época. Ataca a colegas suyos, como el padre Fuentelapeña, y a todo aquel que hablara de estos pequeños personajes como seres reales, pues para Feijoo no existían y, en todo caso, eran simples humanos que se hacían pasar por duendes, a veces de manera juerguista y otras con fines criminales. «¡Oh, cuántos hurtos, cuántos estupros y adulterios se han cometido cubriéndose, o los agresores o los medianeros, con la capa de duendes!», escribía en la citada obra.

Veamos ahora un párrafo ya clásico de su *Teatro crítico*, donde expone su versión de los hechos:

El padre Fuentelapeña, en su libro del Ente dilucidado, prueba muy bien que los duendes ni son ángeles buenos, ni ángeles malos, ni almas separadas de los cuerpos (...).

Puesto y aprobado que los duendes ni son ángeles buenos ni demonios ni almas separadas, infiere el citado autor que son cierta especie de animales aéreos, engendrados por putrefacción del aire y vapores corrompidos. Extraña consecuencia y desnuda de toda verosimilitud. Mucho mejor se arguyera por orden contrario, diciendo: los duendes no son animales aéreos luego solo resta que sean, o ángeles o almas separadas. La razón es, porque para probar que los duendes no son ángeles ni almas separadas, solo se proponen argumentos fundados en repugnancia moral; pero el que no son animales aéreos se puede probar con argumentos fundados en repugnancia física. Por mil capítulos visibles son repugnantes la producción y conservación de estos animales invisibles; por otra parte, las acciones que frecuentemente se refieren de los duendes, o son propias de espíritus inteligentes, o por lo menos de animales racionales, lo que este autor no pretende, pues solo los deja en la esfera de irracionales. Ellos hablan, ríen, conversan, disputan. Así nos lo dicen los que hablan de duendes, con que, o hemos de creer que no hay tales duendes, y que es ficción cuanto nos dicen de ellos, o que si los hay, son verdaderos espíritus.

Realmente es así, que puesta la conclusión negativa de que los duendes sean espíritus angélicos o humanos, el consiguiente que más natural e inmediatamente puede inferirse es, que no hay duendes. A la carencia de duendes no puede oponerse repugnancia alguna, ni física ni moral. A la existencia de aquellos animales aéreos, concretada a la circunstancia de acciones que se refieren de los duendes, se oponen mil repugnancias físicas.

El argumento, pues, es fortísimo, formado de esta: los duendes, ni son ángeles, ni almas separadas, ni animales aéreos, no resta otra cosa que puedan ser. Luego no hay duendes… Ni obsta en contrario la vulgar prueba de la existencia de los duendes, tomada de los innumerables testigos que deponen haberlos visto, u oído, lo cual parece funda certeza moral, siendo increíble que mientan todos estos testigos, siendo tantos. Este argumento, aunque en la apariencia fuerte, solo es fuerte en la apariencia. Lo primero, porque apenas son la centésima parte de los hombres los que deponen haber visto duendes ¿Y qué inconveniente tiene el afirmar, que la centésima parte de los hombres son poco veraces?[2]

Lo cierto es que este tono sarcástico y demoledor se fue haciendo más tolerante en su otra obra, *Cartas eruditas*, escrita entre 1742 y 1760, aunque siguió sin creer en tales seres, a los que dedica algún que otro ensayo epistolar.

Si los teólogos y los jurisconsultos hablaban de ellos, ¿por qué no las obras teatrales, las novelas o los poemas del Siglo de Oro? En ellos se hacen constantes alusiones a los duendes, sin que por ello estos quedaran bien parados, pues el mayor hincapié se hacía en las obras de enredo, con intrigas caballerescas y duelos, o en las de capa y espada, donde era frecuente simular acciones de un duende o trasgo para cometer una fechoría, por lo general de carácter sexual. La obra teatral que posiblemente contribuyó a desacreditar más la idea de los duendes como entes incorpóreos fue la famosa comedia de Calderón de la Barca *La dama duende* (1629).

Por cierto, el padre Feijoo, en ese mismo texto que hemos citado, hace alusión a esta gran obra diciendo lo siguiente: «La comedia de *La dama duende* se representa más veces que se piensa, porque hay muchas damas que son duendes; como también muchos que se hacen duendes por las damas».

Todo esto demuestra que, se creyera o no en ellos, los rumores sobre duendes estaban muy presentes en la vida popular, literaria, religiosa e incluso jurídica de la España de los siglos XVII y XVIII.

---

[2]   Benito Jerónimo Feijoo, *Teatro crítico universal*, tomo tercero (1729). Texto tomado de la edición de Madrid 1777 (por Pantaleón Aznar, a costa de la Real Compañía de Impresores y Libreros).

4

Hablemos de trasgos

De duendes y trasgos,
muchedumbre vana,
se agita y se afana
en pos su Señor.
Y allí entre las llamas
resbalan, se lanzan,
y juegan y danzan
saltando en redor.

José de Espronceda. *El diablo mundo*

Espíritu travieso, fugaz y ordenado

ENTRE LOS MUCHOS SERES MÁGICOS QUE SE MANIFIESTAN en nuestro mundo, ninguno hay que haya soportado mejor el paso del tiempo y la evolución tecnológica de los humanos que el trasgo. El motivo se encuentra en su carácter familiar, al tratarse de seres habituados al contacto con el hombre y que habitan en su propia casa. La palabra trasgo se hace sinónima de duende en muchas partes de España, sobre todo en Castilla.

Duendes

Sebastián de Covarrubias, en su *Tesoro de la lengua castellana o española* (1611), nos proporciona la siguiente definición de trasgo: «El espíritu malo que toma alguna figura, o humana o la de algún bruto, como es el cabrón». Y más adelante dice:

> Es algún espíritu de los que cayeron con Lucifer, de los quales unos baxaron al profundo, otros quedaron en la región del ayre y algunos en la superficie de la tierra, según comúnmente se tiene... Estos suelen dentro de las casas, y en las montañas y en las cuevas espantar con algunas aparencias, tomando cuerpos fantásticos, y por esta razón se dixeron trasgos.

Covarrubias, buscando el origen de la palabra trasgo, la encuentra derivada de la latina *transvertere*, por ser el oficio del trasgo el cambiar y trastornar todas las cosas. Sin embargo, Corominas, en su *Breve diccionario etimológico*, dice que trasgo probablemente derive del verbo trasguear... «hacer travesuras». Y encuentra la siguiente acepción:

> Duende. 1490, «espíritu travieso, que se aparece fugazmente», por lo común «el espíritu que se cree que habita en una casa». Significó antiguamente «dueño de una casa», 1221, y es contracción de duen de casa (este con el sentido de «duende»), m. s. xv locución cuya primera palabra es forma apocopada de dueño.

Hay una gran variedad de trasgos formando una de las familias más numerosas del grupo de los duendes domésticos. Están extendidos por todo el occidente de Europa y en España los encontramos en su variante doméstica, tanto benéfica como maléfica. En las afueras de los hogares han sido desplazados por otros elementales parientes suyos como enanos, busgosos, tentirujos o diablos burlones. Aparecen con el nombre de «trasgos» en Cantabria, La Rioja, Castilla, Asturias y norte de León; «trasnos» en Galicia, «trastolillos» en Cantabria y «tardos» en Galicia y Castilla. En cualquier caso, presentan múltiples diferencias y variedades entre ellos.

A título de inventario, hay que decir que son seres de pequeño tamaño (entre los 40 y 80 centímetros de altura), traviesos, juguetones, con piel de pigmentación oscura o marrón y que, tocados con gorros generalmente rojos, visten blusas de bayeta del mismo color. Sus ojos son negros y brillantes, tienen uñas en las manos y están provistos de pequeños cuernos y rabo. Es frecuente que tengan un agujero en la mano izquierda y que sean cojos. Su relación con nosotros se suele limitar a la pura y simple travesura y les gusta actuar en solitario.

Cuando un trasgo se instala en una casa, lo primero que hace es empezar a explorar su nuevo hábitat. Le fascinan dos lugares especialmente: las cuadras y las cocinas. En el primero no hay nada que le divierta más que molestar al ganado y, en la cocina, revuelve y rompe todo lo que encuentra. Sucio por naturaleza, le encanta revolcarse en el estiércol y limpiarse el trasero con la leche de las vacas en cuanto sus dueños se descuidan. Sin embargo, en determinadas circunstancias, llega a tomar cariño a los habitantes de la casa, por lo que se conocen casos de trasgos que ayudan en las labores del hogar, ya sea limpiando platos, barriendo u ordenando las cosas.

En *La vida del Lazarillo de Tormes* se dice del clérigo avaro que andaba de noche «hecho trasgo», frase utilizada en el siglo XVII en el sentido de revolver todo por la noche y de estar inquieto; así, en el *Entremés del viejo celoso* de Cervantes, exclama la criada Cristina de su amo que «toda la noche anda como trasgo por toda la casa».

Una de sus costumbres favoritas y más estúpidas, como iremos viendo, es la de recoger y contar los granos de maíz, linaza o mijo que encuentre desparramados. Esto es bueno para los que quieran echarle, y de un resultado fulminante tanto si el trasgo tiene la mano izquierda agujereada como si no:

— Si es un trasgo con agujero o «furacu», por él se le irán cayendo todos los granos de cereal a la vez que los está contando, con lo cual nunca terminará el recuento y se irá.

— Respecto al trasgo que no tiene agujero en la mano, esta aparente ventaja la compensa con creces por el hecho de que solo sabe contar hasta un número limitado: cien, diez o dos, según versiones, así que se equivocará de forma irremediable cuando pase de esa cifra, volviendo a contar de nuevo, hasta que se aburra y se vaya.

El motivo que le obliga a realizar con tesón tan inútil tarea es su pasión casi enfermiza por el orden. Si profundizamos más, parece ser que el motivo, en tiempos más lejanos, era otro. Recordemos —como así lo hace Constantino Cabal— que los romanos echaban a los muertos habas negras, ya que las habas, el maíz o el mijo era lo que primitivamente se les daba para «matarles» el hambre, y los muertos que no tienen hambre no dañan a los vivos. En Ibiza, por ejemplo, en la noche del Día de Difuntos, se dejaban en otros tiempos frutas desgranadas y una luz encendida toda la noche, por si los fallecidos de la casa tenían hambre.

Trasgos *versus* diaños

E<small>L TRASGO, EN GENERAL</small>, campa a sus anchas principalmente en dos espacios geográficos: en las casas y en los caminos. Mostraremos únicamente el trasgo casero y juguetón como representante de los denominados «duendes domésticos». Hemos recogido las leyendas que ubican su campo de acción en el interior de los hogares porque, respecto a las apariciones que hace en los caminos, el trasgo se comporta como un verdadero «diaño burlón», si es que no es el mismo, pues a diferencia de sus actividades en las casas, donde adopta la forma humana, en los caminos y montes adopta la apariencia animalesca, bien sea de carnero, de oveja o de cualquier otro bicho que no dé motivos de sospecha, aunque más tarde se comporte de la manera más extraña que uno se pueda imaginar.

Desde el momento en que circunscribe su campo de acción al exterior de las casas, no lo vamos a tratar aquí; será objeto de estudio en el libro de *Gnomos*. Los trasgos domésticos son descendientes directos de los elementales de los bosques y esto se aprecia por el hecho evidente de que conservan como «pedigrí» ciertos signos distintivos, como los cuernos, el rabo, el cuerpo velloso o sus inclinaciones hacia el sexo femenino. El diaño sería el eslabón entre los tradicionales faunos y sátiros y el duende doméstico, ya que tanto trasgos como *follets* se dan preferentemente en aquellas zonas donde antiguamente se ubicaron estos seres mitológicos, como los busgosos en Asturias; el tentirujo en Cantabria o el *feram* en Cataluña.

Duendes

Por todo lo cual no debe extrañarnos que la frontera que separa al diaño burlón del trasgo sea tan difusa que en muchos lugares les consideren el mismo personaje con distinto nombre; así ocurre en Galicia, donde al lado del trasno está el diaño burleiro, o en Asturias, donde las fechorías del *trasgu* y del diaño se funden de continuo, o en Cantabria, donde sus trasgos son tan silvestres que actúan con igual frecuencia dentro como fuera de las casas, y lo mismo sucede en Castilla y León.

Nosotros sí marcamos esa diferencia y, aunque en las zonas mencionadas no se atengan a una nomenclatura clarificadora, lo cierto es que hay pruebas suficientes para distinguir a unos de otros, a pesar de que su parentesco es tan estrecho que realmente sospechamos que se trata del mismo ser con el matiz reseñado anteriormente, es decir, su tendencia a los transformismos animalescos y el hecho de ser considerados físicamente como demonios y que desarrollen sus actividades en el exterior de las casas. Al trasno en algunas ocasiones se le denomina «domo», no siendo el diaño tan inofensivo como el trasgo, pues con frecuencia sus víctimas sufren auténticas agresiones físicas. Es habitual encontrarle bajo la apariencia de un carnero abandonado, un corderillo malherido o un asno o caballo oportuno, apetitoso para ser montado. Si el hombre o mujer que circunstancialmente pasen cerca —sobre todo después de una romería— caen en su trampa, sufrirán las consecuencias: si es un cordero o carnero que quieren llevarse a su casa, los fastidiará orinándoles sobre la espalda o se hará cada vez más pesado; si se trata de una ternera o vaca, se extraviará y hará que su dueño se extravíe también; si de un niño pequeño y llorón se trata, al final, soltará una fuerte carcajada cuando vea desnuda a su benefactora; si hablamos de una cabalgadura, arrojará al río inmediatamente a quien la haya montado... Y así una vez tras otra.

Este sería el trasno campestre o diaño burlón, cuyos dominios son los caminos, montes, ríos y bosques, pero que cuando traspasa los límites de un determinado pueblo y se inmiscuye en una vivienda humana se convierte en un trasgo de tomo y lomo.

Encontramos leyendas de trasgos que en los alrededores de una casa tiran piedras a los transeúntes o deshacen la labor que el campesino ya había realizado, que en las cuadras trenzan caprichosamente las crines de los caballos, que en el molino juegan con la harina o que en un bosquecillo cortan las ramas de los árboles que a la mañana siguiente resultan estar intactas. En todos estos casos cabría preguntarse, ¿se trata de trasgos o de diaños? Desde el momento en que el diaño gusta de manifestarse en la forma que hemos dicho, todo aquello que salga de la conducta descrita es factible atribuirlo a los trasgos y por esta razón aparecerán en este libro casos en los que la labor de estos seres se desarrolle en las cercanías de una vivienda y no propiamente en su interior.

Para la investigadora María del Mar Llinares —en referencia al trasno gallego—, la lección que pretende dar a los humanos es muy clara: «El hombre tiene sus limitaciones y no debe sobrepasarlas en ningún sentido, ni queriendo hacer el mundo según sus deseos, ni queriendo saber demasiado, ni tampoco queriendo apoderarse de lo que no es suyo».

El *trasgu* asturiano

Antaño era rara la familia asturiana que no conociera alguna historia protagonizada por estos incómodos hombrecillos. Las descripciones eran unánimes al describir el *trasgu* con una altura de no más de ochenta centímetros, de piel oscura y sonrosada, las piernas torcidas, con grandes uñas en las manos, boca descomunal, nariz aplastada, ojos brillantes, coronado con pequeños cuernos y en posesión de rabo. Muy delgado y con cojera, lo cual no le impide moverse con una rapidez asombrosa, ya que es muy ágil para efectuar prodigiosos saltos, gozando de una impresionante flexibilidad. Su rostro tiene, la mayoría de las veces, una expresión burlona que puede transformarse en colérica cuando algo le ofende o incómoda.

Respecto a su vestimenta, esta se compone de una blusa roja y de una gorra de idéntico color. En cuanto a sus costumbres, son las ordinarias de toda la familia de los duendes, si bien tienen una característica obsesión de no soportar que el fuego del hogar esté apagado. Sus lugares favoritos son el desván, la cuadra o la cocina, pero eso no quiere decir que vivan en ellos, sino que es allí donde más se les suele ver, y los escenarios favoritos de sus trastadas.

En algunas zonas asturianas, al trasgu, con su mano agujereada, se le denomina trasno, cornín y xuan dos camíos. En todas las ocasiones se "lleva la palma" en cuanto a ser un trasgo tragón y muy trasto.

En cuanto a su naturaleza, el *trasgu* es una especie de diablillo cojo que tiene un agujero —*furacu*— en la palma de su mano izquierda. En Portugal, al trasgo se le llama *strago o demonio da mao furada*. Recordemos, respecto a su cojera, la novela satírica *El diablo cojuelo* (1641) de Luis Vélez de Guevara. No nos extrañaría que el escritor ecijano se hubiese inspirado en los mitos asturianos sobre los trasgos para completar los rasgos de su personaje.

No siempre se le llama *trasgu*, dependiendo tal consideración de los lugares geográficos donde sea visto. En algunas poblaciones, como en Boal, se le llama «cornín», precisamente en referencia a sus pequeños cuernos. Luciano Castañón asegura que también se le puede denominar «trasno» (como en Galicia) y así es conocido en el concejo de El Franco, donde se reza esta particular oración:

> *San Antón y San Froilán*
> *prende el lobo y ceiba el can;*
> *San Antolín el Paduano,*
> *Petcha a porta*
> *qu´entra el trasno.*

Con el nombre de «diablu» o «diañu burlón» le denominan en otras poblaciones, términos con los que nosotros no estamos totalmente de acuerdo, como hemos comentado antes. En otras zonas son conocidos como «gorros coloraus», porque llevan una caperuza o gorro rojo; existe una frase tradicional que afirma: «Es más enredón que el del gorru colorau», referido a un niño sumamente revoltoso. Al *trasgu* en la parte de Navia le llaman «Pisadiel de la mao furada» o «Pisadiel, el de la man furá», por el agujero que tiene en la palma de la mano izquierda y, en la zona occidental, con el extraño nombre de «Xuan dos camíos». En algunas poblaciones de Laviana le llaman «meque» y, si algún niño es particularmente revoltoso, no es extraño que le digan: *Esti guaje ye más traviesu qu´el mequi.*

Por último, en ciertos relatos no utilizan la palabra *trasgu* sino la más usual de duende, sobre todo cuando este hace sus travesuras en lugares más urbanos, con mayor población, así como en casas más señoriales y alejadas de ambientes naturales.

Duendes

Cosas de duendes, que no de trasgos

El folklore astur es muy agradecido a la hora de encontrar referencias sobre duendes y trasgos, pues levantas una piedra y encuentras uno, entras en una aldea y encuentras dos.

Eso lo sabe muy bien Alberto Álvarez Peña —Berto para los allegados—, con el que nos une una buena amistad. Está considerado como el investigador de campo que más sabe sobre estos seres mitológicos de su tierra y, además, los dibuja a las mil maravillas. Ha escrito varios libros sobre ellos, los ha escudriñado y ha sabido recuperar muchas leyendas y sacar la esencia de personajes como la xana y el *trasgu*. Detrás de cada uno de sus dibujos hay una historia, y de cada historia, una vivencia que le cuenta un paisano. En el libro que ha ilustrado sobre el *Trasgu* —escrito en bable por Reyes Tuero— se dan unas certeras descripciones del mismo: «El trasgu ye pequeñacu, feu y regolvín. Tien rau y coxica un poco d›una pierna». Así empieza la primera página y sigue con diferentes descripciones avaladas por la tradición: «Lleva un gorretu pa tapar los cuernos y un traxe de franela colorao».

El asturiano Francisco González Prieto, también conocido como Pachu'l Péritu, un destacado personaje y poeta de la cultura asturiana de finales del siglo XIX, lo radiografía de esta manera:

> *Y era un pequeñacu churrumbelu*
> *chanceru y feu pero coxicaba,*
> *y los cuernos y el rau se tapaba con un gorrete...*

Están tan familiarizados los asturianos con ellos que existe un dicho popular, no exento de gracia, que refleja esta confianza: «La casa se vende con todo y con duende». Ya dejó escrito Jove y Bravo en su *Asturias* (1897) que:

> Hay en el hogar otros muchos espíritus ligeros. Los duendes innominados que unas veces se distraen en amedrentar a los moradores de la casa arrastrando sendas cadenas por el pavimento... otros, haciendo rechinar sobre sus enmohecidos goznes las puertas de las cuadras o cerrando de golpe las maderas de los ventanales del desván.

Nos cuenta otro gran folklorista, Aurelio de Llano, una vieja historia ocurrida en el Palacio de Rozadiella, cerca de Cangas de Tineo, en el que no se podía vivir por culpa de un duende. Cuando sus habitantes decidieron largarse de allí, cargando sus enseres en varios carros, alguien vio que con ellos también se mudaba el duende.

> ¿Dónde vas? —le preguntó el carretero.
> Ya que todos vais,
> de casa mudada,
> también yo me mudo
> con mi gorra encarnada[3].

En el edificio ovetense de la Real Audiencia, en la calle de Cimadevilla, había un duende allá por mediados del siglo XIX al que le daba por tirar de las togas y de los pies de los magistrados cuando estos dormían en los tribunales. En la posada que hubo en la calle de la Rúa, contigua al palacio del marqués de Santa Cruz, era fama que existía, hacia 1840, un duende que inspiraba pesadillas a los huéspedes, presentándose a ellos en forma de enanillo calzado con grandes espuelas con las que propinaba espolonazos en las nalgas de los durmientes. Este hecho dio lugar a denuncias, chistes, sobresaltos y artículos humorísticos en la prensa local.

El padre Feijoo relata en su *Teatro crítico universal* un suceso acaecido en el pueblo de Llanes, donde «corrió uno de estos años pasados por indubitable la existencia de un duende, gran enredador, que se decía infestaba continuamente una de las casas de aquella villa». Como no podía ser menos, Feijoo cita este caso, no para demostrar la existencia de estos diminutos seres, sino para todo lo contrario, ya que acaba diciendo que después «por muchos y segurísimos informes se supo que el duende había salido fingido y que dos muchachas, con un enredillo bien poco artificioso, habían puesto a todo el pueblo en aquella creencia».

---

[3] Aurelio del Llano: *Del folklore asturiano. Mitos, supersticiones, costumbres.* Oviedo, Instituto de Estudios Asturianos, 1972.

Formas de echarle

En Asturias conocen al menos tres métodos de actuación cuando la presencia del *trasgu* empieza a ser demasiado molesta. Mudarse de casa, como hemos visto, no sirve para nada y, además, es así es como los trasgos se han ido extendiendo por casi toda España. Estos tres «trucos» son sendos retos que se le hacen, puesto que el *trasgu* piensa que sabe hacerlo todo y acepta cualquier tarea antes de medir bien sus consecuencias:

1.— Traer un *paxu* (cesta plana de castaño) lleno de agua del mar, puesto que, evidentemente, le es imposible hacerlo al derramarse el agua por los innumerables orificios que tiene.

2.— Coger del suelo medio copín de linaza, puesto que, conforme la va recogiendo, se le vuelve a caer por el agujero que tiene en la palma de la mano izquierda. También sirve alpiste, maíz, centeno, mijo o trigo.

3.— Poner blanca una pelleja de carnero negro, pues cuando la lleva de río en río, restregándola contra las piedras, canta:

> *Aunque gaste más jabón*
> *que hay de Madrid a Valencia,*
> *no se me ha de poner blanco*
> *este pellejo o pelleja.*

El *trasgu* es incapaz de hacer ninguna de estas tres tareas y, cuando compruebe que es imposible, se irá humillado de la casa para siempre. Pero conocemos al menos el caso de uno que, cuando vio completamente desparramados por la puerta del molino los granos de linaza, exclamó:

> *¿Crees que lo voy a apañar?*
> *¡Pues ya puedes esperar!...*

Y no contó la linaza, lo que demuestra que este, en concreto, o no era un trasgo o bien no era tan bobo.

La glotonería del trasgu

Se sabe que es muy comilón y excesivamente goloso, por lo que le gusta robar dulces caseros para luego comérselos a sus anchas en su guarida. Debido a su ciega glotonería se le puede engañar fácilmente. Abundan los relatos en los que sale mal parado de esas incursiones en busca de tortas y postres. Por si no ha quedado claro que este duendecillo no siempre es muy listo ni muy inteligente, recogemos aquí una leyenda, donde asimismo se ponen de manifiesto sus fabulosas dotes de observador.

Vivía en Duyos, concejo de Caravia, un matrimonio sin hijos. En las noches de invierno, después de tomar la cena, el marido se iba de tertulia a casa de un vecino, y mientras tanto su mujer amasaba una torta y la ponía a cocer en la lumbre. Cuando la torta estaba en su punto de cocción, el *trasgu* bajaba por las *calamiyeres* (cadena que servía para sostener sobre el fuego potes y calderas), cogía la torta y marchaba diciendo:

—¡Ja, ja, ja que te la llevé!

Y esto ocurría una y otra noche sin que la mujer, por miedo, se atreviera a decirle nada al bromista, hasta que se puso de acuerdo con su marido para que este se quedara hilando una noche, vestido con la ropa de ella, y colocara una piedra en el llar en vez de la habitual torta. A la hora acostumbrada, asomóse el *trasgu* a la baranda de la cuña y quedó bastante perplejo al ver que la hilandera tenía barba. Sin atreverse a entrar, dijo:

—¡Oye! ¿Tienes barbas e hilas?

—¡Sí!

—¿Quieres que coja la torta?

—Cógela si quieres.

Entonces el *trasgu* bajó muy contento no percatándose del cambiazo y en vez de la torta cogió la piedra al rojo vivo, soltándola al instante, y soplando las manos subió por las *calamiyeres* diciendo:

—¡Ux, que mi queimé!

Las risotadas del matrimonio fueron tan sonoras que el *trasgu* no volvió a aparecer nunca más por ese hogar.

Un relato similar se cuenta también en la localidad de Cortes (concejo de Salas).

El sumicio

Una variante del *trasgu*, extremadamente escurridiza, es el sumicio. Su nombre indica su profesión, ya que tiene su origen en *sumere*, cuyo significado es 'coger', 'adquirir', 'apropiarse', y a eso es a lo que dedica su tiempo libre, salvo cuando duerme. Principalmente se complace en hacer desaparecer aquel objeto que se acaba de depositar sobre la mesa, y en el momento preciso en el que desea utilizarse. En la zona occidental de Asturias se suele usar una maldición que, dirigida a alguien, dice: «¡Mal *sumiciu* lo suma!».

No abundan las leyendas que tengan como protagonista a este duendecillo.

Para Aurelio de Llano no hay ninguna discusión:

> También han querido elevar a la categoría de ente mitológico al Sumiciu. Cuando no se encuentra una cosa o persona que uno acaba de ver, dicen en algunos concejos:
> —¡Pero si estaba aquí ahora mismo; aunque le hubiera tragado el Sumiciu!
> Es decir: aunque se hubiera sumido. Y nada más.

Sin embargo, Constantino Cabal no es de la misma opinión y considera que el sumiciu es un trasgo auténtico que «toma» cosas y las guarda, por lo tanto, este pequeño duendecillo —dice— no es una invención de mitólogos burlones. Por algo existe la siguiente estrofa correspondiente a un cantar:

> *En mia vida nunca oí*
> *que na iglesia andaba el trasgu;*
> *si el trasgu non entra aquí*
> *¿Cómo nos falta el rosariu...?*

El sumicio es un pequeño duende cleptómano que además tiene
una vinculación con ciertos animales. Posee un poder
suficiente como para conectar con ellos y tenerles como
aliados en sus fechorías.

Seruilla

Juraca

©Ricard Bauch

Pelleja de
Carnero neg.

Para que no vuelva a la casa, lo mejor es mandarle hacer
una de éstas tres cosas: extender linaza o mijo por el suelo y
que la recoja, poner blanca una pelleja de carnero negro o
traer un "paxu" lleno de agua de mar.

No solo se tiene noticia del sumicio en Asturias, sino que también Galicia lo conserva en su panteón mitológico, creemos que por influencia de sus vecinos. Eladio Rodríguez nos dice en su Diccionario que la creencia de que el sumicio existe en forma invisible e impalpable es común en comarcas gallegas. Viene a ser una especie de trasno, que tiene la manía de apoderarse de los objetos subrepticiamente cuando justamente hacen falta.

En el concejo de Somiedo, para que el *sumiciu* devuelva lo robado, existe la táctica de rezar a san Antonio una oración seguidita, sin trabucarse ni equivocarse porque si esto ocurre el zascandil del *sumiciu* no devolverá nunca lo que se llevó. En los lagos de Somiedo los lugareños hablan también del *apabardexu*, que se traduciría al castellano como 'duende de monte'. Hemos visto fotos del bar donde dicen que lo tiene expuesto, y se trata de un pez diablo disecado. Poco misterio hay.

Un pariente cercano al sumicio que hemos localizado es el *servan* que habita en Suiza, norte de Italia y, según algunas tradiciones, en los pirineos vascos. Se dedica a robar —aunque sería mejor decir desplazar— los objetos domésticos necesarios, como tijeras, hilos, agujas, gafas, clavos, llaves, cubiertos de mesa..., volviendo locos a quienes los buscan, aunque al final acaban siempre reapareciendo en los lugares más insospechados. No es de extrañar, por ejemplo, que la llave de la puerta esté de pronto dentro de una caja de zapatos. Se le suele atribuir también como pasatiempo favorito el cambiar el vino de los barriles por agua.

El trasgo cántabro

Burlones, juguetones y traviesos, los trasgos cántabros tienen ciertas características que les distinguen de sus vecinos de Asturias. Carecen de agujero en la mano y destacan por su comportamientoególatra, razón por la cual jamás forman grupos familiares y son solterones empedernidos. Para García-Lomas, tampoco son cojos. Achaca el que frecuentemente se les represente así a influencias nórdicas o astures. Sin embargo, Manuel Llano, Sánchez Pérez y Caro Baroja no dudan de que sí lo son de la pierna derecha y afirman que lucen dos minúsculos cuernecillos y un pequeño rabo.

En cualquier caso, hay en ellos cierta proximidad a los elementales de los bosques, razón por la cual tienen semejanzas con los hombres del musgo. Visten con ropajes que no son más que cortezas de aliso puestas al revés, que cosen con yedra. Al ser la corteza de aliso de tono rojizo, mucha gente piensa que son de ese color. Además, al igual que los busgosos asturianos, utilizan un cayado hecho de madera desconocida para caminar por el monte. Su cabeza la cubren con un gorro blanco. Por el día permanecen en los árboles, desde donde tiran piedrecitas a quienes pasan por debajo, sobre todo a los de la zona de Cabuérniga.

La mejor descripción, y la única, nos la da Manuel Llano en su obra *Brañaflor*. En buen dialecto montañés nos pinta de esta guisa a tan pilluelo duendecillo:

> El trasgo es un hombrocu más negru que el sarru, que está vestiu de colorau. Es coju de la pierna derecha y siempre está riendo como un venturao. Los ojos los tien muy verdes y las melenas negras como tou el cuerpu. El trasgo entra en las casas por las troneras y la chimenea sin que nadie le oiga. Desde que entra hasta que sal, no haz más que picardias. Tira la harina, bebi la lechi, regüelve los chismes de la cocina y esconde las cosas onde nadie las encuentra.

Al parecer, también tenía en la cara una pelusilla que le daba un aspecto jovial de eterno adolescente. El trasgo es un auténtico ventrílocuo profesional, pues imita a la perfección todo tipo de animales domésticos; así, maúlla como un gato, rebuzna como un borrico o ladra como un perro.

García Lomas, que no cree en la existencia de este duende, considerándolo una de las muchas alucinaciones de gentes sencillas del campo, nos dice que en sus apariciones no era totalmente invisible, como ocurre con sus congéneres. Permanecía detrás de algún cancel o refugio donde poder emitir sus más variados sonidos, entre ellos el que simulaba hipócritas lloriqueos que harían estremecer al más pintado.

Duendes

Nos llama la atención que se le describa con ojos verdes, algo que que sale de la norma, por lo que a trasgos se refiere, pues aquellos suelen ser de un negro profundo. Pensamos que tal vez se trate de un involuntario error de Manuel Llano que después ha ido pasando a otros autores, como ocurre en el romancillo de Carmen Stella:

> *Los ojos tien verdes,*
> *Negras las melenas*
> *mas negras que el sarru*
> *de las chimeneas*
> *por onde se mete*
> *por onde se cuela*
> *chicuco y travieso.*

El trastolillo

En algunas comarcas de La Montaña, al trasgo le conocen con este simpático nombre. Los trastolillos aparecen como una especie de seres intermedios entre los trasgos propiamente dichos (que, en Cantabria, aunque vinculados a las casas, son más campestres que los de Castilla o Asturias) y los elementales de la foresta. Según García-Lomas, es un duendecillo alocado, enredador y burlón, que vive en las casas de los hombres. Al igual que el *trasgu*, tira la harina, bebe la leche y afloja las tarabillas de las ventanas por la noche para que el viento las haga chirriar, también le gusta requemar los guisos, todo ello entre chirriantes risas y fingidos lloriqueos.

Conocidos también como «diablillos cernedores» (por su afición a cerner la harina) o «brujos» (por los actos inexplicables que cometen), los trastolillos son pequeños seres de ámbito rupestre que, si bien viven en contacto con el hombre, no han logrado del todo desprenderse de su originario entorno natural. A nuestro juicio, se trata de un grupo de elementales que no supieron o no pudieron adaptarse al nuevo medio impuesto por los humanos y se quedaron en una situación intermedia, lo que a la postre significó su progresiva desaparición. Probablemente,

El trastolillo está más cerca de los bosques que de las casas,
a diferencia de sus congéneres. Es una variante de los
trasgos cántabros llamados también "diablillos cernedores".

hubo muchos seres de este tipo hace miles de años; algunos se adaptaron al mundo de los hombres, como los trasgos, y otros desaparecieron, como los trentis.

En cuanto a su aspecto, aunque apenas si hay descripciones, se dice que tiene el rostro negruzco y que viste una especie de túnica roja que está elaborada con cortezas de aliso cosidas con hiedra, se tapa la cabeza con un gorrito blanco y se apoya en un bastón de madera desconocida del monte. Como se ve, no se diferencian mucho del trasgo cántabro, salvo que tienen los cuernos más grandes y el rabillo algo más largo.

El trasno gallego

Manuel Murguía, marido de la poetisa Rosalía de Castro, enumera en su *Historia de Galicia* (1888) a los seres fantásticos de su tierra y los divide en varias categorías, entre las que incluye a los espíritus de la casa. En la lista relaciona a las almas en pena, a los tardos y al tangomango. Es, por otra parte, una clasificación incompleta, como iremos comprobando a lo largo de este libro.

Es cierto que las almas en pena, para la creencia gallega, rondan la casa, penetran en su interior, producen ciertos fenómenos considerados parapsicológicos y hablan a veces con los miembros de su familia para advertirles sobre algo o para que cumplan una última voluntad referente a entierros, misas o herencias. Cuando estas demandas no son satisfechas pueden producir todo tipo de ruidos extraños y cambios de objetos de un lugar a otro, perturbando la paz del hogar y asimilándose, por consiguiente, en lo que a sus fechorías se refiere, a vulgares duendes.

El tangomango al que hace alusión Murguía parece estar vinculado con la enfermedad en general y en concreto con una especie de baile de San Vito o una dolencia imaginaria sin demasiada importancia. En todo caso, si lo asociamos a un ser, estaría entre los minúsculos malignos que penetran en el interior del cuerpo humano para enfermarlo, pero de él apenas hay datos importantes en toda la mitología gallega. Suponemos que no es otro que el tangaraño.

En cambio, el tardo sí pertenecería a la familia de los duendes, aunque no figuraría entre los llamados «domésticos», sino entre los «vampirizantes», de los que hablaremos más adelante. En estas tierras de meigas, el duende recibe varios apelativos según la ocupación a que se dedique. Así, por ejemplo, lleva el nombre de «tardo» si se dedica a absorber la energía vital de los que duermen; «trasno», si se dedica a los quehaceres propios de sus congéneres, es decir, a revolver la casa y hacer desaparecer objetos; *xas*, si no hace ninguna de las cosas antes dichas, sino todo lo contrario; «meniñeiro», si protege y divierte a los niños o «diaño burlón», si hace trastadas por los caminos o los montes.

En algunos lugares de Galicia, según Rodríguez López, se sigue asociando el duende con el demonio o *demo* y piensan que este corre por la noche en busca de ventanas mal cerradas para escapar. Para impedirle pasar, ponen junto a ellas platos de maíz, pues en el momento en que lo derrama se va a otra parte y no vuelve a aparecer. El demo es tan popular que recibe en gallego varios nombres, según las zonas, culpándosele de los sucesos aparentemente inexplicables que ocurren (*é cousa do demo*), por eso no solo el trasno sería un demo, sino también el abelurio, el cachano, el demiño, el democho, el demóncaro, el demontre, el diaño, el déngaro, el perello, el perete, el rabeno, el rabudo, el demachiño, el resalgario, el zuncras, el sucio, etc.

El trasno no tiene en la mano agujero alguno que le impida reunir los granos de maíz que haya derramado, pues, según Murguía, «le gusta contar los granos uno a uno pero en cuanto pasa de cien se equivoca, principia otra vez, se equivoca otra vez y acaba por aburrirse».

Nunca son malignos, aunque sí muy juguetones. Respecto a su aspecto físico, parece ser que resultan muy similares a los asturianos y que les gusta transformarse con mucha frecuencia en animales, pero solo cuando actúan fuera de los límites de la casa.

Nos cuenta Antonio Fraguas (no Forges, sino el antropólogo gallego) que «una tarde de frío llevaron a uno de ellos con forma de cordero blanco y, al entrar en la cuadra los demás animales, ovejas y cabras, golpearon nerviosos con las patas en el suelo. Al día siguiente, al abrir la puerta de la cuadra, salió corriendo de las fincas con tal rapidez

El trasno gallego no tiene agujero en la mano, es un tanto patizambo y sigue a los dueños de la casa, si se van. Un cariño no bien entendido por los humanos...

que se dieron cuenta entonces que habían cogido a un trasno» (o a un diaño, dirían otros).

La identificación del trasno con el diaño burleiro o diablillo burlón, como ya dijimos, es algo muy habitual. De esta opinión es el folklorista Luis Moure, que le atribuye las mismas facultades transformistas que posee aquel y sus mismas anécdotas, como la de adoptar la forma de burro y alargarse cuando alguien le monta. En Galicia, el trasno está tan presente en la cultura popular que es muy famoso el dicho *Anda facendo trasnadas*, cuando señalan a alguien que no puede estar quieto. Otras frases populares y de uso corriente son: *Anda feito un trasno*, aplicado a la persona que anda sola por los caminos; *Seica anda o trasno comigo*, dicho por aquel al que todo le sale al revés de como lo había planeado; *Ter un o trasno no corpo* o el refrán *Nunca se fasta o trasno de facer trasnadas*.

Cuento del trasno y el zorro

Se sabe que el trasno penetra en la casa por un lugar concreto y, por esta razón, es fácil castigarlo para que nunca más vuelva a molestar. El mejor sistema para cansarlo es ponerle en su entrada habitual una taza de mijo para que al entrar tropiece con ella y la derrame, obligándole entonces el dueño de la casa a que, como castigo por tal allanamiento de morada, cuente los granos derramados y los vuelva a echar en la taza. Pero como el trasno, según esta versión, solo sabe contar hasta dos, se cansará tanto que no será capaz de reunir los granos en toda la noche. Dicho esto, a modo de preámbulo, se cuenta que una vez un trasno se hizo acompañar de un zorro para realizar sus trasnadas, pero, en el último momento, el zorro no quiso entrar en la casa por precaución. El trasno, a pesar de todo, penetró en la morada, tirando con sus pies el mijo que ya estaba colocado en el ventano por donde se suponía que iba a pasar. Al tirarlo, alertó al dueño de la casa, que le gritó: «¡*Agora cólleo!*»

El trasno, sorprendido y disgustado, empezó el recuento: *un*, *dous*. Parece ser que el trasno le había dicho al raposo que en aquella casa existía un gran gallinero y por ello esperaba que, en justa recompensa por su compañía, le había de traer, al salir, un par de pollos, o por lo

menos, uno. Al oír el zorro, desde el exterior, cómo su compañero de aventuras pronunciaba unos números, se figuró que era una pregunta que le estaba haciendo en relación a los pollos y así pasaron la noche con el siguiente diálogo:

> Trasno: *Un, dous.*
> Zorro: *Dous, dous.*
> Trasno: *Un, dous.*
> Zorro: *Dous, dous.*

Al amanecer, y sin haber concluido de llenar la taza de mijo, salió el trasno descompuesto a la par que muy fatigado. Y el zorro, al ver que no traía ningún pollo, a pesar de mantener tan intenso «diálogo de besugos», no modificó su manera de comunicarse con los demás y por eso dice, desde entonces, como una especie de tic o cantinela monocorde: «dous, dous»...

El xas

En Galicia no solo tienen la prerrogativa de perturbar la paz del hogar los trasnos, los demos, las bruxas o las meigas. Existen otros seres, con características variopintas y heterogéneas, representados a veces con aspecto de fantasmas, llamados *xas*, palabra esta que generalmente se utiliza como sinónimo de duende, aunque sus diabluras no las realiza en el interior de un hogar humano, sino en sus alrededores.

En el Algarve portugués hay una voz idéntica: *ja*, de la que probablemente se deriva «jano», convirtiéndose así, por derivación lingüística, en el diaño antes referido. Estos seres tienen como campo de operaciones los molinos solitarios, donde se esconden y encaraman para meterse con las mozas despistadas que aciertan a pasar por allí (asemejándose de nuevo a los diablos burlones).

De ellos se sabe que se introducían en las cuadras para trenzar los rabos de los pollinos (como hacen los *follets*) u ordeñar las vacas y derramar, acto seguido, la leche recogida (como ocurre con los trasgos).

O robar las frutas, a ser posible las más maduras, de los terrenos del dueño al que están fastidiando o, cómo no, lanzar piedras sobre las chozas y caserones, sin que exista motivo aparente alguno (como suelen hacer algunos duendes traviesos y *poltergeist*).

No olvidemos tampoco al perelló, que es una especie de trasno inofensivo y burlón, llamado también «perete» y «perote», menos popular que el anterior y de actuaciones nocturnas. En la zona de Rianxo (Pontevedra) recibe el nombre de Porviso que, por extensión, se refiere también al miedo creado por las apariciones de este tipo de duendes: *Era o medo que nos metían no corpo*, exclaman algunos ancianos del lugar.

El trasgo castellano-leonés

Jerónimo Borao, en su *Diccionario de voces aragonesas* (1859), alude a varias frases proverbiales que se usan en Aragón y cita entre estas la de «Ya viene Martinico», para indicar que le va entrando sueño a los niños. El mismo autor comenta que en algunas provincias de España se llama a los duendes «martinicos». Sin duda, se refería a Castilla.

Porque al trasgo castellano se le conoce por otras acepciones, igualmente populares, como son las de Martinico, Martinillo o Martinete, palabras que designan siempre al mismo ser. En otras zonas se suelen emplear el nombre de «tardos» o «pesadillos». A nuestro juicio, no pueden ser considerados como sinónimos, pues las acciones del tardo son otras muy distintas, por ejemplo, se alimentan de la energía psíquica del durmiente y le provocan pesadillas. Lo veremos.

En *El Conde Lucanor* o *Libro de Patronio*, del infante don Juan Manuel, el diablo dice a uno de sus acólitos que si está en apuros le llame con las palabras: «Acorredme, don Martín». Lo cierto es que el nombre de Martín y todos sus derivados y diminutivos han sido utilizados para nombrar a demonios, trasgos y duendes de diversas latitudes, sobre todo de Andalucía y ambas Castillas.

Entre sus costumbres está la de divertirse rompiendo o cambiando las cosas de sitio, apagando las luces y, sobre todo —rasgo característico

El xas es un pintoresco habitante de los molinos abandonados, con un especial influjo por la harina y por los sustos que propinan a todos los que se atrevan a pasar por allí.

de estas tierras—, lanzando piedras a troche y moche. Es por todo esto muy famosa la frase «dar trasgo a uno», en el sentido de fingir acciones propias de un trasgo para asustar a alguien.

La creencia en duendes era tan general en el siglo XVI que «era práctica forense en Castilla —nos cuenta Julio Caro Baroja en su obra *Del viejo folklore castellano*— que si una persona iba a habitar una casa y luego se enteraba de que en ella había duendes, podía abandonarla». Así lo dictaminaron jurisconsultos de la talla de Diego de Covarrubias y Leyva, Del Puerto y Torreblanca.

De Sebastián de Covarrubias, que no era pariente del jurista anterior, cogemos una de las muchas definiciones y descripciones que se han dado a los duendes: «Estos suelen dentro de las casas y en las montañas y en las cuevas espantar con algunas apariencias, tomando cuerpos fantásticos y por esta razón se dijeron trasgos...».

José Antonio Sánchez Pérez se hace eco de las descripciones que sobre ellos refieren, diciendo que son seres diminutos, de apariencia humana, negros, con aire socarrón, sonrisa maliciosa, ojos muy vivos, cojos, vestidos de encarnado y con un gorrito en la cabeza, o sea, la clásica imagen del trasgo.

En la provincia de Burgos aún se recuerda el caso del duende de Horna, responsable directo de la desaparición paulatina del cereal guardado en un silo.

En algunos pueblos de la comarca salmantina de La Armuña se afirmaba que los duendes andaban por las casas en Tardáguila. También por estas tierras encontramos al duende «cariñoso» que no deja tranquilos a los habitantes de la casa que ha elegido, ni a sol ni a sombra. En Puerto de Béjar cuentan de cierta casa enduendada cuya dueña se puso muy enferma, de tal manera que los vecinos sospecharon inmediatamente que podría ser culpa del duende que habitaba con ella (era *vox populi*); así pues, la buena señora decidió mudarse tras los consejos de sus amigos y familiares, pero al salir con los últimos muebles vieron físicamente al duende, que venía detrás de ellos con un tajo, exclamando con su vocecilla y ante la mirada perpleja de todos que no estaba dispuesto a quedarse solo en aquella casa.

Los trasgos de Benavente

Nos refiere Antonio de Torquemada dos casos que a él le contaron de este pueblo zamorano, cuyos protagonistas decían que eran trasgos, si bien no se ajustan del todo al proceder de estas menudas criaturas. En la primera historia cuenta cómo un estudiante de Salamanca que fue a ver a su madre viuda fue advertido previamente por la gente de que había un trasgo en la casa, que hacía algunas burlas. El estudiante no les creyó, pero tanto insistieron que, enojado, cogió una noche una vela y se fue a acostar en un entresuelo, donde tenía su cama. Cerró la puerta con llave y se adormeció. Al poco, despertó:

> Parecióle que debajo de la cama había luz, como de fuego y temiendo que lo era y que la cama se quemaba, alzó la ropa de delante y miró adonde la luz salía y no viendo nada se tornó a sosegar; pero luego vio otra luz mayor que la primera y teniendo temor por averiguar la verdad, volvió a alzar la ropa, bajando bien la cabeza y estando así le tomaron por las piernas y le hicieron dar una horcadilla en el aire, cayendo en medio de la cámara y él muy espantado comenzó a dar voces y trayendo velas y buscando la cámara y debajo de la cama, ninguna cosa hallaron y así, el estudiante se desengañó que era verdad lo que le habían dicho del trasgo.

Por lo que se ve, salvo la sensación de que unas manos invisibles le agarraron por las piernas y le hicieron dar una voltereta en el aire, pocos síntomas más indican que el autor material fuera un trasgo, teniendo en cuenta que carecemos de antecedentes de otras fechorías que hiciera en la misma casa.

Luego, Torquemada cuenta otra historia en la misma localidad, acaecida a dos caballeros «que ahora son dos de los más principales que hay en esta villa y amigos nuestros»:

> Supieron que en casa de una mujer andaba haciendo de las suyas un trasgo revoltoso. Como no creían en estos rumores, fueron una noche, junto con un clérigo, a averiguar qué de verdad había en todo ello. Cuando llegaron, y tras dar algunos golpes por la casa, pronto surgieron

ladrillos de no se sabe dónde, impactando uno de ellos en la espalda de la mujer. Los dos gentiles hombres y el clérigo, muy maravillados, salieron convencidos de la existencia de estos pequeños seres.

Queremos hacer una pequeña observación y es que cuando se producen fenómenos de paralitergia (caída de piedras) es extensiva la opinión de los especialistas europeos de que estas nunca hieren a las personas y ni siquiera les llegan a tocar o rozar, teoría esta que hemos de desmentir, al menos en lo concerniente a alguna de las casas españolas aquí expuestas, pues tanto en el caso del trasgo de Benavente, como en el del «apedreador» de Salamanca —que veremos a continuación— o en el del duende de la ópera de Valencia las misteriosas piedras, de origen ignoto, sí que llegan a impactar contra los seres humanos, aunque a decir verdad sin producir daños aparentes.

Trasgos sorianos

Lo que son las diversas sincronicidades que ha producido esta obra en distintos lectores desde el momento que se publicó su primera edición... Contamos con el testimonio de la escritora Estrella Martin Acirón, autora de la muy documentada obra *El arcano Alcarria* sobre leyendas y lugares mágicos de su tierra. Nos envió una historia que a ella la sucedió hace unos años cuando se encontraba en el pueblo soriano de Marazobel. He aquí lo que nos escribió:

Mi padre por aquel entonces iba los fines de semana a reparar la casa vieja y destartalada que tenía un amigo nuestro, un maestro actualmente retirado. Tenían que reformarla entera. Mientras, deambulábamos por la casa que era enorme y muy tosca. Recuerdo que aquel día subí con mi madre por las escaleras que conducían a la segunda planta. Y fue antes de llegar al final, justo cuando íbamos por el esquinazo, desde el cual quedaban unos cuatro escalones para llegar, cuando no sé por qué motivo me quedé observando fijamente una mancha en la pared que parecía de humedad, supuse que debido al estado de la casa... me quedé absorta durante unos breves segundos mirándolo como si algo me llamara la atención, y durante unos breve segundos, es como si hubiera entrado en una especie de estado hipnótico, llamémoslo así, acompañada de una sensación extraña que me recorría todo el cuerpo y fue cuando vi que aquella mancha de humedad se transformaba en un ser burlón que parecía demoníaco montado en una bicicleta de época…

Lo más curioso es que le extrañó que su madre no lo viera y que al cabo de unos meses, al comprar la revista *Año Cero*, leyó un artículo que habíamos escrito los autores y:

Al abrir las páginas centrales vi un mapa con los seres mágicos de nuestra Península ibérica, que concretamente hacía referencia a los *Duendes*. Y vi a aquel ser demoníaco de la casa de Soria, el dibujo correspondía al duende madrileño. Salí pitando hacia la cocina, lo recuerdo bien, con la revista en mano para enseñarle a mi madre que aquel ser que vi, que es horrible, no me digas que no, era el duende madrileño y no un demonio. He de confesar que me produjo una cierta alegría y satisfacción el que hubiese visto a aun ser de leyenda como este, ya que poca gente ha podido llegar a verlos. Quién me lo hubiera dicho a mí…

En resumen, que en esa casa soriana ve en la pared cómo una mancha se metamorfosea en un extraño ser grisáceo que luego resulta ser totalmente idéntico al que aparecía en el póster del citado artículo, pero montado en una vieja bicicleta. Según ella, no se movía y no era una pareidolia.

No sería el único trasgo soriano del que tenemos constancia. Jerónimo de Pasamonte fue soldado, escritor, monje y pícaro aragonés del Siglo de Oro, autor de una trepidante y jugosa autobiografía titulada *Vida y trabajos de Jerónimo de Pasamonte*, que concluyó en 1603, donde relata sus viajes, penalidades y anécdotas de toda clase y condición. Incluso se atribuye a él la autoría del famoso *Quijote apócrifo* escrito por alguien oculto tras el seudónimo del licenciado Alonso Fernández de Avellaneda. Pues bien, en uno de los pasajes de su *Vida* cuenta que, huérfano desde los diez años, Jerónimo fue adoptado por un médico en la ciudad de Soria en

cuya casa tuvo su primera experiencia sobrenatural (una de tantas de las que vivió), que explica de este modo en el capítulo séptimo:

(…) Este vivía en una casa que había un trasgo, y esta mala fantasma muchas noches venía encima de mí. Yo vine a estar cuasi a la muerte y nadie me curaba. Mi amo vino a morir y, muerto él, yo salí de aquella casa.

Así de conciso, así de escueto, pero interesante que utilice las palabras «trasgo» y «mala fantasma». Más bien parece tratarse de un pesadiello, de esos que se colocan en el pecho del durmiente. El caso es que años más tarde tuvo otras experiencias paranormales y fruto del abandono en el que vivía el muchacho pensó que lo mejor sería meterse a monje en el monasterio de Veruela, creyendo que en la vida monástica encontraría la tranquilidad y cuidados que su debilidad requería. Luego optó por ser soldado y ya fue un no parar: participó en las batallas de Lepanto (1571), Navarino (1572) y Túnez (1573). Tuerto y un tanto neurótico, fue hecho prisionero por los turcos en 1574. Su liberación se produjo 18 años más tarde, en 1592, tras varios intentos de fuga, y de milagro nos ha llegado esa obra autobiográfica.

El trasgo apedreador de Salamanca

Siguiendo con el astorgano Antonio de Torquemada, nos describe ahora, en su *Jardín de flores curiosas* (1570), un caso que él mismo vio siendo estudiante de 10 años en Salamanca y que hoy sería un típico *poltergeist*. Ocurrió en una casa en la que vivía una anciana viuda principal, la cual tenía cuatro o cinco mujeres de servicio a su cargo, dos de ellas «jóvenes y buenas mozas». Pronto empezó a correr el rumor de que en aquella casa

andaba un trasgo que hacía muchas burlas y, entre otras, había una que de los techos de la casa caían tantas piedras que parecía que las llovía y que esto era tan continuo que a todos los de la casa y aún a los que entraban de fuera les daba muy gran trabajo, aunque las piedras no les hacían mal alguno.

trasgo apedreador

Duendes

La casa producía tan extraños fenómenos que el corregidor y otros veinte hombres fueron avisados para registrarla y ser testigos de lo que pasaba, pero nada más poner el pie en ella, empezaron a caerles pedruscos como chuzos, obligándoles a dar saltos, aunque sin hacerles nunca daño, lo que dejaba traslucir una intencionalidad más o menos inteligente por parte de los trasgos que supuestamente estaban detrás de esa misteriosa lluvia de piedras. Investigaron la casa a fondo y no encontraron a nadie, lo que no impidió que las piedras siguieran cayendo. Torquemada continúa su relato diciendo que el alguacil tomó una piedra.

> que entre las otras era señalada y tirándola por cima de un tejado de una casa frontera, dijo: «Si tu eres demonio o trasgo vuélveme aquí esta misma piedra». Y en el mismo momento tornó a caer esta piedra del techo y le dio un golpe en la vuelta de la gorra, ante los ojos, y todos conocieron que era la piedra que había tirado, y viendo ser verdad lo que se decía, el corregidor y todos los otros se fueron muy espantados.

La casa no se vio libre de tan molesto incordio hasta que llamaron a un clérigo del pueblo salmantino de Torresmenudas que, con sus exorcismos y conjuros, expulsó a los presuntos trasgos, cesando de ahí en adelante el continuo apedreamiento.

Hubo teorías para todos los gustos, desde la que afirmaba que se trataba sin más de la intervención del demonio a la que sostenía que todo fue una broma de las dos bellas sirvientas, ideada para facilitar las citas con sus amantes. Este caso es muy semejante al del duende de la Ópera de Valencia y al del doctor de las Moralejas, a los que luego haremos referencia.

Y también al del duende de Lincoln, esculpido en un capitel de la catedral de esta localidad inglesa, asociado a una leyenda del siglo XIV. La misma habla de dos duendes que fueron enviados por el Maligno para causar molestias en la catedral de Lincoln y para ello hicieron gala de su perversa imaginación comenzando a volcar sillas y mesas y a incomodar al obispo y los feligreses. Al final, un ángel salió de un libro de himnos y los reprendió. Uno de los duendes se acobardó y se escondió bajo una mesa, pero el otro, más altanero, subió a una columna y comenzó a

Cosas duendiles que deben saber

—Gallina que no pone, trigo que no come.

A lo que la gallina, abriendo horrorosamente el pico, contestó:

—¿Poner huevos y no comer trigo?, eso no es conmigo.

Y abriendo las alas dio un volteo, se salió por la ventana y desapareció, por lo que la mujer se cercioró que la tal gallina era un duende, que se fue resentido por la avaricia de la dueña.

arrojar al ángel y a todo el que pasara por allí piedras y objetos. Entonces el ángel, ya aburrido de tanta travesura, lo transformó en la figura de piedra que se puede ver hoy, todo un símbolo de la ciudad, hasta el punto de que el equipo de fútbol local, el Lincoln City F.C., es apodado *The Imps* (Los duendes).

Los trasgos leoneses

En las históricas tierras leonesas también encontramos la presencia de los duendecillos, sobre todo en la zona norte, por las regiones mineras y bercianas de Carrucedo y Borrenes, donde se los suele confundir, erróneamente, con los enanos, que son los custodios de los tesoros de las minas. Tenemos el testimonio del escritor gallego, pero afincado en León durante bastantes años, José María Merino, Premio Nacional de Literatura Infantil y Juvenil en 1992, que, según relató en una entrevista[4], tuvo una experiencia personal con un trasgo al que mantuvo como huésped *non grato* durante un tiempo, ya que «su ocupación principal consistía en abrir la espita y vaciar una cuba que yo había heredado de mi abuelo y que hacía un vermú excelente», quedando todo el suelo inundado una y otra vez. Para alejarlo de la frasca del vermú, lo entretenía con menudas tareas de las que no hace mención.

El trasgo leonés no es tan casero como sus parientes de Asturias; prefiere hacer sus travesuras por los alrededores de las viviendas y transformarse en diversos animales.

En la cultura popular de los Ancares (comarca entre las provincias de León y Lugo) existe la tradición de colocar cruces en los árboles que bordean los pueblos para impedir así que el trasno —así llamado por estas latitudes— perturbe la paz rural. En el supuesto de que sea visto en el interior de alguna casa, desaparece de allí cuando se pronuncian palabras tales como: «¡Jesús!», «¡Dios mío!» o, simplemente, se reniega de él diciendo: «¡Arrenégote, cochino!».

---

[4]   *Diario 16*, suplemento cultural «Disidencias», número 104, 12 de diciembre de 1982.

El trasno do choco de los Ancares actúa básicamente en los caminos, como cualquier diaño burlón, haciendo que la gente forastera se acabe extraviando con algún sagaz procedimiento tendente a que pierda toda orientación.

Los folkloristas Francisco J. Rua Aller y Manuel Rubio Gago recogen varios casos y hacen unas valiosas aportaciones acerca de este tipo de elementales terrestres, relacionados frecuentemente con las almas en pena. Prefieren utilizar el término duendes, a pesar de que por la zona de que se trata sean más bien trasgos. Comentan que en Tolibia de Abajo, pueblo de la montaña situado en la ribera del Curueño, existía a principios del siglo XX un duende que traía de cabeza a los lugareños, al que se le atribuía la desaparición de las longanizas y otros restos de la matanza del cerdo. Asimismo, se oían pisadas en los pajares y de cuando en cuando los jatos (becerros o terneros) aparecían inexplicablemente atados en el establo de dos en dos por el mismo collar o cadena. Otras veces desataba las cuerdas de los odres para que se vaciara el vino.

En la zona de Babia, a poca distancia de Cabrillanes, se encuentra Mena, un pueblecito donde existe una vivienda situada bajo la peña del castillo, denominada «casa del duende de Mena», castillo que por cierto tiene la tradición de ocultar un legendario tesoro. La tía Carmela aseguraba haber tratado bastante con este duende cuando vivía en La Braña Vieja y afirmaba también que tuvo que venir un cura del cercano pueblo de Las Murias para exorcizarlo, si bien lo único que se consiguió es que bajara de Las Brañas a Mena para seguir haciendo de las suyas. A este sobrenatural pequeñuelo se le atribuyen las fechorías de tirar de las faldas de las brañeras, hacer desaparecer las horquillas o que un cordero que se guardaba en el corral acabara siempre apareciendo en el pajar. Ante esta repetida anomalía decidieron sacrificar al molesto cordero el día en que murió el dueño de la casa. De esta manera, se abasteció de comida a los asistentes al entierro y desde ese momento ya no volvió a ser visto ni oído el duende, lo que para algunos era la confirmación de que estos seres necesitan de una persona mediúmnica o catalizadora para que ellos puedan manifestarse adecuadamente en nuestro mundo.

Duendes

En Lagunas de Somoza contaban que la casa del tío Tomás Álvarez estaba enduendada, puesto que se oían balidos de cordero e incluso solía aparecer la silueta de una gallina sin cabeza a pesar de que en dicha vivienda no habitaba nadie, lo cual a estas alturas no nos debe extrañar. También aseguraban los vecinos, movidos por una ambiciosa imaginación, que de su techo caían monedas de oro, lo que no ha impedido que este pueblo sea económicamente tan modesto como los demás de los alrededores[5].

En Ferral del Bernesga una familia abandonó su domicilio desesperada por la molesta presencia de su duende, y más cuando se produjo un incendio sin causa aparente, quedando tan solo intacta la cocina, que era, con toda probabilidad, el lugar favorito del trasgo bullanguero. Las ruinas permanecieron durante mucho tiempo y era un lugar por el que se evitaba pasar.

Por último, en el pueblo de Viñales el trasgo local solía entretenerse al estilo de los *follets* catalanes, es decir, trenzando las crines de las caballerías y provocando estruendos variados con el único propósito de no pasar desapercibido, y a fe que lo conseguía.

---

[5] *La brujería leonesa*. Alfonso Turienzo Martínez. Publicado en 2005 en la *Revista de Folklore* número 294.

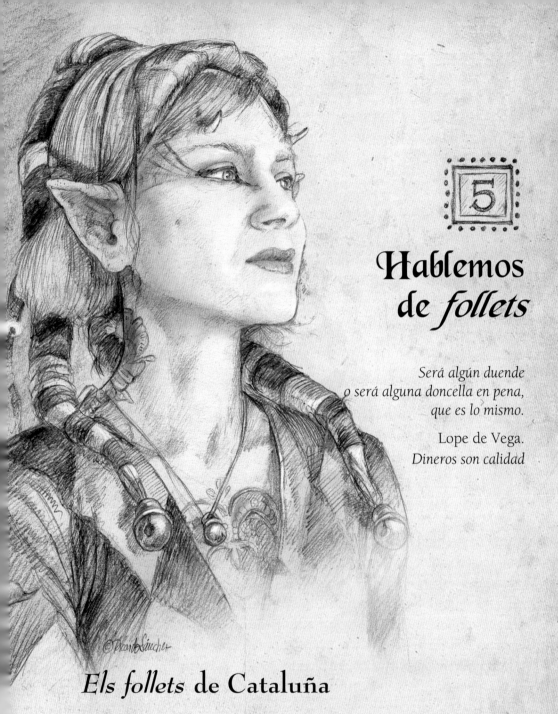

Hablemos de *follets*

Será algún duende
o será alguna doncella en pena,
que es lo mismo.

Lope de Vega.
Dineros son calidad

Els *follets* de Cataluña

MUCHO MÁS PEQUEÑOS QUE LOS TRASGOS Y LOS DUENDES están extendidos en torno a la costa mediterránea. Son conocidos en Cataluña, Islas Baleares, Levante y sur de Francia como *follets* y en Italia como *folleti*. La tradición sobre su existencia está más viva en la parte septentrional de Cataluña, donde la gente tiene noticias puntuales, a veces de primera mano, sobre la actuación de estos seres invisibles, aunque Constantino Cabal escribía en 1931: «Ya apenas se le recuerda, ya está la tradición tan apagada en tierras de Cataluña que no guarda el más mínimo detalle acerca de tan mínimo sujeto». Se equivocaba.

Aspecto, costumbres y habitat

Se cree que, originariamente, los *follets* vivían en populosas y hermosas ciudades construidas debajo de los dólmenes aprovechando su poder y energía. Cuando miles de años después las metrópolis élficas fueron perdiendo poder, tuvieron que abandonarlas y trasladarse al campo, vinculándose cada vez más a los seres humanos. Es clara su procedencia pagana, pues la llegada del cristianismo y, en concreto, el toque vespertino del Avemaría, les perjudicó grandemente. En cierta ocasión varios *follets* intentaron, sin conseguirlo, paralizar los tañidos de las campanas de la torre de una iglesia.

Su unión con los hombres ha sido tan exitosa que ya difícilmente pueden ser expulsados de una casa ni con agua bendita ni con ningún tipo de exorcismo y, de hecho, se ríen con frecuencia de la Iglesia, que es objeto de sus bromas. Alegres y divertidos, no conocen dueño y se lo pasan bien molestando a las mujeres mientras hilan, dañando los utensilios de las casas y esparciendo objetos por el suelo. Su gusto por el escándalo es bien conocido, como ocurrió con el *follet* que se quitó los pantalones delante de unas viejas y luego se alejó riendo por la chimenea o como evidencian los sospechosos tocamientos, transformados a veces en palizas, que efectúa durante las noches a algunas mujeres. Estas inclinaciones por el sexo femenino son características de *follets* (incluidos los barruguets), pero no de los trasgos y los duendes. Lo único que los asusta son las armas de acero; basta un cuchillo de cocina para que huyan despavoridos.

Como se pueden imaginar, una característica común de los *follets* y de la mayoría de los geniecillos domésticos es la posibilidad de cambiar su forma y su carácter. Pueden dejar de ser unos traviesos y convertirse en eficaces trabajadores. Esto sucede cuando los habitantes de la casa han soportado con paciencia sus molestias. Los elementales, en general, respetan a los hombres serenos y cabales que retienen sus ganas de vengarse de ellos. Si un *follet* se hace amigo de un humano, le ayudará en sus tareas domésticas, no incordiará, ordenará la casa, terminará los trabajos incompletos. En fin, que resolverá sus problemas en lugar de creárselos.

Algo muy propio del *follet* catalán es que gusta de que en la casa que ha elegido para vivir todos trabajen. Si observa que alguna minyona se va a la cama sin haber terminado sus tareas domésticas, por la noche le estira los pies, le cosquillea y, si se tercia, le da una buena paliza, hasta el punto de que al levantarse al día siguiente se encuentre dolorida, ojerosa y muy enfadada. Es célebre la coplilla en relación a lo dicho:

A toc d'oració les minyones a racó
perquè corren el follet i el girafaldilles
que dóna surres a les fadrines.

(Al toque de oración, las muchachas al rincón
porque corre el duende y el girafaldilles
zurra a las solteras).

En S´Agaró (Girona) llegaba incluso a esquilar a las cabras y trenzar las crines y colas de los caballos con tal maña que los campesinos, ante la imposibilidad de deshacerlas, se veían obligados a esquilarlos. En el Alto Ampurdán se dice que nada corre más que un caballo con un *follet* escondido entre sus crines.

El *follet* catalán jamás abandona a la familia pues, a pesar de todo, es un espíritu con instintos de protección. Se le atrae colocando en la ventana un plato de miel, pasteles, frutas o golosinas. Pero si lo que se quiere es evitar que entre en la casa, se colocará un plato con granos de mijo o cualquier otro cereal. Al abrir la ventana, volcará el plato e intentará recoger el grano derramado, tarea imposible al tener la palma de la mano izquierda agujereada, igual que ocurre con el *trasgu* de Asturias.

Hablemos de follets

Los *follets* no miden más de treinta centímetros y son de tez amarillenta, aunque algunos no tienen un aspecto muy diferente al de los humanos. Visten ropas de colores vivos, anticuadas, parecidas a las de los bufones de la Edad Media y, a veces, con estampados romboidales como los de los arlequines. Su sombrero está provisto de cascabeles, al igual que los tardos. Como en el fondo no son tan malos, los payeses tratan de no hacerles ningún daño, especialmente el día que se limpia la chimenea, porque en esa noche los *follets*, ya usualmente bullangueros y juerguistas, arman la de San Quintín cuando se ven despojados de tan gratas cenizas que durante tanto tiempo les ha servido de cobijo. Solo se limpia la chimenea el día de Pascua, ya que también para el *follet* es fiesta religiosa y campea por todas las habitaciones de la casa celebrándolo. En otras comarcas realizan este ritual la víspera del día de Todos los Santos.

En la provincia de Barcelona, en la comarca del Lluçanès, dicen que cada familia de payeses tiene su *follet* protector, y cada noche da una vuelta por la casa para comprobar que todo está en perfecto orden. Vigila el ganado y al ser tan pequeño vive esencialmente entre las cenizas del hogar, *llar de foc*.

Duendes

Los *follets* de la comarca de La Garrotxa (Girona) se cobijan en la chimenea y suelen jugar con una pequeña piedra que para ellos tiene una importancia capital —cuyo motivo desconocemos—. Utilizada a modo de amuleto, la guardan, la cuidan, la miman..., de tal forma que los habitantes de la casa deben cerciorarse de que no extravíe nunca su piedra mágica porque, de ser así, su humor cambiaría de tal manera que podría maldecir el hogar, la familia y el ganado.

En algunas zonas de Girona creen que el *follet* se metamorfosea en una especie de gallina, y la mejor defensa contra él es rociar con agua bendita el lugar por donde suele entrar. En la localidad tarraconense de Falset la palabra *follet* está tan arraigada que sirve también para designar a los niños de pequeña estatura.

En la revista *El Catllar de Ripoll*, de 16 de julio de 1921, encontramos un resumen de las actividades del *follet*, según cuentan en la comarca del Ripollès, que coinciden más o menos con las creencias de las otras comarcas catalanas:

> Es una especie de espíritu, a veces inofensivo, otras veces dañino, y que siempre suele hacer cosas extrañas, como por ejemplo trenzar la cola de las yeguas y vacas, y hasta se cuenta que ha trenzado la cabellera de alguna mujer. Cuando es maligno, se mete en los corrales, mata alguna res y después de que ha hecho el mal, huye con tanto empuje que derriba paredes y alza tejados. Cuentan del *follet* que en las casas perjudicadas, afuera no hace ruido, ni siquiera se mueven las hojas de los árboles; en cambio, dentro se siente el estruendo. En las cuadras las yeguas y mulas dan coces, pero cuando la gente va y enciende luz no ven nada, y lo que es más extraño, el ganado está en calma[6].

El escritor y dibujante barcelonés Apeles Mestres los considera «invisibles, incoloros e impalpables», o sea, como todos los de su especie cuando les da por pasar desapercibidos. Este mismo autor nos pone sobre la pista de un personaje enigmático y del que apenas tenemos datos. Nos dice que con el *follet* solía andar el fantasma, cuya figura ya

---

[6] Fuente: *Diccionari català-valencià-balear*, d'A. M. Alcover i F. de B. Moll, entrada «follet».

El follet es una denominación genérica de estas presencias duendiles en territorios catalanes, vestidos de una manera arlequinesca y medieval, presumiendo de habilidades que no siempre tienen.

El follet de los vientos
En determinadas zonas se le
considera generador de vientos
y remolinos. Abunda en toda la
Europa mediterranea.

nadie recuerda, y debió de ser un personaje inofensivo e infeliz que le seguía a todas partes, teniendo como papel el de simple pasmarote, una especie de Juan Lanas que ni pinchaba ni cortaba.

Para Constantino Cabal este «fantasma» sería un fauno mitológico de los bosques y el hecho de que los ancianos lo asocien con el *follet* se explica porque hubo un tiempo en que se confundieron las hazañas de uno y otro, permaneciendo en la memoria las de este último personajillo. Cabal hace corresponder a este fantasma catalán con el *busgosu* asturiano.

Nosotros no compartimos ninguna de estas dos opiniones y pensamos —puesto que no existen datos concretos sobre ese supuesto ser— que se trata más bien de la otra acepción de la palabra duende, tan asociada al fantasma que, en alguna tradición local lejana en el tiempo, en lugar de confundir estos dos términos en un solo personaje (como ha ocurrido en otras zonas) se les diferenció en dos. El fantasma sería la contrafigura del *follet* en su vertiente pacífica, mansa y bonachona, de ahí que siempre vaya asociado a este duende doméstico y nunca como una figura independiente con personalidad propia.

Con libreto de Apeles Mestre se estrenó en Barcelona, en el año 1903, una ópera titulada *Follet*, en tres actos, con música de Enric Granados, inspirada en una leyenda medieval bretona, en lugar de catalana, que habla del amor de un pequeño genio que vive en una cueva habitada por el diablo y que se siente atraído por la hermosa Villancico, que más o menos le corresponde.

El follet *de los vientos*

En el *Diccionari Català-Valencià-Balear*, también denominado *Diccionario Alcover-Moll* en honor a sus creadores (en su edición de 2002), una de las acepciones de la palabra *follet* sería:

> Viento fuerte y arremolinado que hace girar las cosas (Rosellón, Andorra, Cerdanya, Berguedà, Puebla de L., Pallars, Ribagorça, Conca de Tremp, Urgellet); cast. torbellino.

Efectivamente, en determinadas zonas se le considera generador y responsable de un viento que se hace muy molesto. En la comarca leridana del Pallars Sobirá se denomina *fullet* a un viento muy fuerte que sopla durante los meses de noviembre y diciembre, arrancando tejas y doblando árboles. Sin embargo, en Ribera de Cardós se llama *fulet* o *folet* a un torbellino. En el valle de Aneo al viento que ondula los campos de trigo le denominan *follet* y en Campelles (Girona) afirman que el *follet* es un mal esperit que *va amb el vent*. Por último, en la comarca gerundense de Olot se suele decir que el «*follet* no falta nunca en los remolinos de viento». En este sentido, el *follet* es considerado como un espíritu del viento, similar al *ventolín* de Asturias.

Els follets de Levante

En toda la región valenciana, desde el Maestrazgo, en el noroeste de Castellón, hasta la Vega Baja del Segura, en el sur de Alicante, los seres sobrenaturales reciben diversos nombres. Una vez más, se suele confundir a los duendes con fantasmas, ánimas, almas en pena y cualquier otro tipo de aparición que se salga de lo corriente, siendo muy frecuente atribuir a unos lo que les correspondería a los otros.

La gran riqueza de términos que tienen para designar a estos seres se pone de manifiesto, por ejemplo, en el caso del fantasma, que aquí recibe el nombre de «bubota». Aunque por deformación o simples modismos locales adquiere otras variantes como «buberota» o «buberotes» (en Jávea, Jalón, Sagra y otros pueblos de Alicante), «bumberota» o «bumborata» (en Facheca o Teulada), «momorta» o «momorates» (en Parcent o Castell de Castells), «mumerota» o «mumerotes» (en Busot o Xijona), «musserota» o «musseroto» (en Torremanzanas o Sella), «marmoto» (en Muro o Bañeres), etc.

En realidad, las bubotas, como ocurre también en las Islas Baleares, son los fantasmas de sábanas, es decir, fantasmas de pacotilla, figuras animadas por auténticos «plastas», bromistas disfrazados, contrabandistas en el mejor —o peor— de los casos, y, en general, por gentes de un discutible sentido del humor. Esto, al menos, en cuanto a su imagen externa y desmitificadora, aunque el pueblo sabía bien que no siempre eran tan explicables ciertas apariciones y presencias que se salían de lo estrictamente natural, de modo que la «bubota» terminó por convertirse en una palabra de doble sentido.

Por lo que se refiere a los duendes propiamente dichos, su nombre genérico es *follets*, sin olvidar que a veces se emplea duendo, *donyet* o *cerdet* para designar al mismo ser.

Els follets *de Almudaina*

Francisco Seijó Alonso nos transmite esta leyenda que sucede en un pueblo alicantino. Se muestran dos características que son comunes a los duendes o *follets*: les disgusta que les regalen ropas y ser considerados meros sirvientes domésticos (como también ocurre con el frailecillo) y siguen a los moradores que pretenden abandonar el hogar elegido:

En el pueblo de Almudaina, de todos era sabido que los duendes penetraban por la noche en las viviendas, deslizándose por la chimenea. Lo que las gentes no podían dilucidar era por qué en unos hogares les daba por hacer el bien y en otros todo lo contrario. Entre los agraciados figuraba un matrimonio, ancianos ya, Rafael y Antonia eran sus nombres, cuyo hogar era protegido por los duendes. Por la mañana, la mujer hallaba las faenas de la casa realizadas, incluyendo el amasado del pan, tarea dura para su edad. Agradecidos a los visitantes nocturnos y deseosos a la vez de conocerles, dijo el hombre:

—Chica, podríamos levantarlos de la cama y ver ahí.

Pasada la media noche se levantaron sigilosos y a través de la puerta entreabierta pudieron comprobar que los vestidos de los *follets* que trajinaban en la cocina estaban raídos y sucios, dando pena verlos. Vueltos a la cama, tomaron la determinación de adquirirles unos hábitos nuevos, en el deseo de tener contentos a sus benefactores, aunque para ello se vieran precisados de vender parte de la cosecha que guardaban para el sustento diario, por lo que a la mañana siguiente se trasladaron a Alcoy, de donde volvieron con las prendas. Por la noche colgaron los hábitos en las perchas de la arcada del muro central de la casa, allí donde el dueño o los visitantes, colgaban los bastones.

Estaban seguros que los duendes agradecidos, no solo proseguirían en las labores de la casa sino ¡quién sabe! las ampliarían a las duras faenas de la cuadra y corrales.

Pero la reacción duendil fue totalmente contraria al sentir de los ancianos, pues apenas advirtieron la presencia de las nuevas prendas, manifestaron disgustados que no querían ser meros criados de aquellos que deseaban cambiar su fisonomía, emprendién¬dola a bastonazos con ollas, sartenes y toda clase de utensilios que hallaron en la casa. Molestos y temerosos ante tal destrozo, un sábado al anochecer, recogieron lo más esencial y lo cargaron en el carro, partiendo hacia el exilio. Al llegar a las afueras del pueblo la mujer se apercibió que había dejado olvidada la paella. Dijo:

—¡Ay chico, ya nos hemos dejado la mejor paella que tenemos! ¡Vete a buscarla!

Entonces, a su lado, la voz de uno de los duendes les gritó:

—*La porte jo!* (¡La llevo yo!)

Y los ancianos, resignados, viendo la imposibilidad de librarse de la compañía de los traviesos espíritus, dan la vuelta al carromato y se dirigen de nuevo al pueblo, diciendo:

—*Tornem, que igual tenim!* (¡Volvamos, que igual da!)

Tuvieron pues que aguantar sus tropelías hasta que aquellos se cansaron y se fueron a molestar a otros vecinos.

Esta versión posiblemente está basada en una anterior del escritor Francés Martínez y Martínez, relatada en *Coses de la meua terra* (Valencia 1912). Cuenta que, en una casita en el campo, habitada por un matrimonio humilde, vivía este en compañía de un duendo que los acosaba con sus maquinaciones y destrozos. Además, le gustaban los cedazos y esto hacía que se malgastara en la casa gran cantidad de harina. El matrimonio resolvió al fin mudarse de casa, pero en silencio, para que no se enterara tan indeseado huésped. Fueron recogiendo sus trastos y los pusieron en el burro, abandonando la casa; cuando recorrieron cierto trayecto, advirtió la mujer:

—¡Ay, se nos quedó el cedazo! Marido, anda a ver si lo encuentras.

Y entonces se oyó una vocecilla entre los bultos:

—¡*El porte yo!*

El donyet

Tradicionalmente va vestido con faja, chaleco y pañuelo atado en la cabeza con un esquellerinc (cascabel) en el extremo.

El matrimonio regresó resignado a su antigua casa, acompañado de su duendo.

Donyets y cerdets

Son duendes domésticos originarios de Valencia y siempre están moviéndose de un lado para otro. No paran de hacer trastadas y son casi tan inquietos como los sumicios. Les encanta la oscuridad y solamente actúan por la noche. Se cuenta en Torrent (Valencia) que un *donyet* llegó a cambiar de sitio todos los cacharros de la despensa de un campesino y además hizo la gracia de poner las alubias en el cacharro de los garbanzos y el pimentón donde la sal. ¿Por qué? Porque sí.

Son muy similares a los *follets*, aunque su vestimenta sea distinta. Llevan faja en lugar de cinturón y utilizan chaqueta de labrador. La cabeza la tapan con un pañuelo que lleva un cascabel en uno de sus extremos.

El *cerdet*, conocido sobre todo en las localidades alicantinas de Relleu y Torremanzanas, actúa de noche y su afición es montar en la grupa de las caballerías agarrado fuertemente a sus crines y, con cara de mala leche, dar desgarradores aullidos al viento. Cosa que deja con los pelos como escarpias a los viandantes que presencien esta aparición. Apenas hay datos sobre él, pero esta preferencia por los equinos le emparenta con el *follet* del Ampurdán, sobre el que ya comentamos que nada corría más que un caballo con un *follet* entre sus crines. Al cerdet se le menciona, por lo general, cuando ocurre una aparición nocturna.

El duende de la ópera valenciana

En 1613, en el convento de Santa Mónica, en Valencia, residían tres novicios. Una noche, algo insólito turbó la paz monacal a la que estaban acostumbrados. Se les aparecieron tres feos personajes que los monjes identificaron como diablos (normal) y que dijeron sus nombres (algo desacostumbrado, pues por lo general estos seres prefieren el anonimato): Trenca Cosetes, Maimonet y Tans de Garrofet, respectivamente. Pronto empezaron a inquietarles en sus propias celdas con desplazamiento de objetos, burlas y travesuras a cuál más variada. Así, durante varias interminables noches. El encargado de conjurar a tan molestos diablillos fue el padre Sant Francés, cesando a partir de ese momento el incordio.

En la ciudad de Valencia, el suceso duendil más conocido y comentado ocurrió en el teatro de verano de la Gran Vía, el 13 de agosto de 1935 (un año después de los sucesos del duende de la hornilla de Zaragoza). A partir de esa fecha comenzaron a caer piedras sobre los camerinos donde se vestían las *vedettes* del espectáculo. La monumental pedrea continuó durante cuatro noches seguidas sin que nadie supiese ni el motivo ni el origen de la misma. El señor Selver resultó herido levemente por un guijarro. Como único dato sobre la autoría del suceso tenemos el testimonio de una chica del conjunto La Maragual, una corista llamada Pepita Diego que, cuando se dirigía a su camerino, sintió sobre su espalda un escalofrío debido a una fuerte corriente fría y, en ese momento, vio cómo se reflejaba sobre un espejo cercano una inquietante sombra luminosa.

El caso quedó cerrado por la policía cuando los fenómenos cesaron súbitamente. No se encontró a ningún responsable directo. Los parapsicólogos también le dieron carpetazo, diciendo que fue un caso más de paralitergia.

Els follets de Baleares

SON UNOS DUENDES IBICENCOS parecidos más a los espíritus familiares, dado que no se asocian a una casa en concreto, sino a una persona que ejerce de dueño. El *follet* es benigno (a diferencia de su «amiguete» el barruguet), dotado de grandes poderes y muy obediente.

En Ibiza ha permanecido la expresión equívoca de *té follet* para referirse, en relación con el caso que nos ocupa, a alguien muy nervioso, inquieto y movedizo, como si tuviera el baile de San Vito. El folklorista Antoni María Alcover recogió a principios de siglo xx algunos testimonios, diciendo que quien tenía la suerte de poseer un *follet* lo guardaba dentro de un zurrón o macuto de piel de gato o de foca, pero dado la vuelta, es decir, con el pelo en el interior. Su dueño, gracias a la intercesión del *follet*, quedaba investido de un extraño poder que le permitía ejecutar cualquier acción: adoptar instantáneamente cualquier forma física, desaparecer y aparecer a su antojo o emprender un vuelo, moviéndose con la velocidad del viento. El *follet*, cuando descansaba, prefería dormir en una talega de piel de chivo antes que en cualquier otro lugar.

Su dueño, gracias a la intercesión del follet, podía ejecutar cualquier acción por inverosímil que pareciera: adoptar instantáneamente cualquier forma física, desaparecer y aparecer a su antojo o emprender vuelo moviéndose con la velocidad del viento. Cuentan de un paisano que al verse perseguido o en peligro gritaba: «*follet*, ven a ayudar. Amigo mío, ayuda». Entonces el *follet* salía del zurrón y, por arte de magia, le hacía desaparecer delante de los ojos de quienes lo perseguían. Ni David Copperfield.

Sin embargo, para el escritor Michel Ferrer el *follet* no designa a un duende, sino un poder sobrenatural. Era creencia popular que dicha gracia era otorgada por los curas, a quienes se dirigían aquellos que pretendían tener esos poderes brujeriles en busca de las fórmulas mágicas necesarias para la obtención de los mismos. Si conseguía tener *follet*, es decir, el don de poder volar y volverse invisible, se convertía entonces en un *bruixot* ('brujo') y pasaba a ser temido por su pueblo, temor que incluía cierta admiración.

En Mallorca cuando alguien buscaba algo que solía tener a mano y de forma súbita desaparecía sin que hubiera manera de encontrarlo por más que se buscara, se decía: ¡*Haurà tengut follet*! ('Deberá tener duende').

El *amigo* barruguet

Estos personajillos solo son conocidos en la isla de Ibiza y, por lo tanto, es aquí donde hacen sus fechorías, «chinchando» a los seres humanos. Antoni María Alcover decía que el *barruguet* disfrutaba en hacer rabiar y martirizar a las mujeres de la casa y siempre estaba nervioso y medio enloquecido.

Se llama así porque es diminuto como una verruga. De hecho, una de sus actividades favoritas es hacer crecer verrugas en las manos de las mujeres que hilan[7]. Respecto a su aspecto físico, hay que decir que sus brazos son muy largos, desproporcionados para la estatura de enano que tiene, aunque muy fuertes, posee barba de chivo y una voz ronca y hombruna.

Mariano Planells equipara a este duende con el semidiós cartaginés Bes, según estatuillas y terracotas halladas en Ibiza, tanto en su físico como en sus costumbres, pues este era de reducidas dimensiones, barbudo, perverso y lascivo, aunque el *barruguet*, todo hay que decirlo, es más recatado. No por casualidad sus refugios solían ser las necrópolis púnicas del Puig des Molins y Portal Nou, en las murallas. También solían albergarse en las norias, molinos, cuevas, oquedades, agujeros de las paredes, pozos y cisternas. Una de sus diversiones favoritas era esconderse en el interior de un pozo y agarrarse fuertemente al cántaro con que sacaban agua, impidiendo que las mujeres pudieran subirlo.

Existía un antídoto infalible para neutralizar a este diablillo, aunque tan solo por unas horas, que era darle de comer una *llesca* (corte de pan completo) de pan con queso, que se colocaba cerca del pozo, ya que por la noche el hambriento duende se lo zamparía de un tirón y dejaría en paz a la familia, que podría aprovechar, por ejemplo, para sacar agua o simplemente para dormir sin ser importunada. Se cuenta el caso de una familia del pueblo de San Lorenzo que, molesta por su presencia, se negó a ofrecerle su manjar de queso y leche, y esto les costó muy caro, pues a partir de ese momento nunca más pudieron sacar agua de la cisterna ni tan siquiera para sus mulas, ya que cada vez que estas se acercaban al abrevadero unas manos invisibles agitaban unas ramas de pino delante de los ojos de los animales, espantándolos al instante.

También el *barruguet* tiene la mala costumbre de seguir a sus víctimas humanas allá donde vayan, como hacen sus parientes los trasgos y los *follets*. Es fama que en una casa de Santa Gertrudis cuyos dueños se habían cambiado de hogar hartos de sus duendes, al hacer el recuento de las cosas traídas a su nueva vivienda, vieron que les faltaba la mecha para

---

[7]   *Més ràpids que el llamp, més vius que el foc.* Joan Casanova y Joan Creus Sau-mell. Publicacions de l'Abadia de Montserrat, 2000. Biblioteca de cultura popular Valeri Serra i Boldú, nº 11..

El barruguet es el ser mágico
más representativo y popular de
la mitología balear. Con barba
de chivo, le gusta vivir en pozos
y cisternas con la manía de
sujetar el cubo para que no se
pueda sacar agua.

el candil de aceite. En ese momento apareció súbitamente el *barruguet* encima de su cama, diciéndoles: «No tenéis que preocuparos, como nos cambiamos todos de casa, he pensado que lo mejor es que guarde yo la mecha y así por las noches seré yo quien os encienda el candil en el nuevo hogar». Y luego soltó una risotada.

Otro tipo de «barrugadas» consisten en que, cuando las mujeres cosen, les esconden las tijeras o les esparcen las agujas; hacen llorar al niño en la cuna, tiran ceniza o sal en la olla del guisado o cambian las cosas de sitio. El *barruguet* aparece y desaparece como un relámpago y se puede transformar en figuras grotescas, por ejemplo, en forma de cabritillo que si se toma en brazos puede alargar varios metros las piernas, aumentar su peso o el tamaño de sus ojos, con lo cual el susto del que lo mece es inusualmente terrorífico.

Michel Ferrer nos trasmite el delicioso cuento de una campesina de San Lorenzo que bajaba a la ciudad montada en su burra cuando oyó el llanto de un bebé a la vera del camino. Se apeó y recogió al niño, que, al no cesar en sus lloros, obligó a la mujer a ofrecerle el pecho para mamar. Pero al cabo de un rato de succionar, a la buena mujer se le antojó que, además de mamar, aquel pequeñuelo también mordisqueaba con extraña pericia, cosa que le pareció rarísima. Exploró la boca del recién nacido y cuál no sería su sorpresa al descubrir que tenía una perfecta dentadura. La buena mujer exclamó: ¡*Tens dentetes!*, y el *barruguet*, agitado y divertido, le contestó: ¡*Tenc dentetes i dentasse, per menjar faver y favasses!*, frase de difícil traducción que podría significar: 'Tengo dientes y dentazas, para comer habas y habazas', con la salvedad del doble y equívoco sentido, puesto que el haba también designa en Ibiza al glande del órgano genital masculino.

El *barruguet* es ambivalente: tanta energía desarrolla en hacer diabluras como en colaborar en algunas faenas domésticas. Así ocurrió en Cana Pujola, donde en pocos minutos uno de ellos fue capaz de recoger la leña necesaria para cocer el pan y guardar varios rebaños a la vez. De ahí que en sus peligrosas hazañas pueda ser confundido con frecuencia, a nuestro parecer, con un *famelià*, es decir, con un diablillo familiar, también originario de Ibiza, que no abulta más de una uña y es capaz de hacer verdaderas proezas. De él hablaremos más adelante.

En otros tiempos hubo elementales de los bosques de un marcado carácter promiscuo, con apetencia por las mujeres, famosos por sus burlas y transformaciones espectaculares, generalmente en burros que alargaban su lomo o en niños lloriqueando. Recuérdese al dios Bes egipcio-ibicenco-cartaginés, de indiscutible anatomía duendil.

El motivo de que en Egipto esta divinidad se difundiera tanto y no tuviera un templo asignado a él fue porque se trataba de un dios dicharachero y popular, protector de la gente sencilla del campo. Su templo era, por tanto, la misma naturaleza. De este singular dios Bes el historiador Josep Padró y Parcerisa dice lo siguiente:

> Escudado por su oráculo, amparado por su popularidad y por su alianza con los poderes afrodisíacos y mágicos, asumió todos los atributos del resto de las ya decrépitas divinidades, sobreviviendo a todos. Implantado el cristianismo en tiempos de Teodosio, Bes se refugió en las ruinas y necrópolis para atormentar a los anacoretas y asustar de noche a los mortales[8].

En Ibiza, el cristianismo lo convirtió en *barruguet* o *berrufet* que, en ocasiones, son sinónimos de demonio o duende. Esta es la razón, creemos, de este singular «potaje duendil» que no hay forma de sistematizar con claridad.

---

[8] *Las monedas de la ceca de A'bsm (Ibiza)*, *Ángel Martín Mañanes*, Antonio Planas Palau (Presbítero) y Juan Planas Palau. A. Martin, D.L. Eivissa, 1989.

6

Sobre otros duendes domésticos

Lo que da mujer es viento:
tesoros de duendes son,
¡no se nos vuelva carbón!
¡abre la caja con tiento!

Tirso de Molina.
Cautela contra cautela

CONSIDERADOS COMO TAL Y DENTRO DEL TRONCO GENÉRICO de duendes domésticos, no pertenecen a la misma rama genealógica o familia de los trasgos o los follets. Ya lo hemos dicho antes: los denominados duendes a secas, tanto física como genéticamente, tienen rasgos distintivos de sus congéneres. A saber:

—Son más urbanos y aristocráticos. Se dejan sentir en casonas, palacios o aposentos regios y les gusta actuar en grupo.

—Su piel es más clara y adoptan preferentemente la forma humana.

—No tienen cuernos, ni rabos, ni son cojos, ni tienen agujeros en las palmas de las manos.

—Se suelen disfrazar de frailes o, a veces, con ropajes mucho más vistosos y más adecuados al lugar y época que los trasgos.

En lo que más se parecen los distintos clanes duendiles es que todos ellos son propensos a seguir a una familia allí donde vayan. Dicho esto, continuamos con las clasificaciones, pues existen tres tipos diferenciados de duendes domésticos:

—Los que visten de frailes o capuchinos, que suelen ser muy serviciales y, rechazan toda recompensa que consista en ropa.

—Los que son protectores de niños, de aspecto regordete, infantil o de simpático animal.

—Los que prefieren las grandes urbes para hacer de las suyas, cuyas bromas son muy aparatosas; simulan muchas veces el aspecto de fantasmas y se divierten con los que practican la vasografía o *ouija*, así como provocando la casuística típica de los actuales *poltergeist*.

Esto no significa que donde hay trasgos no haya duendes, y que donde están estos no se encuentren los *follets*. En Asturias, por ejemplo, abundan las leyendas sobre trasgos, pero también las hay sobre duendes y, curiosamente, se les llama así cuando se manifiestan en ciudades, como en los dos casos ocurridos en Oviedo a los que ya hemos hecho referencia.

Los duendes extremeños

El duende por estas latitudes tiende al transformismo. Son duendes castúos y proteicos, si bien suele adquirir una apariencia monacal, con una tendencia a vestirse de fraile capuchino, que llevan lucecitas verdes o violáceas para alumbrarse y, como es de esperar, están dedicados a hacer fechorías caseras. Antaño las madres asustaban a sus niños diciéndoles que estos diminutos seres les pellizcarían en los ojos y les cortarían las orejas o las narices con navajillas de afeitar y hasta podrían coserles el culo con una aguja de zapatero..., en fin, barbaridades similares con el único objetivo de que el niño hiciera o dejara de hacer algo y que desposeían al duende extremeño de sus cualidades simpáticas, convirtiéndolo, en cambio, en una especie de bruja o coco de poca monta.

El historiador y folklorista Publio Hurtado, en un estilo muy campechano, escribe en sus *Supersticiones extremeñas* (1902) que la raza de los duendes «estaba tan propagada en nuestro suelo que eran contados los colegios, ermitas y monasterios en que no se hiciese memoria de alguno de estos mequetrefes». Y relata el caso de cierta neurasténica de Aldeanueva del Camino (Cáceres), en cuya casa...

> moraba uno de estos seres maravillosos, que le desparramaba el trigo, le colgaba del revés los cuadros, le ponía patas arriba trébedes, platos y sartenes, le vertía el agua de las tinajas y le hacía a diario otras cien extorsiones, lo había visto más de una docena de veces y afirmaba que se parecía mucho a un San Antón, de fachada sobrado barroca, que existe en la iglesia de aquel pueblo.

Lo cierto es que en lo referente a su descripción física hay gente que asegura que tienen orejas tan grandes como abanicos y brazos tan largos que les llegan hasta el suelo, jorobas y cara de viejos... En fin, ¡un auténtico y verdadero galán hollywoodiense! Aunque no falta también quien los describe con un aspecto infantil, como el que —sin salir de la provincia de Cáceres— asaltaba a una moza de Calzadilla de Coria (el pueblo del lagarto), llamada Cipriana Manzano, cuando iba por agua a un manantial situado extramuros de la villa y denominado Fuente del Pozo. Cerca de allí se le aparecía un duende, brincando de acá para allá, con visibles ganas de cachondeo y que no podía ser alcanzado ni aun con pedradas. Este duende-niño llegó a ser una molestia bastante preocupante para las aguadoras, no por lo que les pudiera hacer, pues afortunadamente no era un diablo burlón o un tentirujo, sino por su

Duendes

condición sobrenatural y, sobre todo, porque no había manera humana de deshacerse de él, hasta que *motu proprio* ya no fue visto más.

También en Extremadura el duende sigue a los dueños de la casa cuando estos, desesperados, deciden irse lejos, pronunciando al final su frasecita favorita: «Así que nos mudamos, ¿eh?». Hurtado refiere varios casos, uno de ellos ocurrido en Madroñera (Cáceres), en una zona que se conoce con el nombre de Lagar del Miedo debido al que el duende, que no se iba de allí ni a tiros, infundió a sus habitantes. Igualmente, y pasando a la provincia más grande de España —Badajoz—, se denominó como Casa del Miedo a una ubicada en el número 24 de la plaza de San Vicente de la propia capital. Allí, un día de mayo de 1901 se produjeron unos extraños ruidos y destrozos de ropas provocados, según decían, por los duendes que de ella se habían posesionado. Fue noticia de alcance en los periódicos locales.

Duendes hurdanos y pacenses

En las Hurdes, posiblemente el lugar extremeño donde más arraigadas están las leyendas y las costumbres, no pueden faltar historias duendiles. El escritor aragonés Ramón J. Sender, en *Las criaturas saturnianas* (1968), habla de duendes extremeños y pone en boca de su protagonista, el enigmático e histórico conde de Cagliostro, su particular teoría sobre estos seres: «Eran gente real y viva, aunque se les llame elfos y gnomos y otros nombres míticos. Existían, y como eran tan pequeños y débiles, tenían que defenderse con habilidades mágicas».

Afirma, asimismo, que fueron ellos los primeros que se dedicaron a las prácticas ocultistas en su afán de defenderse para infundir miedo a los hombres sabios y grandes del norte. «Una casta de aquellos hombrecitos estaba en España en la parte de Extremadura que se conoce como Las Hurdes, nombre prelatino y luciferino». Cagliostro da a estos tal importancia, que asegura que «los hombrecitos de España fueron los que difundieron la idea de un Lucifer cornado y dijeron (para asustar a los grandes) que recibían de él su poder nocturno. Porque los hombrecitos actuaban de noche».

En Extremadura a los duendes se les
suele ver con hábito talar, con rostro
de anciano renegrido, iluminándose
con una lámpara y con los pies
desproporcionalmente grandes, si es
que se alcanza a verlos.

En la misma obra aparece una frase sorprendente y llena de un significado oculto: «Las Hurdes están cerca de la entrada del infierno. No lejos de la laguna de Acherón».

Los duendes extremeños, aparte de estas alucinantes elucubraciones de Cagliostro, no tienen apariencia definida y pueden presentarse ante los humanos en forma de niños, de viejecitos renegridos, de frailes en miniatura o con la apariencia de una mano fría que de noche recorre la columna vertebral del durmiente para contar uno a uno los huesos y las vértebras de su espina dorsal, produciendo los consabidos escalofríos y sobresaltos. Asimismo, pueden aparecerse en la forma de un caballo alado que, cargado de cadenas, recorre callejuelas con gran estrépito. Y algunos son glotones e incluso custodian tesoros.

Para luchar contra estos incordios invisibles —y de paso contra las brujas— los hurdanos han fabricado una serie de amuletos a base de piedras, como «la sarta de la leche» o «la sarta de las calenturas», pero sin duda el de más probada eficacia de entre todos ellos es el de los testículos de zorro introducidos en una bolsa de lienzo. Como lo leen.

Como es de suponer, duende y demonio van de la mano, siendo sus límites muy difusos, hasta el punto de que en algunas zonas se confunden las dos figuras. Así, en Alía (Cáceres) era costumbre que una madre esparciera alrededor de la cuna del bebé un puñado de granos de trigo con la intención de que, si llegase a entrar el *malihnu* en ese hogar, en lugar de hacerle daño al pequeño se entretuviera en recoger y contar los granos de dicho cereal. En otros lugares cacereños la cuna destinada a recoger al recién nacido es previamente rociada con agua bendita, sobre todo en los últimos días del embarazo, para evitar así que *loh judiuh*, equiparados aquí con malos espíritus infernales, la infecten con sus impregnaciones. Esta modalidad de conjuro, nos cuenta José Manuel Domínguez Moreno, la hacían en el pueblo de Granadilla, manteniéndose vigente hasta bien entrados los años cincuenta.

El duende de El Ladrillar

No siempre que el pueblo bautiza como «duende» a alguna de las criaturas que hacen notar su presencia quiere decir que lo sea auténticamente. Eso ocurrió con el famoso duende de la hornilla, de Zaragoza, y creemos que pasó también con el de El Ladrillar, en las Hurdes, donde más de 200 personas pudieron verlo, algo insólito tratándose de entidades duendiles.

Corría el año 1907 cuando en la pequeña alquería hurdana de El Ladrillar un inesperado visitante agitó la calma del municipio. Era un 26 de febrero cuando los vecinos vieron al atardecer unas luminarias junto a un pequeño ser de tez oscura no identificado. Dijeron que flotaba y que iba acompañado de dos de dichas luminarias, a modo de fieles guardianes a su alrededor. Parecía ir vestido de negro, con un traje muy ceñido, su cabeza era desproporcionadamente grande y mostraba unas extremidades muy cortas.

Se paseó durante tres días por las calles del pueblo con total impunidad, sin miedo a que le capturaran, emitiendo unos gritos guturales (sonidos similares a gruñidos) que resonaban por todos los rincones. Además, tras su particular recorrido, todas las noches se detenía en las inmediaciones del cementerio.

El pequeño humanoide, acompañado siempre de las dos luminarias, solía aparecer de forma inesperada, con el consiguiente susto de la gente que no quería tener contacto alguno con algo que presentían no era de este mundo. El párroco Isaac Gutiérrez informó de los extraños sucesos al obispado de Coria, pero este jamás intervino. No le debieron de dar mucho crédito.

La vecina Serafina Bejarano Rubio era por aquellos entonces una niña de 9 años. En una entrevista que le hizo Iker Jiménez en 1991 para su libro *Enigmas sin resolver* (EDAF, 1999), cuando ya contaba 93 años, recordó con claridad las andanzas de este siniestro personaje:

> Yo tendría nueve años. Y todo lo recuerdo perfectamente como si hubiera pasado hoy. Fueron tres días los que se apareció aquel «tío» [...]. Era como un pájaro grande, negro, que se posaba en los árboles y estaba allí, junto al cementerio. [...] Venía volando, a no mucha altura y perseguido de dos luminarias redonditas. Casi nunca hacía ruido, pero a veces gritaba... [...]. No paraba de hacer un grito muy fuerte, como ¡gua, gua! Estuvo un tiempo y luego se fue [...]. La gente se arrejuntaba

en aquella placilla de abajo y veíamos cómo aquel demonio flotaba hasta esa arboleda de ahí enfrente. Uno de los días llegó a posarse muy cerca del cementerio. Daba como un «rivoloteo» en el aire y volvía otra vez para una casa de allí. Estábamos muy asustados… todos le teníamos miedo. Luego hubo un día que no volvió más y por eso se quedó lo del duende. Dicen que el cura lo expulsó, que llegó a pelearse con él. Pero eso ya no lo sé. Iba vestido de negro y era chiquito, chiquito… parecido igual a un mono. Yo tenía nueve años… pero nunca podré olvidarlo.

Un día este misterioso personaje apareció de forma repentina en la plaza situada frente a la iglesia, en el lugar en que un grupo de niños estaban jugando. Sobrevoló a poca altura sobre ellos y la pequeña María Encarnación Martín, de 5 años, cayó al suelo fulminada por una de las luminarias. El párroco fue testigo de lo ocurrido desde el pórtico de la iglesia. Días después, el 2 de marzo, fallecía María Encarnación, sin conocerse la causa exacta de su muerte.

El 28 de febrero de 1907 fue el último día que se manifestó este diminuto ser, desapareció igual que se presentó, de forma inesperada.

A partir de ese momento el misterioso personaje comenzó a conocerse como «el duende de El Ladrillar», protagonista de sucesos que fueron reales y así constan en las actas oficiales del Primer Congreso de Hurdanófilos, celebrado en junio de 1908 en Plasencia. En ellas se dice lo siguiente:

> Hubo una temporada en la cual este malévolo duende tenía asustados y encerrados a los vecinos en sus casas desde el oscurecer hasta el amanecer, hasta que un señor cura los convenció de que el duende había muerto a sus manos. Hay quién asegura haber visto al duende en forma humana.

Iker Jiménez vuelve a mencionar a este duende hurdano en su obra *El paraíso maldito* (EDAF, 2000), al igual que al duende tiznao, de más de tres metros de altura, que se encuadraría mejor en los casos de gigantes ensotanados que en la fenomenología duendil.

Por otro lado, existe constancia no documental, pero sí de absoluta creencia, de un duende pacense que daba la lata en las cercanías de un molino existente a orillas del río Guadalefra, en las proximidades de la localidad de Esparragosa de Lares (Badajoz), en el camino de Zalamea. El duende salía al encuentro de los que pasaran por allí y, en su afán de provocar y asustar, en vez de dirigirles la palabra, le daba por balar como un cordero (como le podía haber dado por tirar piedras o morder esquinas). En ocasiones cambiaba de táctica y se aparecía a los transeúntes en forma de ovillo de hilo negro que iba rodando delante de ellos por el camino y desaparecía cuando le echaban mano.

La manía por confundir a los duendes con almas en pena no es solo patrimonio del País Vasco, Canarias, Andalucía, Levante o Galicia; en la localidad de Alburquerque (Badajoz), tanto al duende como al fantasma se le llama «pantaruja», una mezcla entre las palabras «fantasma» y «bruja». Actúa por la noche y suele llevar su respectiva sábana blanca, similar a lo que sucede con las bubotas levantinas. En Miajadas y Almoharín este fantasma es conocido como «pantarulla». Y en Mérida se le denomina «mantaruja».

El frailecillo

No son personajes exclusivos de tal o cual zona, pues han sido vistos desde Andalucía hasta Euskadi, pasando por Extremadura y Aragón, con hábitos tanto de capuchino como de franciscano.

En la comunidad extremeña estos duendes frailes son feos con avaricia. Tienen las orejas como abanicos, brazos muy largos, cara arrugada de viejo y, para colmo, una buena chepa. Visten hábito largo y oscuro. Por las noches es posible oír cómo andan arrastrando sus monumentales pies, de tamaño desproporcionado con respecto a su cuerpo, siendo este un rasgo característico de su fisonomía. El dato no deja de ser curioso, pues los ocasionales testigos que ven a duendes los suelen retratar con todo tipo de detalles, pero cuando hablan de los pies son incapaces de determinar si realmente los tenían o cómo iban calzados, así al menos ocurre con el *trasgu* asturiano.

Fantasmagórico

Aspecto regordete

Del susto
al miedo

Fraileúllo

Cuando uno quiere buscar un tesoro
duendil tiene que ir bien preparado.
Los peligros son muchos, tanto
como los sustos y los fracasos que
uno se puede llevar. Tal vez lo que
encuentre no sea de su gusto.

Duendes

Calderón de la Barca, en su obra teatral *La dama duende*, en la jornada segunda, escena XIII, describe así al supuesto ser que dice haber visto el miedoso Cosme: «era un fraile tamañito y tenía puesto un cucurucho tamaño; que por estas señas creo que era un duende capuchino». En la escena XIX se da el siguiente diálogo, donde se remarca lo sorprendente de sus extremidades inferiores:

Don Manuel: ¡No ví más rara hermosura!
Cosme: No dijeras eso a fe si el pie le vieras, porque estos son malditos por el pie.
Don Manuel: ¡Un asombro de belleza, un ángel hermoso es!
Cosme: Es verdad, pero patudo.

En el entremés de *El viejo celoso*, Cervantes utiliza la figura del frailecillo como coartada en los devaneos amorosos:

Cristina: Señora Ortigosa, hágame merced de traerme a mí un frailecillo pequeñito con quien yo me huelgue.
Señora Ortigosa: Yo se lo traeré a la niña pintado.
Cristina: Que no lo quiero pintado, sino vivo, chiquito como unas perlas.
Doña Lorenza: ¿Y si lo ve tío?
Cristina: Dírele yo que es un duende y tendrá de él miedo y holgáreme yo.

En el sur de la península ibérica se oye hablar con cierta frecuencia de un frailecillo benévolo y listo. Viste un hábito tan grande que lo arrastra por el suelo con aire desgarbado. Sus manos se ven muy poco, porque también las mangas le vienen grandes. Es muy despistado y le gusta mucho dormir por el día, ya que por las noches procura hacer favores y ayudar a las gentes trabajadoras. Fernán Caballero, a mediados del siglo XIX, se lamentaba de que en España aún no se apreciaran y conservaran las consejas, leyendas y tradiciones populares, como ya ocurría en el resto de Europa. Nos ha dejado el cuento más famoso de los que existen

160

sobre duendecillos frailes. Por su brevedad y por contener la descripción de una de sus características, la de que no quieren que se remuneren sus servicios, lo reproducimos textualmente:

> Había una vez tres hermanitas que se mantenían amasando de noche una faneguita de harina. Un día se levantaron de madrugada para hacer su faena, y se la hallaron hecha y los panes pronto para meterlos en el horno, y así sucedió por muchos días. Queriendo averiguar quién era el que tal favor les hacía, se escondieron una noche, y vieron venir a un duende muy chiquito, vestido de fraile, con unos hábitos muy viejos y rotos. Agradecidas, le hicieron unos nuevos, que colgaron en la cocina. Vino el duende y se los puso, y en seguida se fue diciendo:
> —Frailecito con hábitos nuevos no quiere amasar, ni ser panadero.

Con lo que se equiparan a los *follets* alicantinos de Almudaina, como pudimos comprobar al hablar de los duendes en Levante, o con los *witchel* alemanes, los *pixies* ingleses, los *brownies* escoceses o los *fenoderees* de la Isla de Man, a los cuales se les puede ofrecer como agradecimiento pan, queso o agua, pero nunca ropa y, por supuesto, son tan susceptibles que tampoco les gusta ser espiados. Los hermanos Grimm recogen, en su cuento titulado *Los duendes y el zapatero*, la misma historia: unos duendes desnudos que por las noches hábilmente confeccionan los mejores zapatos a un zapatero remendón muy pobre:

> Al sonar las doce se presentaron dos minúsculos y graciosos hombrecillos desnudos que, sentándose a la mesa del zapatero y cogiendo todo el trabajo preparado, se pusieron, con sus diminutos dedos, a punzar, coser y clavar con tal ligereza y soltura, que el zapatero no podía dar crédito a sus ojos. Los duendecillos no cesaron hasta que todo estuvo listo; luego desaparecieron de un salto.

Cuando los dueños les regalan unas ropas, se marchan de la casa, aunque en la versión de Grimm se van contentos, satisfechos y cantando: «¿No somos ya dos mozos guapos y elegantes? ¿Por qué seguir de zapateros como antes?».

Tesoros extremos y extremeños

El etnólogo Domínguez Moreno dice que los duendes extremeños, además de enredar en las casas como hacen sus congéneres del resto de España, son también custodios de enormes tesoros que, si caen en manos de un humano, se convierten en carbón. Así relata la leyenda de Caminomorisco referente a un pastor que andaba con su rebaño por entre aquellos riscales cuando le salió un duende al encuentro para decirle:

> *Debajo del macho cojú,*
> *está la cueva del moro,*
> *y allí están enterrados*
> *ricos y grandes tesoros*[9].

No tardó el pastor en apartar al macho y cavar en el sitio que este tenía por cama, descubriendo al instante una cueva, en la que penetró y encontró un gato de oro.

Afirma el profesor Fernando Flores del Manzano, en su obra *Mitos y leyendas de tradición oral en la Alta Extremadura* (1998), que si alguien trata de apropiarse de estos tesoros enterrados en el campo, desoyendo las advertencias del duende, este transforma en carbón no solo el propio tesoro, sino todos los ahorros y riquezas que el descubridor guardaba en su casa. Venganza duendil.

En la definición que hace Covarrubias sobre el tesoro del duende, refleja lo siguiente:

> Hay opinión que estos duendes, que habitan los lugares subterráneos, tienen a su cuenta el guardar los tesoros escondidos, y algunos dicen que en el fin del mundo los han de manifestar al Anticristo, para que con ellos haga guerra y atraiga a sí los corazones de los hombres codiciosos y sea poderosísimo en la tierra, y, que por

---

[9]   En el artículo titulado «Animales guías en Extremadura (II)» de José María Domínguez Moreno, publicado en el año 2008 en la *Revista de Folklore* (número 331).

esta causa, cuando los que buscan tesoros dan en los lugares donde están, o se les vuelven en carbones, de donde nació el proverbio «tesoro de duende»; o ellos se les representan en figura de dragones, gigantes, leones y otros monstruos, con que los espantan. Algunos que buscando tesoros han hallado ollas con algunas monedas y carbones, se persuaden en cierta manera ser verdad lo que hemos dicho.

Del duende jampón al duende mamón

Nos enteramos de la existencia de estos dos curiosos duendes gracias a la labor investigadora de Félix Barroso Gutiérrez e Israel J. Espino que lo documentan en su web Extremadura secreta[10]. Uno es el duende jampón, que según recoge Félix Barroso en su obra *Las Hurdes, visión interior* (1993) es tan pequeño que no levanta dos palmos del suelo, aunque su escaso tamaño no es óbice para que su apetito sea descomunal y continuo, sobre todo durante la noche. Sus pies son enormes, como los del frailecillo, mucho más grandes que el cuerpo, por lo que duerme de pie, durante el día, esperando a que el sol se oculte para saciar su hambre voraz. De hecho, y según afirmaba el tío Goyo, vecino de Nuñomoral, el duende jampón tenía que comer al día siete arrobas de alimentos, aunque él no pesaba ni media arroba. Si en una casa aparecen las patatas o el tocino roídos o mordisqueados no cabe duda de que es por culpa del dichoso duende. Y tanta hambre gasta que no le hace ascos ni al pienso del ganado. Y por eso, antes se decía en los pueblos: «Eres como el duende jampón: lo mismo te da el tocino que el jamón». Un tragaldabas como el zamparrón del folklore castellano-leonés o la cabra montesina de la sierra de Gredos.

Y ahora vayamos con el duende mamón, nombre que le define bastante bien y famoso en el pueblo cacereño de Ahigal. Según cuenta el investigador José María Domínguez Moreno en su obra *Los cuentos de Ahigal. Cuentos populares de la Alta Extremadura* (2012), tenía sus reales por «la calle Graná», cerca del Huerto del Cura. Al parecer,

---

[10]   http://extremadurasecreta.com/

era el okupa invisible de la casa en la que vivían un matrimonio y sus cuatro hijos. Cuando los niños eran pequeños su madre, como es habitual, colocaba la cuna junto a su cama, para poder darles el pecho por la noche sin demasiado esfuerzo. El duende mamón se acurrucaba al lado de la madre y, sin que esta despertase del todo, le desabrochaba la blusa para mamar... Hasta que una noche la mujer se dio cuenta de la argucia al percibir que tenía una boca mamando de sus pechos y otra boca lloraba en la cuna. Alargó la mano y, efectivamente, en la cuna estaba su hijo. La sorpresa hizo que la madre diera un respingo, momento que aprovechó el duende para poner tierra de por medio. Y aún cuentan que el enanito lujurioso, antes de salir por la puerta, se volvió hacia atrás y exclamó: «¡Qué bien cuando te estabas quieta, que te agarraba el culo y te lambía las tetas!».

Afirma Domínguez Moreno que está seguro de que esto mismo debió de suceder en otras casas del pueblo, aunque «es difícil saberlo, porque las víctimas no van a ir contando que en determinados momentos fueron biberones de los duendes». Normal.

Los duendes vasco-navarros

No deja de extrañarnos que, en la zona vasco-navarra, tan abundante en todo tipo de fauna fantástica (como erensuges, zenzegorris, sorguiñas, toros de fuego, lamias, akes, genios o la superintendente Mari...) el duende, por el contrario, tenga menor importancia y sean escasas sus referencias. No obstante, hemos conseguido recuperar del olvido a varios de estos seres del folklore vasco que consideramos dignos de interés por las peculiaridades y los diferentes nombres que presentan.

El problema que hemos detectado es la confusión que hay a la hora de adjudicar fechorías a los distintos representantes de la mitología vasca. En algunos relatos se confunde al Basajaun —el hombre del bosque— con un duendecillo que, a menudo y tal como nos recuerda el reverendo Webster, recibe el mote de «Ancho», seguramente del español Sancho. Bajo esta forma, el Basajaun encanta las cabañas de los pastores de las montañas, se calienta en sus fuegos, prueba su leche cuajada y sus quesos, conversa con ellos como uno más y es tratado con familiaridad no exenta de cierto temor oculto y razonable. Al fin y al cabo, no es humano…

Lo habitual es considerar al Basajaun, junto con su mujer la Basandere, como seres gigantescos y mitológicos pertenecientes a razas ancestrales, muy alejados del mundo de los elementales. Los que podemos clasificar como duendes suelen ser más silvestres y menos hogareños que los del resto de la península, menos juerguistas y dañinos. No nos olvidemos de Martin Txiki («Martín el Pequeño») o san Martinico, una figura legendaria asociada al Basajaun para arrancarle hábilmente sus secretos, que en la mitología vasca actúa de facto como un genio más. De nuevo el nombre de Martín hace acto de presencia, en este caso no como un duende a la vieja usanza, sino más bien como un pícaro divino o *trickster*.

Además, para añadir más lio, la población vasca rural ha solido confundir a sus duendes domésticos con fantasmas o con las almas de sus ancestros. En el pueblo de Larrabezua (Vizcaya), existe la creencia de que las almas de los antepasados vuelven a sus casas durante la Nochebuena y dejan las huellas de sus pies en las cenizas de los hogares. Por eso dicen que en esa noche hay que apilar la ceniza del hogar, antes de retirarse a dormir, y a la mañana siguiente observarla atentamente para poder comprobar, con júbilo, que los antepasados han visitado la casa donde habitaron. También por estas tierras suelen ser proclives a transformarse en animales. En Garay (Vizcaya), dicen que los *izeltsuak* son como burros, y en Murélaga o Aulestia (Vizcaya), que son como cerdos. En la localidad de Amézqueta (Guipúzcoa), es fama que un duende arrojó unas piedrecitas al párroco desde un tejado y este mandó a un criado a ver quién era el bromista. Le contó que era un duende con forma de carnero negro.

Etxajaun *e* iratxo

Son seres de carácter doméstico que se manifiestan por la noche, después de que los moradores del hogar se hayan acostado. No quieren ser vistos en sus labores de espionaje. Se consideran guardianes de la

165

Duendes

casa y bienhechores, pero al igual que ocurre con los *follets* se disgustan mucho si hallan apagado el fuego del hogar o sucia la vajilla utilizada en la cena; en alguna casa también se enfadan si no se les hace alguna ofrenda gastronómica. La palabra *etxe* en vasco significa 'casa' y, por consiguiente, su nombre se traduce como «el señor de la casa», en alusión clara a sus costumbres. Actúan en la invisibilidad, razón por la cual no conocemos su aspecto, aunque no es difícil imaginarlo.

Los duendes por excelencia del País Vasco, similares a los del resto de la Península, reciben distintos nombres según quien los haya estudiado. La denominación elegida por nosotros es la que les otorga el sacerdote y antropólogo José Miguel de Barandiarán en su *Diccionario de Mitología Vasca*, la de *etxajaun*, como figura del antepasado que reaparece de noche; protector y bienhechor del hogar. Otros autores, como Larramendi, utilizan los nombres de *naspecha*, *icecha* y los diminutivos *duendechoa* y *naspechoa*.

No es infrecuente que se les conozca como *iratxo*, *irelsuzko* e *irelu*, aunque todos ellos de poca categoría, según Julio Caro Baroja. El nombre de *iratxo* parece estar directamente asociado a los helechos (*ira* en euskera), pues es diminutivo de este término.

Un proverbio publicado en la obra *Refranes y sentencias*, de 1596, dice así: *Gassoto yrabacia / yrachoen da yracia* ('lo mal ganado / es por *iratxo* exprimido'). Nos dice este refrán que las ganancias conseguidas de forma inadecuada, *iratxo* te las quita. El geógrafo alemán Alexander von Humboldt les llamaba *ireltxum*. El nombre de *argiduna*, referido a un duende en forma de luz nocturna, se utiliza en el término de Ceánuri (Vizcaya).

En esa misma obra, a los *etxajaun* se les cita de esta manera: *Esajaunen saria ezta ayn coyacari ceyn dirudi* ('La dádiva del duende no es tan sobrada como parece'), en clara alusión a que esperan como recompensa alguna ofrenda a cambio de dejar en paz a quienes molestan, siempre y cuando esta no consista en ropa. Lo ideal, desde luego, es ofrecerles comida (queso, leche, pasteles, tortas dulces...) y, si esto no funciona, habría que intentar echarlos de casa utilizando algunos de los métodos ya descritos. Al fin y al cabo, son duendes...

Arantziliak

Son extraños duendes navarros cuya única referencia y mención la hemos encontrado en la conferencia que pronunció el folklorista José María Satrústegui en el Congreso de Zaragoza sobre Etnología y Tradiciones Populares, celebrado en el año 1969. Traemos a colación a estos raros seres —muy locales, al estilo de los cuines— por el hecho de mostrar un nuevo sistema para conjurarlos y echarlos de la casa muy distinto a los habituales que hemos visto hasta ahora.

Dicho autor nos dice que estos personajillos se hacen sentir de noche con ruidos molestos, sobre todo en los desvanes, y cuenta un caso recogido en 1963 que refleja un suceso que aconteció aproximadamente unos treinta años antes. En el caserío de Azoleta (Valcarlos, Navarra), después de recurrir sus moradores a varios conjuros para expulsarlos, utilizaron la sal y el agua.

La protagonista, que fue una de sus comunicantes, se dirigió con su hermana a un puente próximo, pusieron un puñado de sal en el cedazo y la fueron cribando sobre las aguas del riachuelo. Acaba diciendo Satrústegui que, después de este ritual, le aseguraron que ya no volvería a sentirse molestada. Explica esta circunstancia diciendo que la sal simboliza el maleficio, el cual queda neutralizado en la misma proporción en que la sal se derrite en el agua.

Creemos sin duda que cláramente se trata de una consecuencia del llamado «tabú de la sal» que ya comentamos en el primer capítulo de esta obra.

Gorri-Txiki

Estos pequeños seres, mitad duendes mitad genios de los bosques, vivían en las comarcas de Orio y Aya, zonas guipuzcoanas en las que también se dejó sentir hace muchos siglos la mítica raza de los «gentiles». Se les veía correr veloces por las montañas como luces rojizas. Su nombre en vasco significa 'rojillo', por el color predominante de sus vestiduras, y se cuenta que el último de ellos fue capturado por los habitantes del caserío de Leioa (o Lejona, en Vizcaya), a quienes no se les ocurrió mejor manera para deshacerse de él que quemarle en un caldero. Antes de morir, el geniecillo lanzó una terrible maldición: «Mientras el mundo sea mundo, en Leioa no faltará ningún inválido». Aseguran que dicha maldición no ha dejado de tener efecto hasta el momento presente.

Aunque parece que están extinguidos y no disponemos de ningún testimonio claro sobre su apariencia salvo sus ropajes, se decía que su piel también era de color rojo y que eran muy pequeños, motivo por el cual los hemos incluido en esta relación. No deja de ser una interesante variante de duendes muy poco domésticos. Podrían ser un paso intermedio en la evolución de aquellos que prefieren vivir siempre alejados de los humanos y los duendes hogareños.

¿Duendes constructores de dólmenes?

Otro de esos genios nocturnos que bajan por las chimeneas de las cocinas para recibir las ofrendas que hayan dejado los moradores de la casa antes de irse a dormir es el llamado *maide* de algunas zonas vascas. En Mendive se le llama, sin embargo, *Saindi-Maindi*, el 'Santo Maide' y se le atribuye, sin el menor recato, la construcción de los dólmenes de la región. Aunque es más frecuente decir, según Barandiarán, que tales construcciones se deben a su compañía femenina: las lamias (las hadas vascas). Y no solo los dólmenes, sino también la construcción de crómlech en Soule.

En la zona navarra de San Juan Pie de Puerto, territorio histórico del País Vasco francés, existe un dolmen llamado Mairietxe, es decir,

Duendes

'casa de Mairi', que es otra de las variantes que puede adoptar el nombre de Maide, igualmente relacionado con Mari, la gran reina de los genios, lamias y hadas con olor y sabor vasco. En Oyarzun (Guipúzcoa), al constructor de sus crómlechs no le llaman *maide*, sino *intxitxu*, con lo cual, decimos nosotros, no es que ya se confunda a los duendes con los fantasmas, que sería lo de menos, sino que —caso insólito— se les adjudica la construcción de enormes megalitos a ello que son aparentemente tan débiles y renacuajos.

En el personaje de *intxitxu*, como tantos otros muchos de la mitología vasca, se superponen distintos mitos y existen distintas versiones dependiendo de su localización. De acuerdo con lo que se cuenta en Oyarzun, sería un genio escurridizo que habita las cuevas de Arditurri. Extremadamente difícil de ver debido no solo a su timidez, sino también a su naturaleza salvaje. Un guarda de los montes de Oyarzun encontró en una cueva a uno de estos genios, salió de allí corriendo como alma que lleva el diablo en dirección al ayuntamiento y dijo que el ser que vio estaba a mitad de camino entre un humano y una *betizu* (especie bovina pirenaica). Existe la costumbre, aun hoy en día, de decir que cuando un perro empieza a ladrar de noche sin explicación alguna, o cuando se oyen ruidos sin que ningún animal ande suelto, es que *intxixu* está haciendo de las suyas.

También se utiliza mucho la

expresión: «Eres más malo que *intxixu*», dirigida a los niños pequeños que han hecho alguna travesura.

En cierto modo, los hábitats de algunos genios mitológicos están relacionados con estas grandes piedras megalíticas y es casi seguro que, al igual que pasó con los *follets* catalanes, los genios vascos aprovecharon su poder y beneficio miles de años atrás, hasta que al ir perdiendo su fuerza energética se desplazaron a las zonas rurales habitadas por seres humanos. Por lo general, se atribuye su construcción a los *mairuk*, una raza ancestral de gigantes que, según las leyendas vascas, pobló estas tierras como sucesores de los basajaun. Estos *mairuk* serían el equivalente de los gentiles y *mouros* de otras zonas de España, que nada tienen que ver con los agarenos. Esto explicaría en parte esa similitud entre nombres como Maide, Maindi o Mairi y, por tanto, la confusión. El que se les adjudique a los duendes este tipo de esfuerzos sobrehumanos, aparte de explicarse por el cruce de varias leyendas, se debe al tópico carácter aguerrido y fortachón que se atribuye a todo aquello que huela a vasco.

Por cierto, los constructores de algunos de los dólmenes y menhires de los territorios celtas de Bretaña dicen que fueron los *korreds,* jorobados y contrahechos, que miden medio metro de altura y en lugar de pies tienen pezuñas de cabra. Gesticulan mucho con las manos y viven en cuevas que ellos mismos construyen debajo de los dólmenes, de modo que reciben de esas grandes piedras facultades adivinatorias y energizantes.

El duende del castillo de Guevara

Especialmente interesante es la leyenda de un duende, espíritu o fantasma del castillo de Guevara (Álava), puesto que no fue transmitida por tradiciones o difusas leyendas vascas, sino al menos por tres autores franceses: Albert Jouvin en 1672, la condesa de Aulnoy en 1679 y Juan Álvarez de Colmenar en 1707. La transmisión más completa se debe a madame Marie Catherine Le Jumel de Barneville, resumiendo, madame D´Aulnoy, escritora y cortesana de Luis XIV. El relato se recoge en la Carta Segunda de su *Relación del viaje de España:*

Don Fernando de Toledo me había dicho que cerca de nuestro camino se alzaba el castillo de Guevara [ella escribe Quebaro], donde se decía que habitaba un duende, y me contó cien cosas extravagantes que creían los habitantes de la región, y de las que estaban tan persuadidos que, en efecto, nadie quería residir allí. Sentí un gran deseo de verlo porque, aunque yo sea tan miedosa como cualquier otra, no temo a los espíritus; y aunque hubiera sentido miedo, nuestro acompañamiento era tan numeroso que bien veía yo que nada tenía que temer. Nos desviamos un poco a la izquierda y llegamos al pueblo de Guevara; el dueño de la hostelería donde entramos tenía las llaves del castillo; mientras nos conducía a él, nos dijo que al duende no le gustaba la gente, que aunque fuésemos mil, nos dejaría a todos —si ese era su gusto— molidos a palos. Yo comencé a temblar; don Fernando de Toledo y don Federico de Cardona, que me daban la mano, se dieron cuenta de mi miedo y comenzaron a reírse. Avergonzada, fingí seguridad y entramos en el castillo, que habría podido pasar por uno de los mejores si se hubiera cuidado bien. No había muebles, si se exceptúa un tapiz muy antiguo en una sala grande, que representaba los amores del rey don Pedro el Cruel y de doña María de Padilla (....) Subimos después a una torre sobre la que se alza un torreón que resultó ser la morada del duende; pero aquel día debía estar de paseo, porque no vimos ni oímos nada que se relacionara con él. Después de haber recorrido esta gran fortaleza salimos a reemprender nuestro camino (hacia Vitoria)[11].

Los duendes castellanos-manchegos

LA COMUNIDAD DE CASTILLA-LA MANCHA es muy heterogénea en las cinco provincias que la componen en cuanto a leyendas y costumbres. Una bula de noviembre de 1478 autorizó la introducción del Santo Oficio en Castilla. En Villa Real (Ciudad Real), funcionó de 1483 a 1485, y a partir de esa fecha se trasladó a Toledo. El territorio del Tribunal de Cuenca abarcaba también desde 1522 los obispados de Cuenca y Sigüenza y el Priorato de Uclés, de la Orden de Santiago. Hubo muchos procesos de

---

[11]   Condesa D'Aulnoy: *Relación del viaje de España*. Akal. Madrid, 1986.

fe en los que se acusaba de superstición y artes mágicas, registrándose en algunos casos la presencia de demonios familiares y de duendes, como ocurrió en Mondéjar, aunque no solo las actas inquisitoriales nos suministran datos sobre estas criaturas: las tradiciones populares más actuales siguen insistiendo en que se dejaban sentir hasta hace poco.

López de los Mozos relata que en una casa de Berninches (Guadalajara) —«que actualmente pertenece a Bonifacio Bravo»— existieron duendes hace ya muchos años:

> Se escuchaban de noche los ruidos y voces que daban, especialmente en la cámara, donde se entretenían en jugar con las nueces que había extendidas para secarse. Los dueños pensaron mudarse a otra mansión para solucionar el problema, pero al comenzar a recoger los enseres domésticos se escuchó una voz que decía: «Con cambiar de casa no solucionas nada porque donde vayas yo también voy a ir».

Esta información le fue facilitada por Teodoro Lorente, de Berninches, en 1976, que lo oyó relatar a sus abuelos[12].

En la provincia de Albacete el testimonio que más trascendió fue el de Hellín, cuyo duende intentó infructuosamente mudarse con los dueños de la casa.

Duendes toledanos

El matemático e investigador Fernando Ruíz de la Puerta confiesa que en Toledo capital existen aún hoy en día numerosas casas encantadas donde se oyen crujidos, se caen objetos, se escuchan detonaciones misteriosas y se ven presencias fantasmales. Recoge la historia ocurrida en pleno siglo XVI de un duende que vivía en el callejón de la cárcel del Vicario, frente a la puerta de los Leones de la catedral. Su diversión consistía en tirar al suelo todos los libros de la biblioteca del señor de una de las viviendas.

---

[12] Publicado en el año 1997 en la *Revista de Folklore*, n.º 200. «El duende Martinico de Mondéjar y los duendes de Berninches». Artículo de José Ramón López de Los Mozos.

La referencia más antigua es del folklorista Ismael del Pan, quien habla de «un duendecillo intelectual que se entretenía en sacar todos los libros del dueño de la casa y dejarlos abandonados en desorden». Consiguió la rescisión del contrato de compraventa de la vivienda gracias a las leyes de Diego de Covarrubias, porque si probaba la existencia de un duende o fantasma podía recuperar su dinero. En el siglo XIX se modificó un poco la leyenda y el duende del callejón iba de tejado en tejado tirando tejas a los viandantes.

Por cierto, la famosa obra del arcipreste de Hita, *El Libro de Buen Amor*, que describe por vez primera la figura de Trotaconventos —antecedente de la Celestina—, se redactó en la casa número 3 del callejón del Vicario. La prisión arzobispal de la diócesis de Toledo se hallaba en esa calle. Según Menéndez Pidal, la obra la escribió en dos tiempos: la primera redacción, más breve, dataría de 1330, y la segunda, más completa y definitiva, correspondería a 1343. Sería esta la que el arcipreste realizaría mientras estaba en prisión.

Otro duende se ubicaba en la calle del Arrabal, en el barrio del mismo nombre, en los años veinte del siglo XX. El duende del Arrabal se hizo famoso porque en uno de los solares llovían piedras de procedencia desconocida y siempre a la misma hora. El fenómeno se produjo durante varios días y tan solo en ese lugar. El inmueble donde está ahora el hostal Puerta Bisagra, en la calle del Potro, tuvo o tal vez sigue teniendo su duende o fantasmón, que hace que los ascensores suban y bajen solos. Fernando Ruiz de la Puerta cuenta la anécdota de un par de chicas vascas que se alojaron allí y encontraron sus bolsos revueltos de manera inexplicable.

En la Casa del Diamantista, en las orillas del río Tajo, dicen que fueron los duendes de colores, por los vestidos que llevaban, los que cada noche salieron del río para ayudar al orfebre José Navarro a realizar la mejor corona de joyas que usaría la infanta Isabel II en 1833 en su coronación como reina, y todo en un tiempo récord.

Enfrente de la entrada principal de la iglesia de San Miguel, antaño zona templaria, se encuentra la cueva homónima, también llamada Casa del Duende, cuya leyenda se refiere a que en la Edad Media una bruja y un judío (dos arquetipos propicios para ser considerados en la época como chivos expiatorios) acudían a ella para hacer sus rituales. Una siniestra noche, un incendio arrasó el edificio, apagándose solo después y dejando intacta la fachada. Como dato más histórico, en dicha casa tuvo su taller el ceramista Vicente Quismondo y, durante un tiempo, la cueva sirvió como almacén y bodega. Aún quedan algunas tinajas pintadas.

González Casarrubios y Sánchez Moreno dicen que en la provincia toledana el duende más famoso fue uno llamado Martinito, oriundo de La Guardia (mismo nombre que recibía el duende de la calle Angostillo de Sevilla). Decían los vecinos que pocas veces se había materializado como un hombrecillo. En La Guardia tuvieron que ser varios «martinitos», pues varias eran las casas donde se registraron fenómenos extraños como ruidos y movimientos de objetos; incluso cuando las familias cambiaban de domicilio las seguían como su sombra.

Relacionado con él se encuentra la tradición, en el pueblo de Las Ventas con Peña Aguilera, de vestirse de fantasma durante las noches de Cuaresma, muchos, por promesa tras curarse de una grave enfermedad. Si por alguna razón no lo hacían, los cacharros de la cocina empezaban a entrechocar unos con otros y a producir extraños ruidos por toda la casa[13].

Varios pueblos aún guardan recuerdo de su molesta presencia, como ocurre con el duende de Cazalegas, cerca de Talavera de la Reina, famoso a fines del siglo XIX, si bien siempre fue considerado como una patraña por los vecinos y nunca se le prestó más atención que el simple comentario, chanza, mofa, befa o broma.

En la obra *Toledo insólito*, Luis Rodríguez Bausá recogió una buena parte de tradiciones sobre estos seres elementales que se empeñan en convivir con nosotros y procurarnos algún que otro susto. Hay leyendas de duendes en Val de Santo Domingo, en Ocaña, en Los Yébenes o en Villaluenga de la Sagra. En Sonseca, el pueblo del buen mazapán, se hablaba en 1935 de un duende que hacía sus incursiones en la casa del huevero, ubicada en el número 5 de la calle de la Parra. El subsodicho

---

[13] *Folklore toledano: Fiestas y creencias* (1981), de Consolación González Casarrubios y Esperanza Sánchez Moreno.

vertía el aceite, derramaba la sal y rompía huevos y cristales en el patio de la vivienda en presencia del juez y de la Guardia Civil. Vamos, literalmente un duende «tocahuevos».

Dos de los más conocidos en el ámbito duendil toledano son el de Nambroca y el de Torrijos, que además dan nombre a sendas calles de esas localidades. Ruiz-Ayucar justifica esta denominación de la manera siguiente:

> No es de extrañar que en la calle del Duende de Torrijos existiera una casa de citas a la que acudirían ocultas por la noche y embozadas para no ser reconocidas personas de toda condición a pasar una noche de amor. Personas que de esa manera causan miedo a quienes les ven pasar y no llamaría la atención que se les considerara un duende.

No deja de ser una suposición que no aporta más datos sobre la existencia de un posible lupanar. El cronista local Patrocinio Fuentes dio a conocer un suceso acaecido en el que fuera su pueblo natal: Val de Santo Domingo. Debió de tener lugar alrededor de la década de los años 20 y narra un acontecimiento que le ocurrió al tío Felipe. Antes de adentrarnos en el relato dejemos que sea el propio Patrocinio quien nos introduzca:

> Dígase cuanto se quiera en pro o en contra de los duendes, trasgos, ánimas en pena y demás seres de ultratumba, lo cierto es que existen casos y cosas referentes a los mismos que, aunque no puedan ser comprobadas de acuerdo al deseo de nuestra voluntad, en determinadas circunstancias sus manifestaciones son tan reales como la luz del sol.

Parece ser que el tío Felipe era un personaje singular y querido en el pueblo, donde ejercía el oficio de barbero, peluquero y sacamuelas, todo en uno. Tenía su humilde establecimiento en la calle Real, muy cerca de la plaza, y cierta noche comenzaron a oírse

sordos y prolongados ruidos, como el arrastramiento por el piso de gruesas y largas cadenas, grandes y pesados ruidos interrumpidos de vez en cuando por otros rápidos y seguidos como los redobles de un tambor, los cuales empezaban al sonar la última campanada de las ánimas benditas.

Semejantes ruidos jamás amedrentaron al tío Felipe quien, armado con una estaca y alumbrado con un candil, subía rápidamente hasta el piso superior para averiguar quién era el molesto protagonista. Como suele acontecer en estos casos, nada se veía en las estancias superiores, con el consiguiente enfado de Felipe. Cuenta Patrocinio que la cosa fue a mayores porque la familia estaba aterrorizada y optaron por ir a dormir a otro lugar, con excepción hecha del pobre tío Felipe que se negaba a abandonar el domicilio:

el tío Felipe, viendo que por las buenas no conseguía nada, con un valor que rallaba la temeridad, cuando los ruidos empezaban subía al doblado y en él insultaba y desafiaba a todas las ánimas en pena y duendes habidos y por haber hasta quedarse ronco.

Cierto día, nuestro protagonista ya no pudo más y a regañadientes fue convencido de que debía abandonar el inmueble:

Secundado por sus oficiales, contentísimos por abandonar al fin la endiablada casa en la que tanto temor y miedo experimentaron, cargaba los muebles en el carro que frente a la puerta estaba entre gran número de entrometidos que contemplaban con ávida curiosidad su labor, como si creyeran que, de un momento a otro, iban a ver entre los resquicios de los muebles que se amontonaban en el carro el rabo o las orejas del misterioso duende que originaba la mudanza. Ya estaba el carruaje próximo a partir hacia el nuevo domicilio, cuando al pasar por allí el buenazo del tío Vicente Bullón, quien vivía en la misma calle un poco más arriba, viendo que el tío Felipe terminaba de anudar la última cuerda que los trastos sujetaba, deteniéndose junto a él le dijo:

—¿Así Felipe que te mudas?

Y antes de que este pudiera decir nada, desde lo alto del carro, el duende misterioso con voz fuerte y clara respondió dejándoles pasmados:

— Sí, Vicente, nos mudamos...

Lleno de paciencia e indignación, el tío Felipe comenzó a bajar los muebles, toda vez que la mudanza no tenía ya sentido sin en ella iba incluido el molesto duendecillo. Termina el relato diciendo que desde aquel día, los ruidos empezaron a ser más débiles y espaciados, hasta desaparecer[14].

Los incordios del doctor de las Moralejas

Sobre el año 1490 vivía en El Viso de San Juan, casi en el límite con la provincia de Madrid, un clérigo conocido como el doctor de las Moralejas que, sin ser médico, curaba todo tipo de enfermedades y ahuyentaba los malos espíritus que se dedicaban a hacer ruido en las casas enduendadas, manteniendo duras batallas con ellos. Gracias a su apodo sabemos que procedía de las tres Moralejas (de Petrofierro o Mayor o Moralejita o Buzanca, del Gordo o de Enmedio y de Lobofierro); en la actualidad solo sobrevive una de ellas, Moraleja de Enmedio, entre Móstoles y Serranillos del Valle.

Llegó a ser cura de El Viso, poseedor de siete calaveras parlantes y de una hornacina en el espaldar de la parroquia con serpientes venenosas dentro. Fama de nigromante sí que tenía. Según las malas lenguas, poseía un espíritu familiar que le ayudaba en sus quehaceres domésticos y sanitarios. Una de sus más famosas aventuras es la que se refiere al castillo del cerro del Águila, cerca del pueblo toledano de Villaluenga de la Sagra, al sur de El Viso, donde ocurrieron fenómenos protagonizados dicen que por duendecillos que llegaron a asustar a los soldados de la guarnición. Se oían ruidos no identificables y caían piedras de lugares inverosímiles. Llamaron al doctor de las Moralejas como último remedio y este, acompañado de sus dos criados y montado en su mula, acudió al lugar poniendo en marcha todos los exorcismos adecuados para la ocasión, sin que consiguiera ningún resultado positivo. Apesadumbrado, regresó a su pueblo siendo, según se dice,

---

[14] Patrocinio Fuentes Pérez: *Val de Santo Domingo y Caudilla*. Diputación Provincial de Toledo, 2008.

molestado por el camino por los duendes del castillo, a quienes no les gustaron ni un pelo los conjuros proferidos contra ellos por tan singular «doctor».

Este cura era amigo personal de un fraile de El Viso llamado Hernando Alonso, conocido también por sus prácticas brujeriles y por ser un buscatesoros redomado, con la ayuda inseparable, asimismo, de un espíritu familiar. Se dijo que poseyó en pleno invierno flores de temporada. En la crónica del cura de la localidad toledana de El Viso de San Juan, escrita por don Pedro Alonso Castrovid en el año 1576, se habla de estos dos personajes:

> En esta villa y tierra hará ochenta años poco más o menos, dos hombres señalados en letras de nigromancia, el uno clérigo, cura que fue de la villa, y el otro fraile de una orden que se llamaba Santi Espíritus Simondal. De estos, el uno se decía el Doctor de las Moralejas y el otro Hernando Alonso, cura susodicho... El dicho doctor de las Moralejas sin haber oído medicina con solamente sus familiares sabia la enfermedad de cada uno, y aplicaba la medicina que era menester, y decía por maravilla misa, y se sustentaba él y dos mozos que traían una mula solamente de lo que le daban de curar enfermedades y de sacar espíritus su habilidad que cualquiera persona que a él fuese diciendo que tenía espíritus en solamente tocarle e verle el pulso les decía si eran espíritus o no, y así dicen que las mujeres mozas que tenían voluntad de pasearse y holgarse decían a sus maridos que tenían espíritus, y los maridos las llevaban al dicho doctor de las Moralejas, y viendo que no eran espíritus decía a sus propios maridos que las tornasen a sus casas, que no querían sino holgarse y pasearse.

Resulta graciosa la treta que utilizaban algunas mujeres para que sus maridos las sacaran de paseo. El cronista sigue diciendo:

> ...y a este doctor muchas veces el demonio le aporreaba y le maltrataba, porque acaeció llamarle para que fuese al castillo del Cerro del Águila, que es tierra de Villaluenga, que andaban allí ciertas visiones espantando de allí, y los que estaban dentro toda la noche jugando a la pelota, y fue el dicho doctor para hacer ciertos conjuros y no los hizo bien y

tornándose a su casa le salieron los demonios a él al camino, y con él y dos mozos que traía y una mala mula jugaban y los maltrataron... Mas le acaeció a este dicho doctor que andando arando un labrador de esta dicha villa con un par de vacas se le hundió la una, y descubrió una cueva, y el dicho doctor echó su juicio, y consultó con sus familiares qué se podría hacer sobre esto, y le dijo el demonio que tomase y hiciese un cerco de hierro en tal tiempo y le hizo en fragua de esta villa con ciertos caracteres y que metiesen en él un gato prieto, y al mismo que descubrió la cueva y una hermana de este llamada María y otros negocios que iban dentro en el cerco, los cuales no se saben. Y con hachas encendidas con fuego artificioso que aunque les daban agua de la dicha cueva no las mataba, y haciendo los cercos y conjuros se les apareció un demonio tan feo, tan grande, tan espantable que desmayó y se le quitó todo sentido y le llevaron de allí amortecido a su casa y no tornó hasta otro día, y dijo y afirmó que según su familiar le había dicho que estaba en esta cueva cantidad de mucho tesoro y más que se le pudiera sacar porque estaba guardado para otro que supiese más nigromancia que él, de adonde se halla y entiende que este seguro e pasa a ... guardado para cuando venga el Antechristo... Finalmente murió este doctor en el año de la pestilencia grande, que habrá como ochenta y dos años poco más o menos (1494), en un lugar que se llamaba Colmenar del Arroyo, porque allí se recogió para hacer sus cercos y conjuros. Y se quiso decir que murió sin confesión, aunque no se sabe de cierto...

Y sobre el otro personaje dice:

Hernando Alonso, cura, susodicho que fue de esta villa, fue también persona señalada en esta dicha ciencia de nigromancia porque se dice de él que después que al dicho doctor de las Moralejas, su amigo y compañero, le habían llevado mortecido a la villa de Cedillo, cuando le sacaron de la dicha cueva, que es en esta villa, donde dicen Las Pozas, que el dicho cura consultó con sus familiares que tiene puestos en siete calaveras de hombres con siete lenguas de paño colorado, en cada una calavera, su lengua, atapadas las calaveras con cera bendita, y hechos sus artificios de manera que parecían cabezas de hombres sin carne, y haciendo sus conjuros el dicho cura y hablaban todas las calaveras como si fuesen hombres...

Sin salir de esta zona, conviene mencionar que la creencia en estos extraordinarios hombrecillos estaba vigente en el siglo XVIII, pues se cuenta que en el vecino pueblo de Cabañas de la Sagra vivía un tal José Navarro, el mismo nombre del orfebre de la Casa del Diamantista, con fama igualmente de hechicero, quien cierta noche le dijo a su esposa que, si él quisiera, podría llevarla volando a Villaluenga donde los sábados se reunían las brujas en aquelarre.

Martinico, el duende de Mondéjar

Lo conocemos bien, pues hemos accedido al proceso inquisitorial donde se da buena cuenta del suceso. Resulta que, en el año de gracia de 1759, una joven mujer llamada María Medel contó a su ama, doña María Teresa Murillo, una historia que le ocurrió cuando era niña en su pueblo natal, Mondéjar (Guadalajara). El Tribunal de la Inquisición de Toledo tomó cartas en el asunto en el Proceso de Fe a raíz de la declaración voluntaria de la señora Murillo, mujer de Alejandro de Villacorta, visitador general de sisas reales, natural de Aragón, residente en Madrid, sobre la existencia de un duende llamado Martinico que, vestido con ropas de monje capuchino, estaba en el palacio del marqués de Palacios.

En el Santo Oficio de la Inquisición de Corte, a 16 de marzo del año 1760, estando en su audiencia de la mañana, el señor Inquisidor, José Atanasio, tomó declaración a la citada testigo, quien dijo. Que se llama María Teresa Murillo, de estado casada, que vive en la calle Angosta de los Peligros, frente a la angosta de San Bernardo, casas del convento de Calatrava, cuarto bajo, y que es natural de Huesca, de 40 años poco más o menos.

Que encontrándose sirviendo en una casa en el año próximo pasado del 1759, María Medel, de 18 años de edad, de estado doncella, natural del lugar de Mondéjar le contó: Que por el invierno pasado y a principio de dicho año hablando con ella la declarante, esta le dijo: que en dicho lugar de Mondéjar había un palacio en el que habita el mayordomo del Marqués de Palacio, señor de dicho lugar. Que no sabe el nombre de dicho mayordomo y que en una parte de dicho palacio que no lo habita nadie, había y se aparecía un duende. Que ella concurría

El duende de la casa del marqués de Palacios, en Mondéjar, fue digno de un proceso inquisitorial. Respondía al nombre de Martinico. La descripción que hizo la niña María Medel de él no tiene desperdicio.

con otras muchachas del lugar, hasta un número de 14 o 15, y que solo se acuerda de una de estas, que dijo se llamaba la Senera, que estaba sirviendo aquí en Madrid.

Que estando en el palacio, llamaban a Martinico y se manifestaba un muchacho de diez a doce años vestido de capuchino, con el cual jugaban dándole abrazos por detrás y no por delante porque era feo, y que queriéndole ver los bajos, no lo permitía diciendo era demasiada curiosidad, pero que con ellas daba vueltas sin que nada se le viese. Que preguntando la declarante a la dicha María Medel si la quería bien, le respondió, hijo de mi corazón, así le viera yo y le daría un abrazo y un beso. (AHN. Legajo 92 exp. 10).

Que también le dijo, que otras veces bajaba Martinico por la escalera en forma de culebrón y que le decían que se apartase, que en aquella forma les daba miedo, y que se subía y volvía aparecérsele vestido de fraile capuchino como antes, y entonces le decían que así lo querían.

Que un día concurrieron todas en el mismo lugar, y una de las concurrentes que era una pobrecita y por eso llevaba un jubón muy roto, le dijeron a Martinico, mira esta pobre que jubón más roto tiene: que él dijo se lo diesen y que habiéndose subido con él arriba, sin que viesen lo que hizo, bajó muy compuesto, bien remendado, de modo que un sastre no lo podía haber hecho mejor. Que esto lo ejecutó prontamente… Que si ella quisiese ser rica lo fuera sin tener necesidad de servir, a lo que la declarante le dijo, pues si sabes el modo haces mal en servir, hazme rica y a ella también. A lo que respondió que si, pero que tenía miedo a una cosa que era la Inquisición, que no quería porque dirían las gentes: qué muchacha es y ya va con la mitra por las calles.

Que también la dijo, entre claro y confuso, que era menester negar a Dios y aun a su madre, aunque esto no lo dijo por lo claro, y que a esto le respondió la declarante, anda que eso todo son embustes, y que todo lo que ha contado a pasado entre las dos sin que otra persona estuviese presente ni lo pudiese oír.

Que al presente no se acuerda de más que declarar, pero que si se le ofreciese otra alguna cosa vendría a declararlo a este Santo Oficio.

En resumidas cuentas, que el ama, al oír lo que oyó, se creyó en la obligación de dar parte al Santo Oficio relatando todos sus pormenores, aunque en esta ocasión tan funesta institución no dio ninguna importancia al suceso y dejó en paz a María Medel, con la suspensión del proceso en 1760. El duende Martinico se siguió apareciendo en años posteriores en otros lugares. Hay una referencia de él a finales del siglo XIX, en un pueblo de la sierra conquense, Villarejo-Periesteban, atormentando a la propietaria de la casa donde habitaba. En la tradición que sobre este duende existe, recogida sobre todo por María Luisa Vallejo, sus dotes de conversador es lo que más llama la atención. Él mismo es quien exclama que se llama Martinico. En un principio velaba por los intereses del hogar y por los habitantes de la casa en la que se aposentó, y sus manifestaciones eran tan habituales que se acostumbraron a su presencia. Se portaba bien con los niños, daba pronósticos meteorológicos, comía vorazmente todo lo que encontraba en la alacena y hasta impartía consejos matrimoniales, y esto es lo que ocasionó que el matrimonio de la casa acabará hasta la coronilla de él (le dejaban poca comida, hablaban en voz baja y al final decidieron irse de la casa). De nada les sirvió.

En Andalucía no es infrecuente este nombre y ahí está el famoso duende Martín de Córdoba o el Martinico de Granada y de Antequera (Málaga), de los que hablaremos más adelante.

El duende de San Carlos del Valle (Ciudad Real)

No sé si eran duendes, o eran fantasmas, o yo qué sé. El caso es que esa familia no podía vivir en paz, ¿sabes? Se acostaban por la noche, se metían en la cama a dormir, y a la mañana siguiente amanecían todos los muebles en la calle. Llegaba la hora de la comida. Se ponían a comer. Antiguamente sabes que no se comía en plato. Era o bien en la sartén o bien en la cazuela donde todos metían el pico. De golpe y porrazo, que la comida, abajo. Y nadie veía nada ni pasaba nada. Tendían la ropa, y al momento iban: toda la ropa rasgada. Todo, todo, todo, rajao. Y así. Oye, de hecho, la chica, la hija, que no podía vivir ya en aquella situación, iba al cura a pedirle que fuera a bendecir la casa, a rociarlo todo de agua bendita. Y que los duendes no se iban. Y la chica cogió una depresión, es decir, se puso ya de nervios tan mal, que murió a consecuencia de que no podía vivir en la casa. Esto hará ochenta o noventa años. A mí me lo contaban.

La misma informante, unas semanas más tarde dio una nueva versión de la leyenda. Y se podría atribuir a la labor de una bromista o a un caso *poltergeist*, con una adolescente por medio. Veamos lo que dice:

Era una señora de clase media. Y tenía una hija, y vivía con ellos. Eran labradores, tenían muchos aperos de labranza. Y tenían una sirvienta. Pero la sirvienta se ve que no se llevaba bien, que les hacía unas faenas muy malas. Mientras ellos dormían sacaba los muebles al patio, ¿sabes? Y claro, ellos se levantaban:

—¿Qué pasa aquí? ¿Pues qué pasa?

Y entonces ella empezó con los duendes:

—Que mire usted, señora, que es que yo oigo unas cosas muy raras. Voy a tender la ropa —en los corrales aquellos que había—, y cuando llego está rajada.

Y era ella. Llegaba a comer. ¡Qué haría para mover la comida! Total, que fue un misterio tremendo. Hasta que se descubrió que era ella la que hacía todo esto. La hija se puso muy enferma, muy enferma, se casó y al poco tiempo murió. Pero esta gente murió, los padres por lo menos, murieron amargados, porque era un no vivir, no poder vivir en la casa. Todo se movía, todo se cambiaba, todo iba de un lado a otro. La dueña me parece que se llamaba, por mote familiar, los Zocatos. Y lo atribuían a los duendes. Además, hubo un miedo en el pueblo tremendo. Sí, sí que había duendes en aquella casa. Ella hizo que todo el pueblo creyera que había duendes. La casa ya no existe, estaba justo enfrente de la casa de mi abuela[15].

Los duendes canarios

Cuando se evocan las siete islas canarias hay algo de mítico en casi todo lo que las rodea, tal vez por sus continuas referencias a la Atlántida, tal vez por su octava isla fantasma —la de San Borondón—, tal vez por situarse allí el Jardín de las Hespérides e incluso los Campos Elíseos, tal

---

[15] «Mitos y leyendas terroríficos: Del mundo rural a la tradición urbana». Artículo de María del Pilar Villaverde Embid (Publicado en el año 2000 en la *Revista de Folklore* número 231).

vez por los ritos genuinos de los guanches, por su presencia templaria o por lo que sea.

De lo que no hay duda es de que cada una de las islas es diferente y de que en ellas hay cuevas y lugares apartados donde bailaban las brujas (los «bailaderos»), casas encantadas en las que moraban espíritus; luces que acompañaban al caminante, barrancos donde se producen extraños fenómenos y duendes que conviven con los humanos en un equilibrio inestable… Canarias fue, desde siempre, un territorio abonado para el misterio y la presencia de criaturas sobrenaturales. Y dentro de toda esa casuística, pocos datos hemos podido encontrar sobre el mundo de los elementales, en comparación con otras comunidades autónomas y, en concreto, de los duendes. Quizá es debido a que el sustrato mitológico descansa sobre los guanches, sus aborígenes más antiguos, de los que se tienen pocos registros documentales y apenas sabemos algo de sus costumbres, lengua, creencias o enterramientos. Conviene saber que el uso del término «guanche» para referirse a la totalidad de los antiguos canarios data de finales de los siglos XVIII y XIX, dado que muchos investigadores centraron sus estudios sobre estos antiguos habitantes precisamente en los naturales de Tenerife.

Con la llegada masiva de los continentales en el siglo XVI (a los que los canarios aún llaman «godos») se perdió una cultura de la que sin duda hubiéramos aprendido grandes cosas. Esta es la razón de que muchas de las supersticiones recientes que hoy existen entre los isleños hayan sido importadas en su gran mayoría desde la Península, aunque, eso sí, conservando siempre un sello inconfundible a la hora de tratarlas. Si los guanches creyeron en duendes y otra gente menuda, les llamaran como les llamaran, es algo que desconocemos; sí sabemos, en cambio, que creían, temían y veneraban a seres mitológicos como Guayota, los tibicenas, los maxios o «dioses paredros», que serían lo más parecido a los genios o espíritus de difuntos y de los que hablamos en el libro de gnomos. Por tal razón, las referencias sobre duendes y espíritus familiares son necesariamente actuales, escasas, referidas casi siempre al mundo brujeril y, la mayoría de las veces, muy influidas, por creencias foráneas.

Duendes

No obstante, el concepto de duende en el archipiélago canario difiere algo del que existe en la Península, ya que en las islas se les llama «familiares» y no son muy abundantes los testimonios de los que dicen o decían ver a estos seres. Eso sí, casi siempre con aspecto de hombrecitos o niños que realizan sus travesuras parapetados en su invisibilidad. Creen, como lo creían los antiguos romanos, que se trata más bien de espíritus de recién nacidos o menores de siete años que han muerto, los cuales recorren los campos y los montes tomando a veces la forma de perros o gatos blancos, guiando a los rebaños, persiguiendo a personas extraviadas, entrando en las casas, provocando estrépitos e insuflando súbitos escalofríos.

Duende
Canario

Les cuesta trabajo dejarse ver en su aspecto real. Hasta ahí, algo común. Lo que les hace diferentes es que suelen anunciar su presencia en la casa produciendo un ruido equivalente a la caída de grandes gotas de agua y a partir de esa señal inequívoca comienzan su actuación, que no es otra que gastar bromas y ocultar objetos como dedales y tijeras, comportándose, por tanto, como cualquier duende de la Península, por lo que estimamos que son perfectamente asimilables al grupo de duendes domésticos. Se les ha visto en varios lugares de la isla de Tenerife, en concreto en Las Cañadas, el Barranco de Badajoz (Güimar) y en Las Lagunetas (La Esperanza).

El periodista José Gregorio González, referente en todos estos temas en el archipiélago, recoge en su obra *Canarias misteriosa* unos cuantos casos como el ocurrido en El Escobonal, localidad perteneciente al municipio de Güimar, en Tenerife, donde se afirmaba sobre los duendes algo tan sumamente curioso como que «cuando llegue el fin del mundo se van a una oscuridad muy profunda, por eternidades», frase enigmática relacionada también con una leyenda de El Hierro en la que a estos seres se les escuchaba decir «Fin, fin…», interpretándose que será al final de los tiempos cuando encuentren descanso y la gloria.

El ufólogo y periodista tinerfeño Paco Padrón Hernández investigó algunos sucesos duendiles y los testigos a los que entrevistó, según, dijo, le merecían la mayor credibilidad. Incluso él mismo tuvo experiencias en este sentido, pues vio a estas entidades en alguna ocasión. Muchas de sus experiencias quedaron reflejadas en una peculiar autobiografía que tituló *Luces de medianoche, el viajero del alma* (2000). Un amigo y colaborador de Paco Padrón, llamado Ricardo Martín, le comentó que su abuela le solía decir cuando intentaba encender un fósforo: «No juegues con el fuego, que pueden aparecer los familiares». Con su abuela vivían tres tíos suyos y cuando los objetos se cambiaban de sitio, la abuela les anunciaba: «Algo hicisteis que no les gustó a los familiares».

En Las Abiertas, barrio de la zona comarcal de Icod de los Vinos, en el norte de Tenerife, se hablaba de la aparición frecuente de estas entidades y una señora comentaba que tenía esos «familiares» en su casa y que los veía con asiduidad. Los describía similares a los seres humanos, vestidos con chaquetilla, dotados de bigote y con una altura de tres palmos desde el suelo (menos de medio metro).

Para su descripción física, y creemos que es un dato revelador, recurría al hermano José Gregorio Hernández, un santo local y popular de esta zona (en realidad un profesor venezolano conocido como el «médico de los pobres»). Fisonomía muy parecida, según ella, si bien de estatura diminuta y con la costumbre de brincar por la cocina. Y decimos que es revelador por cuanto la mente humana busca referentes, ejemplos cercanos y cotidianos para hacer un retrato robot de aquello que desconoce.

Fórmula impactante para espantarlos

El poeta, escritor y etnógrafo tinerfeño Domingo Rodríguez del Rosario, buscador de leyendas y tradiciones, ha recogido en su libro *Vivencias de un pueblo* (2011) diversos testimonios entre los más mayores del municipio de Santa Úrsula, referidos a encuentros con duendes y brujas en las inmediaciones de Montaña Perdida, nombre muy sugerente y epicentro de varias leyendas.

Y qué decir de la toponimia. En Güimar hay una fuente llamada de los Nanos o de los Lunos, donde dicen que habitaban una especie de duendes translucidos; por su parte, José Gregorio González nos recalca que uno de los rincones mágicos menos conocidos de Canarias es, sin duda, el bosque encantado de Osorio, en el municipio de Teror, en la isla de Gran Canaria, donde se ubican historias relacionadas con la aparición de duendes y luces populares.

El hecho de que mayoritariamente se les considere espíritus de difuntos se debe a una asociación deformada de las supersticiones, sin por ello negar que mucha de la parafernalia se puede corresponder realmente con almas en pena —y no tan en pena— que buscan su reposo eterno impidiendo que los humanos descansen ante su presencia. La creencia en las apariciones fantasmales para justificar las acechanzas de estos seres juguetones se debe, entre otros factores, a la propia idiosincrasia de las islas, ya que este hecho se produce asimismo en ciertas islas del Pacífico, donde también se achacan estos fenómenos a los muertos.

Para José Antonio Sánchez Pérez el procedimiento utilizado en Canarias para deshacerse de su molesta presencia, aunque sean siempre inofensivos, sería decir: «Vete a la ‹tal› de tu madre», sin que dicho autor nos especifique qué quiere decir realmente con la «tal». En Teguise (Lanzarote) encontramos una valiosa pista para averiguar el significado de ese término. Resulta que allí los duendes cantaban a modo de mantra, como salamanquesas o perenquenes, «Cata, cata, cata» y se los espantaba con una fórmula verbal tan eficaz como grosera y contundente: «Vete pa la puta de tu madre». Sin más comentarios.

Los duendes de Aragón

JOAN ROSELL NOS CUENTA QUE EL PRIMER DOCUMENTO ESCRITO en el que se habla de duendes en Aragón data del año 1530. El suceso ocurrió en Zaragoza, y se dice que para hacerlos desaparecer de las casas había que emplear candelas o ramos bendecidos[16].

Reciben en estas tierras varias denominaciones, aunque algunas difieren por las características que se asocian a una determinada especie: «menos», «nemos», «menutos» o «menudos» serían las más comunes, procedentes todas ellas de una misma raíz. Se trata de los duendes tradicionales o duendes domésticos; por otro lado, *follets*, un nombre para designar a los duendes que se da sobre todo en la zona oriental de Aragón y que ya hemos visto es compartido con Cataluña.

De los duendes organistas a los de Goya

El padre fray Antonio de Fuentelapeña, en *El ente dilucidado* (1676), cita al licenciado médico, filósofo y demonólogo aragonés Salvador

---

[16] Joan Rosell: *Leyendas del Aragón Demonio. Historias de brujas, sierpes, gigantes, diaples, hadas, encantarias y otros grandes misterios* (Doce Robles, 2016).

El duendecillo del órgano del convento oscense de San Agustín permitió que su música sobrenatural se escuchara durante días. El problema es que no solo era música lo que escuchaban...

Ardevines Isla y su *Fábrica universal y admirable de la composición del mundo mayor, a donde se trata desde Dios, hasta nada, y del menor, que es el hombre* (1621), obra farragosa y muy crédula de la que copia varios fragmentos, tres en concreto, generalmente para refutarle con su singular estilo, que no tiene desperdicio. Cuenta cosas como que

> Los duendes caseros hacen mil visiones y que una señora de Aragón, persona de crédito, le oyó contar los engaños que uno de dichos duendes le hacía, entre los cuales tuvo uno que una vez le puso a esta señora un palo empañado (o sea, con pañales), como una criatura muerta dentro de un arca cerrada con llave.

Veamos cómo «dilucida» este párrafo de Ardevines el padre Fuentelapeña:

> Respondo... que lo del palo empañado, que se puso en el arca estando con llave, pudo hacerlo el duende de nuestra controversia: porque como este sea invisible (excepto, respecto de aquellos que tienen una agudísima vista) pudo el tal coger la llave sin que le viesen, y meter dicho trasto en dicha arca, y volverla a cerrar, y a su lugar la llave.

Esto es como cuando alguien te cuenta un chiste facilón y al final acaba explicándotelo.

Asimismo, Fuentelapeña rescata y relata que, en la ciudad de Huesca, en el año de 1601, hubo otro duende famoso, esta vez en el convento de San Agustín, que

> hacía música con las flautas del órgano y otras invenciones, al tiempo que los bancos eran golpea-dos con gran estruendo y llegándose el tal Andevines a reconocer el banquillo, no halló cosa alguna en él, ni en la parte en que estaba, ni en toda la pieza había cosa que pudiese hacer dicho ruido.

Más adelante sigue contando cómo dichos duendes caseros

> hacen aparecer ejércitos y peleas, como las que se cuentan por tradición de la torre y castillo de Marcuello, lugar al pie de las montañas de Aragón

(ahora inhabitable por los grandes y espantables ruidos que en él se oyen), donde se retrajo el conde don Julián, causa de la perdición de España.

Sobre el castillo dice que «se ven en el aire ciertas visiones como de soldados, que el vulgo asegura ser de los caballeros y gente que le favorecían». Pero lo cierto es que el médico aragonés atribuye a los duendes (que llama demonios) todo tipo de tragedias que no son propias de ellos y además se equivoca en cuanto a la ubicación del castillo, ya que, según los historiadores, la traición del conde don Julián fue en el castillo de Loarre.

En los siglos XVIII y XIX siguen haciendo de las suyas y manifestándose estos seres traviesos y juguetones, si bien la creencia en ellos va disminuyendo. Adoptan preferentemente forma humana y suelen ir vestidos con calzones y gorros rojos o con hábitos de fraile. El aragonés Francisco de Goya y Lucientes, persona de su época, ilustrado, y no dado a demasiados devaneos fantásticos, en uno de sus 85 *Caprichos* (publicados en 1799), el n.º 49 que titula *Duendecitos*, pone al pie esta sarcástica leyenda:

Los verdaderos duendes de este mundo son los curas y frailes, que comen y beben á costa nuestra. La Iglesia ó el clero tiene el diente afilado y la mano derecha monstruosa y larga para agarrar; el fraile descalzo, como mas gazmoño, tapa el vaso de vino; pero el calzado no se anda con melindres; echa sopas en vino y trisca alegremente.

O este otra, que corresponde al comentario del mismo aguafuerte en el manuscrito de los *Caprichos*, que se halla en el Museo del Prado: «Esta ya es otra gente. Alegres, juguetones, serviciales y un poco golosos, amigos de pegar chascos, pero muy hombrecitos de bien».

En la segunda mitad del siglo XVIII, la palabra «duende» se empleaba por lo general para referirse a los frailes, por lo que se podría interpretar que el artista con este aguafuerte establece su crítica al clero que, en este caso, se bebe el vino que consigue con el diezmo del pueblo.

Otro comentario del manuscrito de El Prado que también hace referencia a los duendes es el de la estampa n.º 78, :

Los duendecitos son la gente más hacendosa y servicial que puede hallarse: como la criada los tenga contentos, espuman la olla, cuecen la verdura, friegan, barren y callan al niño; mucho se ha disputado si son Diablos o no; desengañémonos, los diablos son los que se ocupan de hacer el mal, o en estorbar que otros hagan el bien, o en no hacer nada.

O el de la n.º 80, en la que Goya sugiere que ha llegado el momento de desterrar de este mundo a todos los duendes, brujas y seres de la fantasía popular para dejar que la razón despierte:

Luego que amanece huyen, cada cual para su lado, Brujas, Duendes, visiones y fantasmas. ¡Buena cosa es que esta gente no se deje ver sino de noche y a oscuras! Nadie ha podido averiguar en donde se encierran y ocultan durante el día. El que lograse coger una madriguera de Duendes y las enseñase dentro de una jaula a las 10 de la mañana en la Puerta del Sol, no necesita de otro mayorazgo.

La creencia en duendes para él y otros coetáneos suyos era una superstición menor. Se les veía de una forma familiar, festiva y burlona, que no inspiraba terror. Goya los trata como personajes inofensivos, pero conforme avanzan las láminas se transforman en seres siniestros cuyas actividades no tiene nada de inocuas.

Los duendes del reloj de la torre

La hoy desaparecida Torre Nueva o Torre Inclinada de la ciudad de Zaragoza, de estilo mudéjar, tiene una larga tradición de sucesos inexplicables que se remontan a la primera mitad del siglo XVII. El reloj de la torre, colocado allí en 1508, tan pronto se paraba como daba más horas de las que le correspondían y, según la crónica, cuando esto sucedía había en el palacio del virrey gran revolución y turbación entre los altos cargos de Su Majestad. Se dijo que la Torre Nueva estaba habitada por

Despacha, que dispiértan.

un fantasma burlón, amigo de engranajes de relojería, y pronto se le relacionó con una secta de iluminados que por esa época existía en la ciudad: la de Pedro de Isábal. Fue este un personaje heterodoxo donde los haya, en cuyos escritos anunciaba que él sería rey de Aragón, que su primer hijo le sucedería y que de su estirpe nacería un papa. Calificaba a Felipe IV de «inicuo, tirano y supersticioso», y no tenía reparos en referirse a él como ese «tonto, iluso y hechizado rey que tenemos». Decían de él que era capaz de cambiar el tiempo o de resucitar a los muertos. El Tribunal de la Inquisición de Zaragoza le abrió causa junto a varios miembros de la secta y fue sentenciado en 1648 a ser gravemente reprehendido, advertido y desterrado por un año de la ciudad y de una extensión de tres leguas en contorno. A partir de esta fecha se le pierde la pista a él y a los suyos.

Así quedó la cosa hasta que el folklorista José Antonio Sánchez Pérez nos relata que, en 1880, pasó varias noches sin dormir la población de Zaragoza con motivo de los pretendidos duendes que habitaban la Torre Nueva. Así de escueto y así de enigmático. Lógicamente, ya no se podía atribuir su autoría a los miembros de la secta, aunque quizá sí a sus fantasmas... El hecho es que la torre fue derruida en 1892 por decisión del Ayuntamiento y ya ni ruidos, ni campanadas, ni duendes, ni sustos ni nada.

En la propia Zaragoza hay catalogados al menos dos casos de presencia duendil en pleno siglo xx, con las características propias de los duendes de ciudad (medio burgueses, medio aristocráticos).

El primero de ellos eligió como lugar de correrías la noble casona del palacio de Huarte, en el barrio de la Seo, y la tomó especialmente con Mariano Frías, marqués de Huarte, propietario a comienzos de la pasada centuria. Hasta el punto de que le arrojaba tiestos (sin darle), arrastraba cadenas en horas intempestivas para desvelarle, cerraba y abría puertas con chirrido incluido, rompía cacharros y hasta le propinaba bofetadas al menor descuido. El asunto, al parecer, empezaba a ser demasiado molesto no ya solo para el pobre señor marqués, sino incluso para una institutriz inglesa que, recién llegada a la casa, volvió a hacer sus maletas para poner pies en polvorosa tras el primer síntoma sospechoso de anormalidad en la morada. Corrió la voz, y fue difícil conseguir criadas o institutrices con la cofia bien puesta para aguantar el chaparrón, pues hasta el mismo san Bruno, cuya imagen estaba colocada en el oratorio del palacio, movía los ojos. O eso al menos les parecía a los marqueses, que buscaron consuelo en la Iglesia. Al final, un experto jesuita puso en práctica varios exorcismos y el supuesto duende dejó en paz el palacio de Huarte, en la calle Dormer número 8, transformado actualmete en Archivo Histórico Provincial.

El extraño caso del falso duende de la hornilla

Mucho más mediático fue el famoso suceso que la prensa local rápidamente denominó de «el duende de Zaragoza» o «de la hornilla», que en 1934 protagonizó sus travesuras en una casa hoy ya derribada de la calle Gascón de Gotor. En el número 2, segundo derecha, para más señas.

Para quien crea en premoniciones, digamos que justamente dos siglos antes, en 1734, se publicó una «desatinada comedia», según la calificaría Caro Baroja, titulada *El duende de Zaragoza*, cuyo autor fue el sacerdote castellano Tomás de Añorbe y Corregel, capellán del Real Monasterio de la Encarnación de Madrid (donde se licúa cada año la sangre de san Pantaleón), con argumento tan enrevesado que si se representara hoy posiblemente aburriría a las piedras, a juzgar por este pequeño párrafo que aquí reproducimos:

> *En horribles formas varias*
> *en un instante se muda;*
> *ya es el duende, ya fantasma;*
> *ya don Lope, ya don Carlos;*
> *ya es ave, ya pez, ya cabra...*

Y ya... está bien.

No creemos en las casualidades y cuando terminen de leer este capítulo verán por qué. Resulta que en 1934, dos siglos justos después, como decimos, vivía en la casa susodicha un matrimonio joven, con un niño y una sirvienta llamada Pascuala Alcocer. Un día, cuando esta introducía un gancho para el carbón dentro de la cocina de hierro u hornillo, se escuchó de repente una vocecilla: «¡Pascuala, Pascuala...!». Se acercó al hornillo y escuchó esta vez: «¡Ay!, que me haces daño».

Revuelo, extrañeza y curiosidad por saber de dónde procedía esa voz. La familia Palazón, al comprobar que los hechos no eran inventados por la joven criada de 16 años, lo primero que hizo fue informar a las autoridades competentes. Se llamó a la policía y cuando entraron en la cocina la voz exclamó: «¡Hola, señor inspector!». Los agentes procedieron a desalojar la vivienda y a vigilar estrechamente las diversas plantas del edificio, pero el fenómeno siguió produciéndose. Cuando un arquitecto procedió a tomar medidas de las dimensiones correspondientes al registro de la chimenea, la vocecilla observó: «¡No se molesten: tiene 15 centímetros...!». Otras veces, con tono malhumorado exclamaba: «¡Cuánta gente y cuántos guardas, que cobardía!». O bien, con tono amenazante o de guasa: «¡Cobardes, voy a matar a todos los vecinos de esta maldita casa!».

Los reporteros del *Diario de Huesca* se hicieron eco del caso y comentaron:

> Ayer volvió a hablar, ocasionando desmayos y sustos.
>
> Continúan practicándose registros cada vez más minuciosos en busca del origen de la voz. Continúa apasionando grandemente el caso del duende de la casa de Zaragoza, frente a cuyo edificio siguen formándose pequeños grupos que van comentando las contestaciones a cada cual más ocurrente que el duende da a las preguntas que se le hacen. Hoy por la mañana volvió a causar extraordinaria curiosidad la noticia de que el duende había vuelto a hablar. Esta mañana en primera hora, una señorita llamada Trini, que vive en uno de los pisos superiores, picada su curiosidad, bajó a la casa del duende y con gran miedo, llegó hasta el lugar de la cocina donde se oye la misteriosa voz. Tan pronto como dicha señorita se aproximó a la hornilla se oyeron las siguientes palabras: «¡Hola Trini, hola!». Otra señora, se aproximó a la cocinilla y roció con agua bendita el sitio por donde salía la misteriosa voz. Por si era un alma en pena.
>
> La voz surgió de nuevo y en esta ocasión dijo: «No soy hombre ni mujer».

Duendes

La infeliz señora huyó como alma que lleva el diablo y los inquilinos del piso lo han abandonado de momento. Por su parte, la policía ha hecho un detallado resumen de sus investigaciones, de las que ha hecho entrega al juzgado. Desde ese mismo momento, el juzgado ha comenzado a investigar para esclarecer los hechos.

Llegó incluso a levantarse el suelo de la cocina buscando algún mecanismo oculto que hiciese posible la voz del misterioso duende, pero nada se halló. La comisión médica dictaminó sobre la criada: «No descubrimos en ella fabulaciones ni tendencia a la mentira ni simulación».

Estamos hablando ya no de una voz, sino de alguien que veía lo que allí ocurría. Como cuando los dueños de la casa le preguntaron:

—¿Cuántos somos?
—Sois trece —contestó.
—Pues no, que te has equivocado, que somos doce.
—He dicho que sois trece.

Exactamente. Se habían olvidado de contar al nieto pequeño que se hallaba en un carrito.

Uno de los agentes llegó a entablar incluso una pequeña conversación con el duende:

—¿Quién eres?, ¿por qué haces esto?, ¿quieres dinero? ¿Quieres trabajo? ¿Qué quieres, hombre?
—Nada. No soy hombre.

Dicho esto, el duende ya no volvió a responder a ninguna de las preguntas del oficial. El 6 de diciembre de 1934 se precintó la cocina y los propietarios se trasladaron de casa.

Y llegamos al final de esta historia con un posible sospechoso o culpable del engaño. A juzgar por sus actividades, es difícil que fuera un auténtico duende de los que tratamos en este libro. Es verdad que nadie lo vio (invisibilidad), que se quejaba cuando la sirvienta hurgaba en las cenizas (lugar de especial predilección), que saludaba con ademanes muy finos a los policías que entraban en la cocina con una vocecilla que salía del hornillo, y así hasta que el fenómeno acústico-duendil desapareciera de la casa sin que hasta hoy se haya explicado convincentemente ni descubierto al supuesto bromista. Los parapsicólogos, ante la perplejidad de este caso, lo bautizaron como «fenómeno de parafonolalia» y asunto archivado. Incluso el por entonces director del manicomio de Zaragoza, doctor Gimeno Riera, se atrevió a definir el suceso como un caso de «criptolalia», neologismo de propio cuño que no sirvió para mucho.

Y ahora vayamos a nuestro sospechoso principal, más humano que duendil. El 25 de noviembre *El diario de Huesca* publica en titular: «Continúan padeciéndose registros cada vez más minuciosos en busca del origen de dicha voz». Y al día siguiente, el prestigioso doctor Ricardo Royo Villanova envió una carta a la prensa en la cual comentaba haber recibido en su consulta a un paciente que confesaba ser el duende de Zaragoza. Así lo cuenta el periódico *La Vanguardia*, en su edición del martes, 27 noviembre 1934, página 29: Esta tarde, a última hora, ha tenido este suceso una sorprendente derivación. En el *Heraldo de Aragón* se ha recibido un B. L. M. de don Ricardo Royo Villanova, que dice:

> El presidente de la Sección de Medicina de la Academia de Zaragoza saluda al señor director de «*Heraldo de Aragón*», su distinguido amigo, y por si su publicidad pudiera contribuir al sosiego de las gentes sencillas intrigadas por el suceso de la calle de Gascón de Gotor, se apresura a comunicarle que esta tarde, a la hora de la consulta, ha estado en su casa el famoso «duende», quien, después de escuchar su prescripción, le ha asegurado que el fin que se proponía con su demostración de ventriloquia era anunciar una de las casas de comercio más acreditadas de Zaragoza, pero que desistía de sus propósitos ante el temor de que los propietarios de ese comercio fuesen objeto de alguna sanción, ya que está interviniendo la Policía y el Juzgado. Este B. L. M. ha sorprendido mucho. Cuantos conocen la comunicación que se atribuye al doctor Royo Villanova sospechan se trate de un rasgo humorístico de alguien que ha utilizado, sin su consentimiento, un B. L. M. suyo.

EL DUENDE
DE LA HORNILLA

Presencia de la policía

Fenómenos en la cocina

La cara del misterio

UNA ANECDOTA

Misterio aclarado

La voz misteriosa que se oye en la casa "enduendada" de Za
ragoza prorrumpió, la otra noche, en un ¡Viva la Pilarica! que
dejó perplejos a los oyentes.

Y uno de éstos, ya de retirada, y tras un largo ensimismamien
to, le dijo a un amigo:

—¡Por fin he caído! Yo conocía esa voz, y no acababa de recor
dar a quién pertenecía. ¡Ya sé de quién es esa voz!

—¿De quién?

—¡De...!

Royo Villanova

GABANES DE C....
DINAS. .

Café Bar Sport

DIARIO ILUSTRA-
DO. AÑO TRIGE-
SIMO. 10 CENTS.
NUMERO

UCA DE TENA

QUIEN ES EL FAN-
TASMA?

El fantasma de Zaragoza sigue jugando
misterio con positivo éxito. Ya saben us
tedes que se trata de un fantasma "locali
zado" en la cocina de una casa y que 'como
cualquier sentimental adolescente, con quien
se permite mayores expansiones es con la
criada. El asunto tiene casi enloquecida a
la simpática capital aragonesa. Un ser in
visible que habla en tono familiar a los ve
cinos del piso en cuestión y sostiene un diá
logo con la sirviente, no es asunto....
....rado con la .conseguido sabe...

Duendes

Y ya, para rematar la faena, en nuestra particular investigación por las hemerotecas vimos en el periódico asturiano *Región*: diario de la mañana de ese mismo día de noviembre, en un recuadro de la página 7, una cabecera titulada: «Una anécdota. Misterio aclarado». Y acto seguido aparece el siguiente y revelador texto, que no habíamos visto publicado antes:

> La voz misteriosa que se oye en la casa «enduendada» de Zaragoza prorrumpió la otra noche en un «¡Viva la Pilarica!» que dejó perplejos a los oyentes. Y uno de estos, ya de retirada y tras un largo ensimismamiento, le dijo a un amigo:
> —¡Por fin he caído! Yo conocía esa voz y no acababa de recordar a quién pertenecía. ¡Ya sé de quién es esa voz!
> —¿De quién?
> —¡De Royo Villanova!

Fin del recuadro. Teniendo en cuenta que este médico tenía fama de bromista, que fue autor de varias obras de teatro y que obtuvo el grado de doctor en la Universidad Central de Madrid con su tesis Valor semiótico del esputo, es fácil hacerse idea de su carácter. Pero, aparte de estos antecedentes, fue él quien dijo con toda naturalidad que el duende había estado en su consulta, y no mentía en realidad. Y si no, analicen ustedes: si realmente estuvo la persona que dijo ser el duende ¿por qué no lo denunció a la policía o dio su nombre? Está claro que era alguien que estuvo presente varias veces en el inmueble, que sabía lo que pasaba y por eso las respuestas eran tan certeras. Lo que ocurre es que, de ser cierta esta hipótesis, y el periódico asturiano lo confirma, el doctor Royo, que había sido senador y rector de la Universidad de Zaragoza, no quiso involucrarse más en la bromita de marras dado el eco mediático que estaba tomando el asunto. Además, nadie le tomó en consideración cuando quiso decir la verdad de manera disimulada, dado el evidente prestigio que tenía y el hecho de que en aquella época contaba con 66 años.

Lo cierto es que al año siguiente este tema sirvió para que una de las cofradías carnavalescas de Cádiz se lo tomara a «chirigota», componiendo y cantando, al compás de un matasuegras, estos ripios:

Suplicamos al fantasma
se deje de espiritismo.
El duende de Zaragoza
en España fracasó
porque es un caso corriente
y de mucha frecuencia
en el pueblo español
donde hay millones de duendes
que tienen de cabeza a la Nación.

Tal resonancia tuvo tan extraño fenómeno que el mismísimo periódico londinense *The Times* le dedicó algunas primeras páginas y el humorista gallego Wenceslao Fernández Flórez quitó hierro al asunto y propuso, en uno de sus artículos, que el duende de Zaragoza, comprobada su locuacidad, pronunciara un discurso en Las Cortes.

Al duende de Zaragoza

Ha hecho usted muy bien señor duende, en decidirse a aparecer ahora.

En este tiempo abominablemente prosaico. Y no me explico cómo la asociación de escritores se demora tanto en enviarle un mensaje de gratitud.

Todas las preocupaciones de nuestra época son de un desdichado carácter positivo y corremos el riesgo de que se nos atrofie la fantasía.

El más bello de cuantos dones nos han sido concedidos.

Yo le comprendo y le respeto a usted, señor duende.

Mejor que otros. Adivino que estará divirtiéndose insensatamente en esa casita zaragozana, entre esos guardias que en el fondo creen en usted.

Pero aun así... ¿no le parece a usted que no vale la pena?

He leído que habla usted como un loro.

Horas y horas y que a veces se pasa la tarde cantando. No es que esté mal, pero... demasiado trabajo.

¿Y para qué? Cualquier cupletista canta, señor duende. Y probablemente mejor que usted.

Concluirán por no hacerle caso o acabará usted por aburrirse de dialogar sin reposo con dos guardias que no tienen nada que decir y un médico obstinado en desprestigiarle. Si usted me lo permite señor duende, le diré que su ocupación actual no es muy seria.

¿Por qué no hace usted otra cosa?

Voy a tener la audacia de proponerle una labor mucho más acorde con sus habilidades, en la que usted disfrutaría mucho más y le cubriría de gloria ante los ojos de los españoles. Puesto que no tiene nada que hacer, venga por las tardes al Congreso de los diputados.

Refugiado en su invisibilidad… ¡cuántas graciosas verdades podrá allí decir a todo el mundo!

Los políticos no lo intentan pues su parcialidad no se lo permite.

Los periodistas tropezamos con la censura, que defiende celosamente a los ministros, una y otra vez.

Al pueblo, no le es dado hablar allí.

Pero usted… Si usted se decidiese… Qué deliciosos comentarios podría usted hacer sin que valiese de nada que don Santiago Alba (presidente del Congreso) reclamase por los fueros de la ausencia o de la elevación.

Podría usted cantar, mayar, insultar… hasta decir palabritas… denunciar todo lo malo que se hace y todo lo bueno que no se hace.

Gritarles su codicia, su torpeza…

Oh… ¡Quién fuese usted!

Anímese por favor.

Si necesita detalles, estoy siempre en la tribuna de prensa.

Cosas de España. Hoy en ese lugar se ha levantado un bloque de viviendas al que han puesto el nombre de Edificio Duende. De cajón.

Los duendes tejedores de Zaidín

Debemos acudir al escritor nacido en Chalamera Ramón J. Sender para enterarnos de más datos sobre estos duendes de Zaidín (Huesca), famosos en toda la ribera del Cinca, desde el Monte Perdido hasta Velilla. Nos dice en su obra *Solanar y lucernario aragonés* que

todos los que habían estado en aquel lugar del Bajo Cinca habían visto cosas notables por parte de estas buenas personas, pero de gustos un poco estrafalarios e incomprensibles, como tejer por las noches en los telares de algunos hogares, y lo hacían porque sí, sin esperar nada a cambio, incluso aunque hubiera muerto el tejedor de la casa. Sin embargo, la gente del pueblo pronto les empezó a temer, a conjurar y a exorcizar, trasladándoles a las ruinas del castillo, alejados de las casas de los tejedores.

Sea como fuere y pasara lo que pasara, lo cierto es que en la actualidad toda la industria refrente a los tejidos ha desaparecido definitivamente del entorno de Zaidín.

Sender nos transmite las cosas que se contaban de estos duendes por parte de los aldeanos de aquellos contornos, atribuyéndoles todo tipo de rarezas que ocurrían en la casa, muchas de ellas de índole parapsicológica.

Uno decía que en casa de su tía —comadrona del pueblo— se alzaba y bajaba el picaporte sin que nadie lo tocara y que de noche aquello daba que pensar. No sé por qué de noche más que de día. En otra casa de tres pisos se oía rodar por las escaleras grandes cantidades de grava menuda sin que nadie la arrojara ni se vieran las piedrecillas por parte alguna.

Lo más curioso era que de cada uno de esos hechos había siempre varios testigos. Otros decían que dentro de los armarios de una casa se oían ruidos como si alguien estuviera encerrado y diera patadas contra la puerta. Precisamente en armarios donde no cabía un ser humano de pie ni sentado. Un anciano digno de crédito contaba que en Zaidín tenía una hija casada y que cuando fue a verla a media noche llamaron a su puerta, fue a abrir y no había nadie, pero cayó «una cuchara de madera» a sus pies. Un sacerdote me dijo que había ido a Zaidín a exorcizar a un endemoniado y que cada vez que iba a decir una frase en latín se adelantaba a decirla el poseso (que era analfabeto) correctamente. Al mismo tiempo se oía en la escalera que conducía al segundo piso el ruido de alguien que golpeaba en la barandilla con una caña. Aunque no se veía a nadie[17].

---

[17] Ramón J. Sender: *Solanar y lucernario aragonés*. Tropo Editores («Biblioteca del Olvido»)..

Duendes tejedores Zaidín

Duendes

Los «menos»

Existe una curiosa carta escrita por el jesuita aragonés Baltasar Gracián y dirigida a su amigo y mecenas don Vicencio de Lastanosa, fechada en Zaragoza el 21 de marzo de 1652, donde le cuenta un extraño sucedido, intercalado entre otras noticias, como la peste que asolaba por esa época a la ciudad o la proliferación de ladrones. El párrafo en cuestión es el siguiente:

> Mejor anda la Inquisición en la visita de Calatayud, donde está don Antonio de Castro. El otro día, dicen, le fue llevada una arquilla o cofrecillo de una gran hechura; y así como la abrieron en su presencia, y a la vista de muchos, cosa rara y la escriben hombres verídicos, saltaron encima del bufete muchas figurillas bailando, y entre ellas tres frailecillos de tres religiones que no las nombran; pero se sabrá, y de estas cuentan grandes cosas.

Desgraciadamente, ya nunca más se volvió a saber de este asunto, como si alguien hubiera tenido interés en que no trascendiera.

Lo cierto es que esta noticia podemos relacionarla con dos hechos: el primero, la presencia de frailecillos, vestimenta que gustan de ponerse algunos duendecillos y así fueron dibujados por Goya; el segundo, que en estas tierras ha perdurado la tradición de que existen unos seres minúsculos, divulgados por Ramón J. Sender, aparentemente más vinculados a los familiares que a los duendes propiamente dichos. Sender, en su poco conocida novela *Las criaturas saturnianas* —publicada en 1968, es un acercamiento a la figura de la princesa rusa Lizaveta Tarakanova, a quien Catalina la Grande encarceló para evitar que amenazara su poder— señala el aspecto físico de estos duendes y dice que son «más pequeños que ninguno de los seres vivos que se podían imaginar; tan pequeños que no se les veía; podían oírlos, pero no verlos». Los llama así, los «menos», y nos imaginamos que sería porque eran considerados, en cuanto a tamaño, menos o menores que cualquier otro ser vivo, con rasgos antropomórficos, por supuesto.

Sobre otros duendes domésticos

Veamos lo que cuenta de ellos el escritor aragonés al comienzo del capítulo XVI de la citada obra, advirtiendo al lector que ha cargado un poco las tintas en lo que a genealogía de estos seres se refiere, y que ha suplido lagunas con su riqueza literaria, incurriendo en alguna que otra contradicción:

Los campesinos llamaban a los animales pequeños y a los hombres enanos los «menos». Ese nombre se daba especialmente a los terneros. Había entre los «menos» tradiciones y leyendas y no solo en Torre Cebrera y en Boltaña (Huesca) sino en toda la España campesina. También las había en Francia y sobre todo en Inglaterra y Escocia. De aquellas leyendas vino más tarde la de los gnomos guardadores de tesoros. Los hombres pequeñitos eran de una raza especial como los pigmeos actuales de África, pero más cortos aún de estatura. Eran hombres razonables, justicieros y nunca devolvían mal por bien. Antes de la era cristiana les enseñaron a los grandes su magia negra que prosperó con el tiempo, sobre todo en Francia y en España.

Hubo casas ilustres en Inglaterra, Francia y España que llegaron a tener «menos» (meninos en Portugal), como empleados permanentes. Así y todo, los pobres fueron acabándose y llegaron a desaparecer del todo en Francia. En otras partes les obligaban a refugiarse en los secarrales y desiertos improductivos. En España, en las Hurdes. Lo mismo hoy que entonces, no solo eran risibles los «menos» sino que podían ser también peligrosos. Y los hijos actuales de aquellos «menos» eran los duendes, juguetones, bromistas y tal vez terribles (...). A medianoche, en el silencio de Torre Cebrera, comenzaba a oírse encima del techo abovedado de los dormitorios un ruido misterioso: el que podía producir un carrito de mano lleno de cuchillos de mesa rodando despacio de un lado a otro. Se oía unas veces más cerca y otras más lejos (...). En la noche, los duendes seguían produciendo una masa de sonidos ligeros y cristalinos. Una masa de ruiditos cuya necesidad o utilidad era imposible imaginar. Estas solían ser las especialidades de los duendes: rumores sin sentido.

A veces, en el silencio, se oía un suspiro, es decir, un pequeño gemido descendente, como si el que arrastraba el carrito se hubiese fatigado. Y entonces había un largo silencio que más tarde —algunos minutos más tarde— era interrumpido por otro ruido no menos raro:

el de los pies de alguien cayendo sobre la bóveda. Alguien que hubiera saltado, quizá el que suspiró había dado un brinquito. En todo caso el que suspiró brincaba y volvía a brincar esta vez más abajo, es decir en otra dirección...[18].

Más adelante comenta que los saltos no parecían de una persona normal porque cubrían distancias de cuatro o cinco varas. Incluso nos da una fórmula o frase mágica en sánscrito, tomada del conde de Cagliostro, el protagonista de la novela, para conjurar a los duendes o elfos: *Tat tvam* asi, aunque advierte que solo era eficaz en los labios del Gran Copto (uno de los nombres de Cagliostro). Es curioso porque esa frase sánscrita proviene del vedanta y significa 'Tú eres eso', un mantra mágico. Pues eso.

Más duendes mañicos

Con el nombre de «menutos» llaman en algunas partes del Alto Aragón a los duendes domésticos. Son amigos de los animales mansos como las vacas y los bueyes y enemigos de los mulos y los caballos capones, según recoge Ángel Garí[19]. Si estaban a gusto en la casa, hacían que las vacas dieran más leche. Los lugares donde más se habla de ellos es en el valle de Hecho y en Aragüés del Puerto. El zaragozano Joan Rosell, en su magnífico libro *Leyendas del Aragón Demonio* (2016), recoge varios lugares en los que hay tradición duendil, como en el bosque del Betato, y menciona con especial interés los siguientes casos oscenses:

—El duende de Torre Lucán, una casa del casco antiguo de Huesca en la que hizo sus travesuras ruidosas durante el invierno de 1955.

—Los duendes de Angües y la historia de un vecino de esta localidad, que iba a la feria de ganado de Barbastro, llevaba consigo

---

[18] Ramón J. Sender: *Las criaturas saturnianas*. Editorial Visor. 2007.
[19] Ángel Garí: *Tradición pagana en el Alto Aragón* (1989).

el libro de san Cipriano y oía en el tejado de su casa los pasos de una cabra o un diaple.

—El duende de San Esteban de Litera del que dice textualmente:

> Fue durante la Guerra Civil. No era ya poco mala la guerra, que unos pobres vecinos de la localidad no tuvieron más remedio que huir de su propia casa por culpa del duende, pues los sustos y desgracias eran continuos. Desde atronadores estruendos que provenían del interior de las habitaciones vacías a la materialización de machos cabríos en las escaleras. Los vecinos pensaron que era el mismo diablo. El caso quedó sin solución.

Los duendes andaluces

ACLAREMOS, Y SOMOS CONSCIENTES DE ELLO, que cuando se menciona la palabra duende en Andalucía la mayoría de su gente no lo identifica con los seres que aquí estamos tratando, sino «con un arte que no se *pue explicá*», como diría un cantaor de flamenco. Tener «duende», para gran parte de su población, no es tener un duende en la casa.

No obstante, también aquí se manifiestan estas aviesas criaturillas de Dios, realizando sus consabidas triquiñuelas y travesuras. No en balde, existe un refrán andaluz que, referido a los niños de corta edad muy avispados, dice que «tienen un duende en la barriga». Para otros, los duendes no están relacionados ni con el flamenco ni con los elementales, sino con algo tan profano como una especie de cardos secos que se colocan en las albardillas de las tapias para dificultar la escalada y que, en todo caso, también hacen la puñeta.

No es infrecuente atribuir los ruidos extraños o desapariciones misteriosas de objetos dentro de las casas a los espíritus, hasta el extremo de identificar a estos con demonios de poca monta a los que se puede burlar y vencer. En algunos pueblos existe aún una atávica costumbre cual es que el día de san Marcos se procede a «atar al diablo» o «atar la cola del diablo», práctica consistente en ir al campo y hacer un nudo en una planta de retama sin que esta se rompa. De esta singular manera se dejará

El duende andaluz

Suele adoptar figuras infantiles e inofensivas,
jugando con los niños o subiéndose a las camas
para hacer piruetas de todo tipo.

atado al diablo para que no pueda hacer ninguna clase de daño hasta el año siguiente. Esta tradición se mantiene hoy en día en Loja (Granada) y en Cuevas de San Marcos (Málaga). Y esto mismo, pero el día de san Sebastián, se realiza en la localidad de Casabermeja (Málaga). Según nos informó un comunicante, este rito se celebra, como en el resto de los pueblos colindantes, en el día de san Marcos (25 de abril). La diferencia en este último pueblo es que atan unas plantas de trigo o similares.

El miedo a demonios, fantasmas, almas en pena y aparecidos en general no está tan arraigado en Andalucía como en otras comunidades autónomas, quizá porque en estas tierras existe una luminosidad y un clima que son enemigos de espectros y elucubraciones. También porque en los primeros años del siglo XX era muy frecuente que los denominados «matuteros», los que introducían de contrabando vino, jamones o gallinas sin pagar el impuesto municipal de consumo, se echaran una sábana por encima para tener una apariencia fantasmal y así asustar a los vigilantes municipales, por lo que se fue perdiendo poco a poco el miedo —y lo que es peor, el respeto— a los fantasmas, siendo habitual escuchar, cuando alguien se refería a algún espectro o aparecido: «ese sería un matutero».

Martín, el duende justiciero cordobés

Teodomiro Ramírez de Arellano, cronista oficial de Córdoba, nos cuenta una interesante leyenda en el tomo I de sus *Paseos por Córdoba*. Escrito en 1873, su autor recorre las calles de la ciudad histórica, relatando en su transcurso las historias de sus diferentes barrios, así como de sus viviendas, monumentos y personajes reales o fantásticos que vivieron allí. Uno de esos sucesos es el que acaeció en la llamada «casa del duende», situada en el número 55 de la calle de Almonas (barrio de san Andrés) y que también recoge Julio Caro Baroja en su obra *Algunos mitos españoles*.

Nos hemos hecho con esa obra decimonónica, al ser la primera referencia escrita de este caso, y en ella leemos que a Teodomiro le contaron los ancianos de los alrededores, «en su sencilla y entonces muy común credulidad», que en el siglo XVI había vivido en aquella casa una dama muy rica y bella, envidiada por su hermano por haber sido la única beneficiaria en el testamento de su padre. No pudiéndola engañar para que repartiera la fortuna con él, decidió asesinarla. En esa casa también habitaba un duende que, para don Teodomiro, no era más que alma en pena castigada a vivir así por haber maltratado a su padre. Este duende «además de medir poco más de media vara, eran todas sus facciones tan exageradas que infundía espanto a los pocos que llegaron a verlo». Llamado Martín, «nombre obligado de todos los de su gremio» (recordemos al duende Martinico de Castilla, de Granada y de Antequera), se enamoró perdidamente de la bella damisela, a la que seguía, atosigaba y defendía, y a la que llegó a salvar en varias ocasiones de los intentos de asesinato de su hermano.

El caso es que esta, harta de los galanteos de un ser tan feo, «no podía menos que sentir repugnancia al ver tan espantosa figura», determinó mudarse de casa y alquilar la suya. Se enteró el duende y le rogó que no le abandonase, indicándole el gran peligro que sobre ella se cernía. No le hizo caso y se mudó con su doncella a una vivienda cerca del Colegio de San Roque.

La casa de la calle de Almonas, cuya fama de encantada ya empezó a ser la comidilla en los mentideros cordobeses, quedó deshabitada. Poco después, la dama era asesinada de una puñalada en el corazón durante la Nochebuena, de manera tal que nadie pudo averiguar a ciencia cierta quién había sido el autor, aunque todos sospechaban del mismo. El hermano se mostró al público muy compungido y pasó a ser el dueño de las riquezas que siempre había codiciado. Dos o tres años más tarde, volvió a vivir en la casa de la calle de Almonas, a pesar de las habladurías que se decían sobre el supuesto duende, en el que él, por supuesto, no creía.

Pasó algún tiempo tranquilo en ella; pero una noche se despertó sobresaltado y, cuando quiso darse cuenta, sintió una cuerda en su cuello. Murió ahorcado de una viga. Durante tres días permaneció la casa cerrada, ante la extrañeza de los vecinos, que terminaron por dar parte al corregidor. Se presentó este y mandó forzar la puerta. Hallaron el cadáver colgando y a su lado un hombrecillo horrible que les dijo con voz bronca y descompuesta: «Podéis dar sepultura en sagrado a

Martín
El Cordobés

San Andrés

Realejo

Posible casa
del Duende

Torre de
San Andrés

Almonas
(Gutiérrez de los Ríos)

Pintor Bermejo

Ferrán Pérez de Oliva

Duque de la Victoria

este cadáver, porque no ha sido él quien ha puesto fin a su vida; lo ha hecho la Divina Providencia en castigo de ser el asesino de su hermana, y ya que la justicia de la tierra dejó impune su delito, la del cielo ha querido castigarlo por mi conducto». Dicho lo cual, desapareció, dejando a todos sorprendidos.

Tras publicar en su día este caso del duende de la calle Almonas en la primera edición de este libro, nos escribió en el año 2009 un lector llamado José Alberto, para decirnos que hoy esta calle se llama Gutiérrez de los Ríos (junto a la iglesia de San Andrés) y que dicha casa desapareció en el siglo XX para abrir una nueva calle. Sin embargo, una amiga de una amiga, policía municipal, le contó que a la casa de vecinos donde vive, a escasos veinte metros del sitio en el que se encontraba la vivienda de esta historia, se había mudado una señora que afirmaba estar ligeramente «acojonada» por sentirse observada y notar una presencia en su casa. Lo que finalmente la convenció para largarse fue el hecho de que otra vecina le contara que a su marido se le había aparecido en dos ocasiones un señor con sombrero que había permanecido mirándolo sin decir nada. A la segunda vez, el hombre le pidió que se fuera y no volviera más, «y así fue, hasta donde yo sé». De esta manera concluye la carta.

También en Córdoba existe la calle del Horno del Duende y Teodomiro la menciona en su obra diciendo que se llama así porque, al construir el horno, salió tan defectuoso que no podía funcionar y lo achacaron al duende que vivía en dicha casa. Más tarde, José Augusto Sánchez Pérez amplia los datos y refiere que en época anterior al año 1850 una familia se mudó de su hogar por causa de las trapisondas de un duende. Cuando llevaron el último mueble a la nueva casa dijo el duendecillo desde el interior del mueble: «¡Aquí estamos ya todos!». Este mismo folklorista, que además era matemático, nos transmite una idea de los duendes de Andalucía diferente de lo que hemos visto hasta ahora. Dice que en algunos casos son chiquitos e inofensivos y que se nota perfectamente cuando entran en el dormitorio y se suben a la cama de matrimonio, acurrucándose, por cierto, siempre al lado de la mujer.

Bastián, el granadino

El escritor granadino Pedro Antonio de Alarcón, en sus *Viajes por España*, obra escrita entre los años 1858 y 1878, aseguraba haber visto en la ciudad de Granada gran número de casas totalmente cerradas o inhabitadas por causa directa de los duendes y fantasmas:

> La mitad de las mujeres de la Provincia, sobre todo las de los pueblos pequeños, creen a puño cerrado en duendes, brujas, hechiceros, fantasmas y aparecidos. De aquí un miedo espantoso a los muertos, y de aquí también el que haya casas cerradas en que no se atreve a vivir nadie, por ser cosa sabida que ¡a media noche! óyense en ellas extraños ruidos, particularmente de cadenas. Esta credulidad, de que nunca participaron las personas verdaderamente cultas, va cediendo también hoy en el ánimo de las indoctas, pero no así la fe en innumerables agüeros, talismanes, amuletos, cábalas y untos, de aplicación medicinal y moral, para cuya enumeración y recetario sería preciso escribir un tomo en folio.

Aunque «todo es posible en Granada», como dice un refrán y el título de una película de Manolo Escobar, el carácter del granadino es poco propenso a divulgar estas pequeñas historias familiares que se salen de lo natural para entrar de lleno en el inquietante campo de lo sobrenatural, algo que, desde luego, infunde un cierto temor reverencial. Si logramos quitar un poco de hierro al asunto nos encontramos que aquí los duendes también tienen nombres propios: Martinico es uno de ellos, si hace favores y habita en los lugares húmedos, prefiriendo aquellos donde abunde el agua como las tinajas, odres, garrafas... Otro es «el padre Piñote», si se pasea a deshoras por el Albaicín impidiendo reposar tranquilos a sus vecinos, sobre todo en la madrugada, golpeando fuertemente las puertas con las aldabas o cometiendo pequeños hurtos gastronómicos. Sin olvidarnos de Bastián, si se le ve cojear o se le oye filosofar.

De Bastián hablaremos un poco más porque —como nos recuerda Antonio Díaz Lafuente— nadie sabía a ciencia cierta en qué

Las características físicas de
Bastián son muy peculiares
pues parece haber tenido
muchas vidas. Pudo traspasar
todas las épocas hasta que en
una de ellas le dejaron cojo
por sabiondo.

lejana fecha llegó a Granada, pero todos le habían oído contar que convivió con los túrdulos, los cartagineses y los romanos..., así que calculen su edad. Fue visto en varias ocasiones y le gustaba conversar con aquellos humanos que se prestaban a ello sobre temas de lo más variados, siempre en tono conciliador y tolerante. En el siglo XII hubo unos años agitados por culpa de una leyenda que afirmaba que, si transcurridos 500 años desde la Hégira (fecha en que Mahoma huye de La Meca a Medina en el año 622) no llegaba su mesías esperado, los judíos deberían renunciar a su fe y convertirse.

El mesías no llegó y el ambiente se fue crispando tanto que una noche profanaron la sinagoga —lugar donde habitaba Bastián—, arrasaron la judería y provocaron una matanza en la que murieron más de cuatro mil judíos. Bastián, atónito ante tanta barbarie, se dirigió a las masas y les dijo en tono filosófico que solo había un Dios que entendía el árabe, el romance y el hebreo y que la violencia era el último recurso que debían utilizar los seres humanos para dirimir sus controversias. Para qué pronunciaría esas palabras... No sentó muy bien que el consejo procediera de alguien ajeno a la raza humana y además tan feo, así que lo cogieron y lo tiraron por el aljibe de la mezquita, dejándolo cojo.

Esa mezquita, si nos metemos en una máquina del tiempo y la proyectamos hacia el futuro, se convirtió en la iglesia de la Magdalena, posteriormente en el convento de las Hermanas Agustinas y luego en unos almacenes —cuyo dueño acabó suicidándose—, hasta que en los años sesenta del siglo XX se derribó todo lo que quedaba del antiguo edificio para construir el primer gran almacén de Granada llamado Woolworth. En sus muros aparecieron huesos humanos de épocas pretéritas.

El duende quejoso del Darro

El Darro es un río de no mucha longitud, afluente del Genil, que transcurre por la zona noble de Granada y que suministraba agua a los palacios y jardines de la Alhambra y al conjunto del Generalife a través de un sistema de acueductos, la llamada Acequia Real. Actualmente se conservan cuatro puentes peatonales de los catorce que llegó a soportar el río. En uno de ellos, que está abovedado, sucedió en el verano de 1935 una historia que mantuvo en vilo al vecindario durante algunos días.

Los lugareños habían empezado a escuchar una serie de espeluznantes gritos durante la noche. El rumor de que un duende se había instalado en aquella zona comenzó a correr, reforzado por las declaraciones de algunos que decían haber visto de manera fugaz a una persona pequeña y deforme. Nadie quería asomarse ni mirar dentro de la bóveda por la que transcurre el río. Las personas mayores decían que se trataba de un alma en pena o un demonio. O bien del fantasma de un sereno que murió en 1887 o del de Ponce Dávila de León, ajusticiado en Plaza Nueva y que juró que volvería a vagar por aquellos lugares, tanto por la Alhambra, donde había cometido sus fechorías, como por la zona del Darro.

Sin embargo, el acontecimiento que provocó que las autoridades civiles intervinieran se produjo cuando el párroco de la iglesia de Santa Ana, un domingo por la mañana, escuchó alaridos y gritos, y al asomarse a la bóveda del río vio a un extraño ser al que calificó como demonio. En la portada de la revista *Mundo Gráfico* del 31 de julio de 1935 se reproducían las palabras del sacerdote, «He oído lamentos profundísimos que hacían estremecer de terror», junto a un fotomontaje en el que se veía a los vecinos asomarse al río y a un fantasma de chufla saliendo de la bóveda. En una de sus páginas se dice que uno de los vecinos comparaba los gritos que se escuchaban con «una serie de chillidos como los que puede producir un mono agobiado por el daño de una mano vigorosa».

Esta misma fuente «fidedigna» aseguraba que una noche pudo ver algo que le «turbó la vista originándole un desvanecimiento»:

> De una de las higueras, nacidas a la orilla izquierda del Darro, saltó un animal rarísimo, especie de perro y de mono, que caminaba en dos pies y sacudía una cabezota enorme, con dos orejas terribles, pobladas de pelos larguísimos. (Cuando cayó al río) produjo un chillido feroz que no se me olvidará jamás..

Los menos creyentes en duendes y demonios aseguraban que se trataba de un gorila que se había escapado de una de las casetas de feria durante la celebración del Corpus. El autor del artículo, José Cirre Jiménez, acaba diciendo: «Mi opinión formal, es que el duende es de carne y hueso». Y no se equivocaba, *El diario de Madrid* de julio de 1935 contaba la historia real del duende del Darro:

> En la iglesia de Santa Ana, de Granada. Un sacerdote demanda auxilio diciendo que ha visto al diablo vestido con una túnica blanca. Los guardias de Asalto dan una batida y encuentran a una infeliz mujer enferma que es la que profería los lamentos que tanto asustaron al cura. (…) Entre las hierbas del cauce del río, a modo de cama, descansaba el cuerpo de una infeliz mujer, que lanzaba débiles quejidos.

Carpetazo al asunto, aunque hubo gente que no se creyó esta versión. Hoy en día se sigue hablando del duende del Darro como un ser deforme que profería gritos, y todavía algunos sienten escalofríos al pasar por la Carrera del Darro, cerca de esa bóveda.

Los duendes de la Alhambra

La letra de un famoso pasodoble empieza así:

> *Dicen que vive en la Alhambra*
> *un duende que, a todas horas,*
> *se pasea enamorado,*
> *buscando una reina mora.*
> *Y cuando sale la Luna,*
> *escondido entre las sombras,*
> *por las calles de Granada,*
> *a cada paso la nombra.*
> *¿Dónde está la reina mora?*
> *que se fue una madrugada.*
> *porque se llevó con ella*
> *la alegría de Granada.*

225

Duendes

Washington Irving ya recogió algunas leyendas relacionadas con ellos en su *Cuentos de la Alhambra*, escritos en 1829. Pero si nos vamos a un libro más cercano en el tiempo, el periodista José Manuel Frías, en su *Granada misteriosa*, comenta:

> Han llegado hasta nosotros crónicas que nos hablan del 2 de enero de 1792, fecha en la que diversos habitantes de barrios granadinos cercanos al palacio, vieron cómo aparecieron siete duendes vestidos de un blanco brillante. Dichos personajes se reunieron en la Alhambra y, después de llorar motivados por los recuerdos del pasado, quedaron allí toda la noche en actitud de vigilia, para comprobar si a la mañana siguiente se cumpliría la profecía.
>
> Pero al amanecer vieron que la situación no había cambiado por lo que, envueltos en la mayor de las tristezas, marcharon cada uno a su lugar de origen, prometiendo volver pasado un siglo para probar suerte de nuevo. Así lo hicieron en 1892 y 1992, sin éxito. Aunque, eso sí, son muchos los que aseguraron haber oído en las inmediaciones de la Alhambra el llanto apagado de los duendes.

Su próxima visita será el 2 de enero del año 2092, y llegarán con la esperanza de, al fin, poder volver a habitar en el mismo lugar donde vivieron hace ya casi seis siglos.

Como guinda, hay que señalar que en una bocacalle de la Gran Vía granadina llamada Postigo de Velutti también existe una casa encantada que fue propiedad de los genoveses señores de Velutti, con 22 habitaciones y capilla incluida, la cual tenía hace algunos años sus «espantos». Los vecinos aseguraban que por las noches se oían extrañas voces y arrastre de cadenas.

Las otras piedras de Antequera

Antequera se caracteriza por su impresionante conjunto arqueológico de dólmenes, grandes moles pétreas que han desafiado el tiempo y han originado multitud de teorías sobre su origen, orientación y construcción. Pero vamos a hablar de otra clase de piedras más pequeñitas y misteriosas que caían en una casa, cuyo lanzamiento era atribuido a unas manos invisibles.

El caso nos lo cuenta Rafael Martín Soto en su bien documentada obra *Magia y vida cotidiana. Andalucía, siglo XVI-XVIII* (2008). El protagonismo recae en María, una esclava morisca del doctor Damián Pérez, clérigo de Antequera (Málaga). La mujer fue procesada por la Inquisición de Granada en el año 1584 tras la acusación presentada por su propio amo, que sospechaba que estaba detrás de unos extraños fenómenos que ocurrían en su casa. ¿Qué fenómenos? Pues ni más ni menos que la caída de piedras sin que fuera posible ver al gamberro responsable de ese acto vandálico. Las piedras rompieron tejas y varios cántaros de aceite y, hasta una de ellas, hirió a un criado. Tenían la peculiaridad de caer dentro y fuera de la casa y, para más inri, además de los pedruscos, unos cubos que había en el suelo del domicilio se volcaron y se pusieron a rodar empujados por manos invisibles. Eso ya daba mucho miedo.

Damián y sus criados se fueron a vivir a un nuevo hogar, aunque el remedio fue peor que la enfermedad. Las piedras volvieron a ser arrojadas misteriosamente sobre la nueva vivienda, como si a sus moradores los persiguieran los duendes cargados de un buen arsenal de guijarros que nunca se agotaba. Además, empezaron a verse otros prodigios. En la habitación que ocupaba María, un cántaro, una alcarraza y un banquillo comenzaron a moverse y a levitar, y una vez en el aire ejecutaron una danza ellos solitos.

Los daños fueron cuantiosos, tanto que el clérigo sospechó de María y le fue con el cuento a los inquisidores. Ella había sido la última persona que había entrado a su servicio y además era morisca, lo que en aquella época añadía un plus de culpabilidad. Declaró ante el tribunal que, viviendo en Madrid, antes de irse a trabajar a la casa de Damián, había aprendido a conjurar a un demonio llamado Martinico y que este se le aparecía en forma de hombre negro que hacía todo lo que le pedía, siempre que tuviera el privilegio de acostarse con ella. A la pregunta de qué tenía que ver aquello con la caída de piedras en los dos domicilios malagueños, María respondió que todo lo hacía el demonio por celos, porque le había puesto los cuernos (lo cual no deja de tener su gracia) con otro hombre.

Aunque el relato no tenía ni pies ni cabeza para explicar el origen de las pedradas sobrenaturales, la Inquisición condenó a María a salir con coroza de hechicera en un acto público y a que se le diesen cien azotes por las calles de la ciudad. Aún así, los más listos se dieron cuenta de que eso no explicaba uno de los casos más extraños de la historia mágica de España. (Leg. 1953, exp. 19, causa 21).

Los duendes de la villa y corte de Madrid

Los duendes que buscó Torres Villarroel

En Madrid hay más fantasmas que duendes. Y no lo decimos en sentido figurado o metafórico. Ni con connotaciones políticas.

Y han sido unos cuantos los que han intentado localizarlos y desenmascararlos. En el siglo de la razón, viaja, vive, malvive, investiga y escribe el insigne Diego de Torres y Villarroel (1693-1770). En su obra autobiográfica: *Vida, ascendencia, nacimiento, crianza y aventuras* hay de todo. En resumidas cuentas, son las correrías de un alquimista, bailarín, torero, astrólogo, poeta, músico, clérigo, matemático y cazador de duendes. Todo un truhan y un señor. Obra en tres tomos (1743, 1752 y 1758) en la que relata que «las brujas, las hechiceras, los duendes, los espíritus y sus relaciones, historias y chistes me arrullan, me entretienen y me sacan al semblante una burlona risa, en vez de introducirme el miedo y el espanto».

Solía decir a sus amigos que tenía en el bolsillo un doblón de a ocho, equivalente a más de 300 reales, para quien le quisiese hechizar o meter en una casa donde habitara un duende. En esa época, Torres Villarroel tenía unos 30 años y era una especie de Juan Sin Miedo dispuesto a demostrar que esas zarandajas de espíritus y duendecillos no eran más que supercherías: «Yo me burlo de todas estas especies de gentes, espíritus y maleficios, pero no las niego absolutamente». Encontró un día del verano de 1724, en la calle de Atocha de Madrid, a don Julián Casquero, capellán de la condesa de los Arcos, del que nos dice:

> Venía este en busca mía, sin color en el rostro, poseído por el espanto y lleno de una horrorosa cobardía. Esta¬ba el hombre tan trémulo, tan pajizo y tan arrebatado como si se le hubiera aparecido alguna cosa sobrenatural. Balbuciente y con las voces lánguidas y rotas, en ademán de enfermo que habla con el frío de la calentura, me dio a entender que me venía buscando para que aquella noche acompañase a la señora condesa, que yacía horriblemente atribulada con la novedad de un tremendo y extraño ruido que tres noches antes había resonado en todos los centros y extremidades de las piezas de la casa.

Acude, por lo tanto, a la residencia que estaba situada en la calle de Fuencarral y recorre todos sus rincones en busca de una posible causa que explicara tales fenómenos acústicos, que cada noche se repetían. Empezaban a la una y terminaban a las tres y media de la mañana. Así, durante varias noches en vela, hasta que: «al prolijo llamamiento y burlona repetición de unos pequeños y alternados golpecillos, que sonaban sobre el techo del salón, subí yo, como lo hacía siempre, ya sin la espada, porque me desengañó la porfía de mis inquisiciones que no podía ser viviente racional el artífice de aquella espantosa inquietud».

En una de sus inspecciones nocturnas se le apagaron súbitamente las cuatro mechas que le alumbraban, retumbando cuatro golpes «tan tremendos, que me dejó sordo, asombrado y fuera de mí lo irregular y desentonado del ruido», al tiempo que en el piso de abajo se desprendieron seis enormes cuadros. «Inmóvil y sin uso en la lengua, me tiré al suelo y ganando en cuatro pies las distancias, después de largos rodeos, pude atinar con la escalera». Tan pálido y acongojado quedó que sigue diciendo:

> Entré en la sala, vi a todos los contenidos en su hojaldre abrazados unos con otros y creyendo que les había llegado la hora de su muerte. Supliqué a la excelentísima que no me mandase volver a la solicitud necia de tan escondido portento; que ya no era buscar desengaños,

229

La casa del duende de la calle
Mártires de Alcalá

sino desesperaciones. Así que me lo concedió su excelencia y al día siguiente nos mudamos a una casa de la calle del Pez, desde la de Fuencarral, en donde sucedió esta rara, inaveriguable y verdadera historia.

Torres Villarroel, en una obra póstuma, *Anatomía de todo lo visible e invisible* (1794), vuelve a tratar el tema de los duendes que, sin duda, le obsesionaban, mencionando de nuevo su experiencia con ellos y aportando algún dato más:

> Apenas hay aldea en donde no nos cuenten enredos de duendes, bien es verdad que los más son mentiras de viejas o aprehensiones de medrosos y de hombres de poco valor y espíritu (...) Puedo asegurar que quince noches me tuvo en vela y desasosegado un ruido horroroso que oí en una casa en Madrid por el año de 1724 tan fuera del orden natural, como derribarse los cuadros, sin caer el clavo ni la argolla, abrirse las puertas estando cerradas con llaves y cerrojos, rodar la plata sin romperse... De esto son testigos la Excma. Señora Condesa de los Arcos, moradora que fue de tal casa y veinte criados que se quedaban acompañando a su Excelencia y no nombro la casa porque no pierda el dueño sus alquileres.

No los vio, es verdad, pero a diferencia del padre Feijoo, desde aquel momento Torres Villarroel no dudó ni por un momento que ciertas criaturas invisibles y traviesas podían causar aquellos estragos.

La casa de los enanos

Por lo general, son los duendes los que arman todo tipo de jaleos y estrépitos, importunando a todo bicho viviente, pero en esta casa madrileña ocurre al revés: los supuestos duendes son los molestados por los ruidos excesivos que hacen los humanos. En realidad, más que duendes habría que hablar de enanos que de sobrenaturales tenían poco. La historia la recogió con todo detalle el cronista Ángel Fernández de los Ríos en su Diccionario de Localidades y la resumió y popularizó Ricardo Sepúlveda en su libro *Madrid Viejo* (1887) de la siguiente manera:

I. Que hallándose cierta noche, en la casa del Duende, unos jugadores disputando sobre sus ganancias y pérdidas, apareció, sin saber cómo ni cuándo, un enano, exigiéndoles que guardaran silencio y desapareció como sombra chinesca.

II. Que habiendo seguido el alboroto, después de arrancar las puertas, se presentó otro enano horrible de ver, y repitió el recado, amenazando a los jugadores si no callaban.

III. Que habiendo dispuesto colocar un jayán tras de la puerta, con espada desnuda, para impedir la entrada de todo bicho viviente, hubo tercera aparición y tercera intimidación del enano, que no pudo ser cogido, aunque se echaron sobre él los jugadores.

IV. Que habiendo seguido el juego y la algazara, con alguna indecisión por parte de los tímidos, pero con muchas balandronadas de los valientes, se presentaron veinte enanos armados con látigos, apagaron las luces y la emprendieron a vergajazos, a este quiero, a este no quiero, abandonando las mesas y el dinero y no han vuelto más por la casa.

V. Que al cabo de algún tiempo alquiló la casa la marquesa de las Hormazas, desafiando los temores del vulgo, y dispuso que los cuartos se adornaran con lujo. Que cuando acababa de salir el mayordomo, para encargar un cortinaje, se presentaron los enanos trayéndolo tal como lo deseaba la marquesa en dibujo y colores; que la pobre señora se desmayó, y cuando volvió en sí, el cortinaje estaba colocado; que, muy asustada la inquilina, mandó llamar al confesor; y que no habían llegado los emisarios al convento, cuando ya venía el fraile acompañado de uno de los enanos, con lo que, aumentando el susto de la relatada marquesa, no esperó más apariciones y huyó de la casa.

VI. Que años después fue a vivirla el canónigo Melchor de Avellaneda, riéndose de los duendes. Que un día que estaba escribiendo al obispo, pidiéndole un libro, no hubo escrito el título, entró un enano y puso el volumen sobre la mesa. Que a la mañana siguiente, acababa de encargar al paje que llevara a la iglesia de los Afligidos el recado de celebrar, sacándole blanco, cuando se presentó un enano con otro encarnado, que era el que marcaba la Epacta. Que, sin esperar más embolismos, el canónigo puso pies en polvorosa y se alejó de Madrid.

VII. Que en la guardilla de la casa habitaba una lavandera vieja, que un día de lluvia se retiró temprano del río dejando la ropa en una casilla. Que habiendo sabido que el Manzanares tenía una gran crecida, daba ya por perdida la ropa, cuando apareció un enano trayéndola con dos mozos, lo cual admiró mucho a la pobre lavandera.

Ricardo Sepúlveda sigue diciendo que los duendes continuaron haciendo de las suyas a todo aquel que se aventuraba a morar en aquella casa, por lo que el vecindario del barrio, cansado de vivir atemorizado, pidió a la Inquisición que se registrase y se realizasen los exorcismos oportunos, ya que todo aquello era un «mal ejemplo de magia y brujería». Esa fue la muy famosa casa del duende, que mejor habría que llamarla «la casa de los enanos», situada al comienzo de la calle del duque de Liria y cuyo primer propietario fue, allá por el siglo XVI, don Nicolás María de Guzmán.

Al final de todo el proceso que hemos relatado intervino el Santo Oficio, que ante el clamor popular decidió exorcizar la casa, ya deshabitada, con el obispo de Segovia a la cabeza. Regaron con agua bendita la fachada. El caserón estaba precintado, pero, no obstante, un vecino hizo observar que de la chimenea salían volutas de humo. Descerrajaron la cancela y por más que miraron no se encontró nada en su interior. La opinión pública se debatía entre dos teorías: los que decían que realmente estaba habitada por duendes molestos que defendían su territorio y los que afirmaban que sus inquilinos eran unos simples okupas con el objetivo de dedicarse a labores delictivas.

El que se les confundiese con duendes era porque se trataba de enanos (acuérdense de la película de Edgar Neville *La torre de los siete jorobados*) y su ocupación clandestina era acuñar moneda. Los tiros iban más en esa dirección. De hecho, un acta de la Real Academia de las Bellas Artes de San Fernando, en un estudio sobre la arquitectura del edificio asegura que la moneda que falsificaban en él eran doblillas de oro del Brasil y que las supuestas apariciones fueron un montaje que se inventaron los falsificadores, para lo cual pagaron a varios enanos con el fin de que atemorizaran a los inquilinos y que estos les dejasen falsificar en paz. El propio Sepúlveda comenta que cuando la casa volvió a su silencio y la normalidad había retornado a la calle, salieron uno a uno varios hombres de rostro tostado por el fuego de la fragua oculta en una cámara subterránea donde acuñaban moneda falsa.

No quedó la morada totalmente deshabitada hasta su derribo a finales del siglo XIX, como se suele decir. La compró el rey Fernando VI a mediados del XVIII (sin duendes ni enanos); luego se hizo vivienda comunal, y algunos de los madrileños fusilados el 3 de mayo de 1808 por las tropas napoleónicas tenían allí su residencia. También en ese mismo edificio se refugió el general Pierrad, herido en la sublevación de los sargentos del cuartel de artillería de San Gil (en 1866). Permaneció oculto en el lugar hasta que terminaron los registros ordenados por O'Donnell y pudo por fin escapar.

Otros duendes castizos

El cronista y novelista Pedro de Répide, en su obra *La Corte de las Españas* (1913), puso de manifiesto la profusión de casas enduendadas que había en el viejo Madrid. En uno de sus capítulos dice:

> En estos últimos años, un duende o duendes... tienen la comodidad de buscar aposento en esta villa y han sido servidos de manifestársenos en distintos lugares de la corte su interesante, curiosa y donosa existencia.

Y pasa a citar algunas de estas casas: la de la calle del Grafal, la de Embajadores, la de Toledo, el convento de monjas de la calle de Sagasta... «Casa del duende —nos dice— hubo en la Corredera y en la calle de Juanelo. Casa del duende fue el palacete de la Casa Puerta cuando, abandonado después de su bella historia, servía de refugio a mendigos y aun a malhechores. Pero la Casa del duende por excelencia fue aquella que se alzaba entre el Palacio del conde-duque y el Seminario de Nobles, a la entrada de la Puebla de los Mártires de Alcalá...

Esa de la que ya hemos hablado. Curiosamente, se encontraba muy cerca del palacio del conde-duque de Olivares y, no está de más recordar que este insigne personaje, valido que fue de Felipe IV desde 1622 hasta que cayó en desgracia en el año 1643, utilizaba un bastón para caminar que en los mentideros de la Villa decían guardaba un «duendecillo familiar» en la empuñadura. Algo similar se rumoreaba de Benedicto XIII, el Papa Luna, pero metido en su cabás.

Quizá el duende más famoso del Madrid de siglo XVIII tenía cuerpo, profesión, nombre y apellido. Corría el año 1735 y en lugares estratégicos de la Villa aparece una misteriosa hoja manuscrita cuyo texto comienza con las siguientes estrofas:

> *Yo soy en la Corte*
> *Un crítico duende.*
> *Tendrán mi visita*
> *segura los jueves*
> *aunque se opusieran*
> *los siete durmientes.*

El manuscrito aparece en la alcoba de la reina, en la casa del ministro José Patiño y hasta en la mesa del presidente del Consejo, el cardenal Molina. Después, el contenido de las cartas del duende discurre por tabernas, iglesias, mentideros y reuniones. Así cada jueves. Tuvo en jaque durante meses a la Villa y Corte y muchos empezaron a creer que tenía que ser un auténtico duende para escabullirse con esa facilidad y llegar hasta donde llegaba. Al final fue apresado el carmelita descalzo fray Manuel de San José, miembro de una ilustre familia portuguesa, demostrándose que fue él el prolífico autor de tanto anónimo.

El cronista oficial de Madrid, Ángel del Río, en su libro *Duendes, fantasmas y casas encantadas en Madrid* (1994) menciona otros casos duendiles ocurridos en el siglo XX. Uno fue el del duende goloso de la calle Fuencarral (nada que ver con Torres Villarroel), cerca de la glorieta de Quevedo, que en 1914 dio que hablar al entrar un intruso en la casa para beberse la leche y comerse el chocolate. Alcanzó cierta repercusión mediática hasta que descubrieron al culpable: la abuela. Del Río habla de un año concreto: «Parece que aquel año de 1920 fue en Madrid el año de las apariciones, de los fantasmas y los duendes, de los hechos inexplicables, algunos de los cuales terminaron teniendo una explicación razonable». Menciona dos en concreto: el duende de la calle de la Madera, en el barrio de Malasaña, con ruidos de todo tipo,

Castizos

Ya sabemos que muchos de estos seres aparecen vestidos de época ya que su duración cronológica es diferente a la humana. De ahí que haya leyendas que relatan que han sido vistos como si fueran un hobbit o el capitán Alatriste.

que al final resultó ser un asunto de engaño conyugal, y el duende de la calle de San Bernardo, esquina con la glorieta de Ruiz Jiménez, donde se oían susurros agonizantes, desgarradores. Mesonero Romanos cita que en ese solar estuvo enclavado el hospital de la Princesa, «construido sobre el sitio que en los siglos anteriores soportaba las hogueras de los Autos de Fe y que aún conservaba el funesto nombre de El Quemadero».

Y no podíamos dejar de nombrar al «duende de El Retiro», que hasta tiene su propia estatua realizada por José Noja en 1985. Está situada en la antigua Casa de Fieras, en su momento un zoológico, sobre el lugar que ocupaba una de las jaulas. En concreto, allí estaba encerrado un oso pardo. La historia que justifica la presencia de esta imagen, que toca la flauta y muestra grandes orejas, no se sostiene por ninguna parte, pero no deja de tener su gracia y su encanto. A principios del siglo XVIII, este parque madrileño era un jardín privado que pertenecía a la Corona, pero la leyenda dice que un intruso se coló en el recinto y hacía crecer hermosas flores de la nada o circundando el camino que luego transitaba Felipe V, lo que dejaba con cara de asombro a los jardineros. Nunca le capturaron. Recuerden que en la corte de este monarca hizo de las suyas el «duende crítico» que al final resultó ser un fraile carmelita. Como había que dar a la historia un toque romántico, cuando El Retiro pasó a ser de uso público se dijo que las parejas que consiguieran ver al duende tendrían garantizada una relación dulce y duradera. Al parecer muchas parejas no lo ven por ningún seto.

Los duendes protectores de niños

¿Has tenido alguna vez un amigo misterioso con el que jugabas de pequeño y que solo existía en tu imaginación? Si alguna vez ha ocurrido, has de saber que no se trata de algo patológico ni problemático, sino de algo normal que le sucede a muchos niños y por lo que los padres no deben preocuparse, salvo con algunas excepciones. En torno al 50-65 % de los niños tiene uno con el que habla y juega. Suelen aparecer entre los tres y los ocho años de edad. Luego se evaporan.

Se les suele llamar «amigos invisibles» y los padres son incapaces de percibirlos. Desde un punto de vista de psicología infantil, los consideran imaginarios y que no forman parte de la realidad. No solo los más tiernos infantes pueden verlos, sino también algunos animales domésticos, como perros y gatos, pues tanto unos como otros son mucho más sensibles a las interferencias producidas con esa dimensión paralela, psíquica e invisible.

Dejando fuera consideraciones de tipo psicológico o pedagógico, las leyendas aseguran que a la mayoría de los duendes domésticos les gusta la cercanía de los niños. Una vez que ganan su confianza y se hacen sus cómplices, les empiezan a sugerir juegos, bailes, canciones o lugares donde esconder sus juguetes y un sinfín de actividades veladas para los adultos que, sencillamente, ignoran su existencia y mucho menos que su hijo esté en tratos con alguno de ellos. Según un estudio dirigido por Carlson y Taylor, solo el 26% de los padres conocía que su hijo tenía un amigo imaginario, lo cual apoya la premisa de que el niño quiere mantener sus creaciones aparte del mundo de los adultos.

A este respecto se pueden citar varios casos tanto en España como fuera de ella, pero pensamos que como muestra sirve un botón, sea este de ancla o del pijama de niño de Fernando Sánchez Dragó (o su «alter ego» Dioniso), pues a él y a su duende particular nos referimos. Su experiencia la relata en la novela autobiográfica *Las fuentes del Nilo* (1986):

> El sarampión empezaba a ceder. Dionisio pasó el resto de la enfermedad, convalecencia incluida, platicando y discutiendo una hora tras otra, y un día tras otro, con su mejor amigo, que se llamaba Jay y era persona —o duende— notable por muchos motivos: por su edad indefinida e indefinible, por lo diminuto de su tamaño o de su falta de tamaño (residía habitualmente debajo de la lengua de Dionisio), por su invisibilidad o transparencia (que lo era —tajante— para todo el mundo menos para el niño, capaz de verlo a veces —solo a veces— en forma de chiribitas o burbujas de colores), por su sabiduría prácticamente universal y algo socrática (otro paso en el camino), por su voz inextinguible e inaudible (que solo Dionisio percibía)...

239

Duendes

Algunas veces los niños no solo ven a uno, sino a varios insólitos, diminutos e invisibles (para otros) compañeros de juego, como le ocurrió a la más tarde médium Eileen Garret, una inglesa que, según contaba, veía a dos niñas y un niño muy pequeños. Jugaban, se contaban secretos, se reían... La médium dijo que esos amiguitos «estaban hechos de luz» y, además, se entendía con ellos sin necesidad de palabras, de pensamiento a pensamiento.

El investigador toledano Fernando Ruiz de la Puerta dice que el 70 % de los niños con los que ha charlado terminan hablando de manera natural y voluntaria de sus amigos los duendes. Cuenta en una entrevista[20], que el hijo de unos amigos suyos tenía un duende que llegaba por las noches y jugaba con él. Sus padres oyeron las risas del niño y le preguntaron qué pasaba, a lo que el pequeño respondió que era Meyeye, un amigo suyo muy bajito, con gorro verde, que entraba por la ventana y jugaba con él. Dejó de verlo cuando la familia se trasladó a Madrid pues, como ya hemos dicho, las grandes ciudades, con sus ruidos estridentes, su gentío, su falta de espacios verdes y su contaminación son enemigas de estos simpáticos, curiosos y singulares especímenes de nuestra fauna fantástica.

Lo cierto es que los niños dejan de verlos sencillamente porque van creciendo y a partir de una determinada edad, alrededor de los siete años, se pierde esa capacidad de percepción del mundo de lo invisible y de lo ultrasensible, para entrar de sopetón en el mundo encorsetado de los mayores.

Vamos a referirnos a tres tipos de duendes domésticos, en tres zonas concretas de España, que han demostrado una especial querencia con los más pequeños de la casa, incluso bebés, pues este comportamiento no es tan lógico debido a su naturaleza traviesa. Hay duendes que se encargan de hacerlos llorar simplemente para molestar y castigar a sus padres, o incluso pueden llegar a raptarlos (como hacen algunos elfos y hadas).

---

[20] *Diario 16*, suplemento cultural «Disidencias» nº 7, de 2 de enero de 1981.

Cuines (Cantabria)

Estos enanillos, de carácter legendario, aparecen mencionados en la obra de Adriano García-Lomas, quien a su vez recogió la historia de su existencia del doctor Elías Sainz Martínez. Este galeno le contaba que una paisana suya, natural del pueblo de Silió (Cantabria), daba el nombre de «cuines» a sus duendecillos familiares. Le hablaba de ellos y los describía como pequeños de tamaño, de gran edad y dedicados a la bonita tarea de servir de custodios de los niños de la casa.

Eran bondadosos, simpáticos, fácilmente domesticables y muy cuidadosos. Jugaban con los niños, que podían verlos sin dificultad, y en cuanto a su aspecto eran regordetes y llevaban capucha rojiza y botas blancas.

Como consecuencia de esta actitud hacia los humanos, García-Lomas entiende que son una excepción entre los enanos, gnomos o genios de la tierra de Cantabria, grupo en el que los clasifica, a nuestro juicio erróneamente. La razón del equívoco está quizá en el hecho de que fueran de reducido tamaño, si bien en modo alguno pueden ser asimilados a los enanos o a los gnomos, los cuales jamás han sido vistos conviviendo con los humanos en su hogar. Se trataría de un grupo aislado de duendes domésticos vinculados a una familia de una sola localidad, similares a los *meniñeiros* de Orense.

La descripción que tenemos de ellos es suficiente como para saber que actuaban generalmente por parejas y que a veces cariñosamente asustaban a los niños que se portaban mal mencionándoles a las ojáncanas y al Coco, seres estos muy alejados del mundo de los elementales.

En cuanto a su denominación, la palabra «cuin» no está relacionada con ningún vocablo usual en Cantabria; no obstante, en Extremadura significa popularmente 'persona o animal pequeño y endeble'.

Meniñeiros (Galicia)

Duende simpático donde los haya, nada molesto y con una muy especial predilección por los niños. Manifiestan de forma ostentosa su cariño hacia los humanos de su mismo tamaño y seguramente a ellos se refiere el padre Fuentelapeña cuando, recogiendo datos de distintas fuentes del siglo XVII, escribió lo siguiente:

> Los duendes, por una parte, se alegran con los niños y no con los grandes, pues aunque estos los han visto algunas veces, no los han visto con aquel semblante regocijado y alegre con que lo suelen ver los niños, según ellos lo refieren.

Nos cuenta José Antonio Sánchez Pérez en su libro *Supersticiones españolas* (1948) que en Orense es general creencia que el meniñeiro es el duende familiar que hace sonreír a los niños recién nacidos. Por esa razón, si el pequeño está triste y no se ríe es señal inequívoca, para ellos, de que el duendecillo no está en la casa. Por extensión se aplica esta palabra para describir a una persona muy amiga de los niños que goza viéndolos retozar y divertirse. En Ourense y Chantada (Lugo), cuando un bebé sonríe sin motivo aparente se suele decir: «Ya anda por aquí el *meniñeiro*».

Ratones coloraos (Murcia y Andalucía)

Hay frases que se popularizan y entran a formar parte de nuestro vocabulario cotidiano, olvidando su origen. Los ratones coloraos habría que ir a buscarlos a Murcia y Andalucía.

Estos minúsculos seres viven en tierras murcianas, donde es conocida la frase: «Eres más listo que un ratón colorao». La expresión completa sería: «Sabes más que los ratones colorados, que mira si uno es listo, que nadie lo ha visto». No deja de ser una rareza —nos referimos a su *listura*— dentro de la familia de los duendes. Además, les gusta sobremanera la música y la danza. Hay pocas noticias sobre ellos y su propio nombre indica que les agrada manifestarse ante los hombres en forma de ratones, vistiendo probablemente una blusa o bayeta de color rojo, a semejanza de los trasgos. Hacen con sus juegos y movimientos las delicias de los niños, entreteniéndolos cuando estos están llorosos y cuando no hay presencia de mayores por los alrededores de la cuna, aunque, de todas formas, solo los ojos de los niños pueden ver sus piruetas.

Ser más "listo que un ratón colorao" es una expresión que se ha popularizado en muchas partes de España, sobre todo en Murcia y Andalucía, y su origen sería un tanto duendil...

Creemos que son duendes genuinos que por estas latitudes gustan de transformarse en ratones para pasar más desapercibidos y, tal vez, para adecuarse más a un medio que de otra manera no les sería tan propicio. Algo similar ocurre, por ejemplo, con las transformaciones en animales que efectúan los duendes vasco-navarros, siempre acordes a la fauna doméstica del lugar y siempre buscando ese factor mimético que tanto les divierte.

En Cádiz se habla de los duendes coloraos solo vistos por los niños, con los que cantan, bailan y juegan. Incluso hay otra versión que sitúa el inicio de esta expresión en Sevilla y afirma que el verdadero «creador» de ella es un sevillano llamado Rodrigo Sánchez que viajaba en el *Beagle*, junto a Charles Darwin. Este, un día le comentó que había observado que los únicos roedores que conseguían escapar de las serpientes en las Islas Galápagos eran los *reddish mices* ('ratones rojizos'). El sevillano, ni corto ni perezoso le contestó: *You're even smarter than the reddish mices!* ('Usted es más inteligente que los ratones rojizos'). Cuando regresó a su tierra popularizó la expresión: «Ser más listo que los ratones coloraos».

Diablillos familiares (Las brujas y sus duendes)

No quiero más tentación,
que me dais que sospechar
que sois duende o familiar
y temo a la Inquisición.

Tirso de Molina.
Don Gil de las calzas verdes

Servidores de un solo dueño

DENTRO DE LA FAMILIA GENÉRICA DE DUENDES, hay un grupo con unas características propias, perfectamente diferenciado, al que hemos denominado «familiares», siguiendo la terminología comúnmente aceptada.

Duendes

Serían criaturas que no se vinculan a una casa, sino a una persona concreta, la cual se sirve de ellos a su antojo y, como veremos, puede hacerde uso y abuso, hasta el extremo de venderlos e incluso donarlos a un tercero. Los espíritus familiares son mucho más pequeños que los duendes domésticos, mucho más nerviosos, más hambrientos y están dotados de una dudosa moralidad que les permite tanto ayudar a sus dueños a prosperar y enriquecerse como procurarles la ruina, el desastre o la muerte, todo ello con la misma facilidad. Sus habilidades eran legendarias, desde trasladar a sus propietarios por el aire hasta construir lo que se les mandase en muy pocas horas.

La mejor definición sobre ellos la hemos encontrado en el lexicógrafo Covarrubias y su *Tesoro de la lengua castellana* cuando dice:

> También llaman familiares a los demonios que tienen trato con alguna persona. Traen origen de los duendes de las casas, que los antiguos llamaban dioses lares, porque los veneraban en las cocinas y porque toda la casa toma nombre del fuego… Los que tienen poca conciencia suelen hacer pacto con el demonio y tratar con el familiarmente y por esto los llamamos familiares; los cuales traen consigo comúnmente en anillos, adonde les suelen señalar lo que quieren. Y es tan antiguo que refiere Aristóteles, en la *República*, de los phocenses y Clemente Alejandrino, lib. I. *Stromatum*, que Excesto, tirano de los phocenses, traía dos anillos y en ellos un familiar que golpeando el uno con el otro, le era señal de lo que había de hacer o no. Y sin embargo desto le dexó de avisar cuando le vinieron a dar de puñaladas, porque al cabo se cansó de servir, y no puede dejar de hacer como quién es.

Los diablillos familiares son así, no pueden abandonar su naturaleza diabólica y fieles, lo que se dice fieles, no son mucho. Se asocian, por tanto, a la magia y a los hechiceros y pueden ser accesibles a sus futuros dueños por tres procedimientos: siendo invocados, buscados o creados. El primero es el tradicionalmente usado en la magia negra, donde existen todo tipo de grimorios, rituales y ceremonias específicas para hacer venir del mundo astral —el bajo astral para algunos— a estas entidades con el fin de servir al brujo o bruja en cuestión. Los otros dos procedimientos son más estrambóticos, pero de ellos existen leyendas suficientes, relacionadas con la Noche de San Juan, que aseguran su efectividad, y de las que hablaremos en este capítulo.

El padre Feijoo, en su *Teatro crítico*, se hace eco de los rumores que sobre ellos leyó y describe algunas de sus costumbres de esta manera:

> El vulgo en España cree que es muy frecuente el uso de estos Espíritus Familiares en otras naciones, en tanto grado, que dicen que los venden unos hombres a otros y algunos añaden que esta venta se hace públicamente sin rebozo alguno, como la de cualquier género ordinario… En España dicen que venden los Espíritus Familiares en Francia; en un autor francés leí que los venden en Alemania; y en Alemania varios autores asientan que esta venta es frecuente en las regiones más septentrionales. Así van echando esta patraña unas naciones a otras, para que se verifique el adagio, de que las grandes mentiras son de lejas tierras.

Ya comentamos páginas atrás que los duendes son muy anteriores a la brujería como tal, pero este grupo de familiares tuvo su auge precisamente en los siglos donde aquella fue más fructífera debido, sobre todo, a que el modo más usual de hacerse con un diablillo era a través de una especie de pacto con el demonio. Era popularmente conocido en otros tiempos que grandes personajes de renombre y poder poseían espíritus familiares que les protegían y otorgaban gran influencia; quizás por ello el dramaturgo Rojas Zorrilla los menciona en su obra *Lo que quería el Marqués de Villena*:

> Zambapalo: *Señor, he de hablar de veras: yo tengo miedo*
> Marqués: *¿Por qué?*
> Zambapalo: *Porque deste hombre me cuentan que tiene en la redoma*
>   *un demonio.*

Italia, por aquello de albergar la Santa Sede y mucho obispo, era el país donde se pensaba que existían multitud de estos espíritus serviles, de tal manera que Lope de Vega recoge esta creencia en *El lacayo fingido*:

Duendes

También dicen que en Italia
hay familiares a cientos.

Incluso el historiador británico Hugh Thomas hace mención a ellos en su obra *La conquista de México*. En el capítulo 25, un santanderino llamado Blas Botello Puerto de Plata, «muy hombre de bien y latino», que había estado en Roma y decían que era nigromántico, le advierte a Hernán Cortés de la sublevación azteca contra su capitán Pedro de Alvarado, en Tenochtitlán: «Todos se espantaron cómo aquel lo sabía y decíase que tenía familiar».

Luego Thomas especifica que este «demonio familiar» era, según la creencia popular, el espíritu que acompaña a un brujo, hechicero o nigromántico y adopta generalmente la forma de un gato negro, pero —aclara— «probablemente se tratase de un emisario tlaxcalteca».

Curioso personaje el tal Blas Botello, hijo de padres hidalgos; de este misterioso cántabro, «decían que era nigromántico, otros decían que tenía familiar, algunos le llamaban astrólogo», en palabras de Bernal Díaz del Castillo.

La existencia y creencia en esta clase de espíritus protectores familiares estaba tan extendida por toda Europa que el escritor Walter Scott cuenta que cada clan principal de Escocia tenía el suyo propio que protegía a su estirpe. Serían las *Banshees* que acompañaban a lo largo de su historia a las más nobles familias irlandesas y escocesas, de manera que todo linaje con cierto abolengo, debía contar con alguna *Banshee* aparejada a su árbol genealógico.

En el siglo XVI, el ya citado Antonio de Torquemada establecía su particular hipótesis, diciendo que el arte de la nigromancia se podía ejercer de dos maneras. Una sería la magia natural, consistente en utilizar hierbas, plantas, piedras y otros elementos para conseguir sus fines. La otra sería la que se ejercita con el favor y ayuda de los diablos. Y más adelante escribía:

En lo que habéis dicho que los demonios están encerrados o atados en una anilla o redoma, o en otras cosas, es un engaño común que reciben los que tratan de esta materia y que los mismos demonios lo hacen entender que la verdad de ello es que los demonios están donde quieren y como quieren y por más lejos que se hallen al tiempo que son llamados o requeridos en un instante vienen a estar presentes y a responder.

Concluye Torquemada que su poder no procede de las palabras del mago o el brujo que los tiene como esclavos, sino más bien de los demonios superiores y más poderosos, con los que previamente el brujo tuvo que haber hecho un pacto.

El teósofo extremeño Mario Roso de Luna abunda en esta idea en su obra *El tesoro de los lagos de Somiedo* y nos previene contra aquellos que invocan alegremente a estas entidades: «Es correr mayor peligro que cuando se entra con una vela en un repleto polvorín», manifestando en 1915 ciertas advertencias y conclusiones sobre estos espíritus familiares que suscribiría sin reparos el escritor Salvador Freixedo (autor de *Defendámonos de los dioses* o *La granja humana*, dos títulos muy expresivos de su contenido). Roso de Luna explicaba que para estos seres:

> es un juego de niños el excitar en nosotros las malas pasiones, inculcar en las naciones y sociedades doctrinas turbulentas, provocando guerras, sediciones y otras calamidades públicas y diciéndonos luego que todo ello es obra de los dioses... Estos espíritus se pasan el tiempo engañando a los mortales produciendo a su alrededor ilusiones y prodigios. Pero su mayor ilusión es hacerse pasar por dioses protectores y por almas de los muertos.

Duras palabras que tomamos con todo respeto. Roso es igualmente de la opinión que con el auxilio directo de estas entidades inferiores y perversas del astral es como se llevan a cabo toda clase de hechicerías.

En España estamos sobrados de ellas y reciben nombres diversos, según la región en la que nos encontremos :

—País Vasco: *pameriak*, *patuek*, *prakagorris*, mozorros, mamarros, mamur, *galtxagorris* y demás ralea.
—Cataluña: *maneirós* y *menairons*.
—Baleares: en Ibiza es el *famelià* y en Mallorca los *dimonis-boiet*.

—Canarias: familiares.
—Galicia: diablillos, demiños y demachinos.
—Castilla: enemiguillos.
—Extremadura: enemigos y malignos.
—Cantabria: mengues y ujanos.
—Asturias: pautos.
—Aragón: *familions* y *diaplerons*.
—Andalucía: cermeños y lanillas

Y así un largo etcétera, que incluye maridillos y martinetes, que además de las características ya dichas tienen, otras propias que les hacen ser ligeramente diferentes unos de otros en su aspecto, pero no en su comportamiento. Ahora bien, una vez conseguidos por la forma que sea, con los peligros que eso acarrea, nadie puede desprenderse de ellos fácilmente —salvo que los regale o los venda y otro sea tan incauto de aceptarlos— ni puede dejar de alimentarlos, ni cesar de encomendarles alguna tarea.

De silbatos y sapos mágicos

El cronista Jerónimo de Barrionuevo, en uno de sus *Avisos*, del 29 de mayo de 1656, habla de uno de los portentosos poderes que se pueden conseguir si te haces con uno de estos familiares. Menciona a un muchacho de trece o catorce años que había aparecido en Roma y que hablaba todas las lenguas: «Sucedió que hallándose en diferentes disputas confundía a cuantos le hablaban. Llegó pues el caso que le dijo uno lo que a Cristo dijeron: *Tu demonium habes*. A lo que respondió lo mismo que dijo el Hijo de Dios: *Ego demonium non habeo, sed glorifico patrem meum qui in caelis est* ('no tengo demonio, sino que glorifico a mi Padre que está en los cielos')».

No convenció a los circunstantes esta piadosa respuesta, sino que le prendieron y le encontraron en el paladar de la boca un silbatillo pegado en el que tenía encerrado un demonio familiar, «que en quitándoselo no supo más cosa de lo que hacía ni decía». Preguntado sobre quién se lo había dado, respondió que un fraile de tales señas y de tal convento. Fueron a buscarle, pero no le hallaron por más diligencias que hicieron «con que todos creyeron debía de ser otro demonio mayor el que se lo había dado».

Y el silbatillo lo echaron al fuego, donde «saltó como castaña»: una pena porque estaríamos ante uno de los inventos más revolucionarios de toda la historia de la humanidad, ni más ni menos que un silbato que te haría hablar todas las lenguas, sin ir a academias ni gastarte un solo euro. Tan solo pondrías en peligro tu alma...

La antropóloga británica Margaret Murray recogió abundantes testimonios de estos demonios familiares en sus obras, diciendo que, a menudo, se encarnaban en figura de gatos, liebres, perros, sapos, cuervos, ratones, etc. Distinguía entre familiares empleados para la adivinación y familiares utilizados en las prácticas de magia. Cita a un brujo de Orleans llamado Silvain Nevillon que declaró en 1626 que los espíritus familiares o diablillos encerrados (*marionettes*) eran tenidos por ciertas brujas en forma de sapos, a los cuales alimentaban con una papilla de leche y harina. No se atrevían a salir de su casa sin antes pedir permiso a esos familiares, a los que informaban acerca de cuánto tiempo iban a ausentarse, y si estos, por un casual, consideraban que era demasiado lapso, sus propietarios renunciaban a salir.

Esta dependencia de los pretendidos dueños hacia sus familiares es muy habitual también en los casos que hemos recogido en España, dándose la circunstancia de que esa forma de sapo ha sido igualmente adoptada por alguno de estos seres, como ocurre con los «maridillos,» de los que hablaremos más adelante. Si bien lo normal es que tengan forma de mosca o de araña. Por consiguiente, un ser humano ejerce la función de dueño de estos espíritus familiares, pero si analizamos las leyendas más a fondo pronto comprobamos que el supuesto dueño no deja de ser un mero esclavo de su familiar, desde el mismo momento en que lo entregaron, lo recogió o lo formó, pasando a tener en todo caso una relación recíproca de amo y sirviente, en la que, no obstante, a la larga siempre acaba llevándose la peor parte el humano, que suele ser brujo, mago, nigromante o hechicero. Hay excepciones, como el cura de Bargota que murió longevo y moderadamente feliz.

Son tan minúsculos que caben muchos en un canutillo de madera, un alfiletero o una redoma. Pero ojo al destaparlos, porque si no se tienen las precauciones adecuadas, pueden salir volando, atacar y perderse para siempre sus extraordinarios poderes.

En varios cuentos populares, recogidos por Rodríguez Almodóvar, se les hace intervenir de forma directa, como ocurre en el *Castillo de irás y no volverás* o en *Blancaflor*, donde la protagonista, que suele ser una princesa o una maga, se sirve de estos diminutos demonios para realizar los trabajos más raros e inverosímiles que su padre manda hacer a su amado en una sola noche.

Pueden adoptar tantas formas como uno sea capaz de imaginar, pues, recordemos, muchos de ellos proceden primeramente del deseo mental de crearlos. Según algunas leyendas, serían unos insectos que se llevan dentro de un canuto de caña o en un alfiletero (así en localidades del Pirineo como Esterri de Aneo, Son del Pino, Las Iglesias...) y al destapar el canuto saldrían volando como un enjambre de abejas. Si no se les manda trabajo, pican y acaban matando a su dueño. Esta forma de mosquitos también la adoptan en Cortézubi (País Vasco), los mamur, o los *diaplerons* en Aragón.

Otros, sin embargo, creen que son unos gusanos negros muy pequeños mientras permanecen dentro del alfiletero, pero en cuanto salen de él se transforman en diminutos diablillos con cuernos y cola, como ocurre en Sarroca de Bellera (Lleida) y en Cantabria. En Zarauz (Guipúzcoa), y por lo general en Galicia, Castilla y Baleares, piensan que su forma es la de diablillos con calzones rojos, siendo esta imagen la más extendida.

En Cataluña, Baleares y Galicia su procedencia es más curiosa, pues en las dos primeras zonas se «fabrican» de una extraña hierba que solo nace una especial noche debajo de un puente concreto (Baleares), o de la semilla de una cierta planta (Cataluña). Por el contrario, en Galicia hay que acudir a la busca y captura de un huevo de gallo negro para conseguir la formación de un diablillo .

Homúnculos y *golems*

Y ESTO NOS PONE EN CONSONANCIA con una pregunta clave: ¿se pueden crear seres vivos de la nada? ¿Se pueden materializar criaturas que en un primer momento eran inexistentes o meras creaciones mentales?

Esta pregunta, sin duda, se la han formulado muchos personajes de nuestra historia, algunos ávidos de inmortalidad, con interesados en la creación de seres que les perpetuaran a ellos. Este es el caso de los novelistas. Los alquimistas se propusieron tamaña tarea y quisieron crear homúnculos o seres virtualmente engendrados de la nada o de una específica materia prima que, según algunas crónicas, adquirieron vida. Sería una especie de «generación espontánea», teoría científica que pretendía que podía surgir la vida de materias inertes y que estuvo muy en boga en la Antigüedad, hasta que, en 1859, Pasteur se encargó de demostrar que era falsa.

Sin embargo, los investigadores Alexandra David-Neel y Nicolás Roerich ya hablaban de ciertos prodigios realizados por lamas iniciados del Tíbet que, según algunos testigos, llegan a ser capaces de materializar literalmente ciertos pensamientos en forma de objetos o de seres aparentemente humanos y reales. Hablaban de los «tulkus» (proyecciones de objetos) y de los «tulpas» (proyecciones de seres humanos). Pero la tradición ocultista y cabalista también da cuenta de poderes semejantes en ciertos hombres, como el rabino Eleazar de Worms, al que la tradición hassídica atribuye la creación del primer *golem* en el siglo XIII. Sus tratados, entre ellos *El libro del Ángel Raziel*, se basan en los escritos cabalísticos de místicos sefarditas de las ciudades de Gerona y Guadalajara, y establecían unas cuantas fórmulas mágicas entre las cuales se encuentra una muy difusa e incompleta sobre la creación de un golem con la colaboración de dos adeptos que podrían fabricarlo con arcilla virgen, mientras recitaban un galimatías de nombres y conjuros (debían recitar 231 variaciones alfabéticas) y daban vueltas mareantes (exactamente 462) en torno a la criatura previamente enterrada y encerrada en un círculo mágico.

Ahí quedó la cosa, sin que se supiera si realmente el homúnculo de Eleazar de Worms llegó a adquirir vida, pero sí nos han llegado más datos sobre otro rabino del siglo XVI llamado Löew de Praga que —aseguran— es el verdadero creador material del *golem*, pues según la tradición logró encontrar los elementos que faltaban en la fórmula de Eleazar y creó por fin un homúnculo que le serviría como criado ocupado en los trabajos domésticos. En su frente figuraba la palabra hebrea *emeth* (verdad) y cada día se desarrollaba y se hacía más fuerte y robusto que los demás moradores de la casa, a pesar de haber sido tan diminuto al principio.

Duendes

La forma de inmovilizar a este *golem* era borrarle la primera letra de la palabra que llevaba inscrita en la frente, de manera que solo se leyera *meth* (muerto). Así permanecía inerte durante el sábado, día sagrado para los judíos durante el cual no se puede realizar ninguna tarea.

Dicen que una vez se olvidó de hacer este proceso y el *golem*, sin ninguna tarea por hacer, se enfureció que entró en la sinagoga en pleno oficio destrozándolo, todo con el lógico pánico de los asistentes. Estos terminaron definitivamente con su existencia, y el barro que quedó fue guardado en el desván de la sinagoga de Praga, donde aseguran que aún permanece detrás de una reja.

Todo esto viene a cuento porque en la tradición sobre diablillos familiares se les atribuye comportamientos muy parecidos. Son creados por sus futuros dueños y vinculados de una manera directa a la magia. Su creencia va desde el Tíbet hasta Europa, penetrando fuertemente en España a través de una serie de brujos y adeptos a la magia negra y al satanismo que se dedicaban a crear este tipo de homúnculos, sobre todo a partir del siglo XVI. Dejarían su huella en casi todas las regiones donde la brujería tuvo mayor intensidad, desvaneciéndose su creencia en el siglo XVIII, principalmente a partir de la Revolución Francesa, pues todo aquello que tuviera reminiscencias fantásticas o míticas quedó anatemizado en aras de la más pura y estricta razón.

Entre los diablillos familiares que vamos a citar, tendríamos que hacer dos claros grupos:

> a) aquellos que son invocados y los creados tomando como materia prima sustancias de lo más variopintas (helechos, gallos, hojas, semen, granos, sangre...), siguiendo un proceso o ritual mágico complicado a base de fórmulas y símbolos cuyos creadores eran brujas o nigromantes;

> b) aquellos otros sobre los que no hay una clara constancia de que hayan sido creados, sino buscados y localizados en ciertos parajes especiales, en días muy concretos del año. Estos últimos, igualmente asociados a la brujería, no tendrían vinculación con la magia negra sin que el alma del poseedor peligrara.

En ambos casos, daban a su poseedor un poder muy especial y sobrenatural.

Diablos dentro de botellas

Un extraño personaje, de nombre Weternus, afirmó haber viajado veintisiete meses en compañía del alquimista Paracelso y haber comprobado que poseía un diablo familiar encerrado en el pomo de su espada, donde figuraba una inscripción con la palabra Azoth. Otros afirman que bajo ese nombre se encuentra en realidad la piedra filosofal que llevaba siempre consigo, como así quedaría reflejado en un retrato del año 1567 en el que se le ve asiendo la empuñadura de su espada con las dos manos y también aparece con un colgante que se remarca lo suficiente para destacar su importancia.

A estos minúsculos seres en ocasiones se les asocia con los homúnculos que, simplificando, serían los clásicos diablillos encerrados en una botella, a mitad de camino entre el genio de la lámpara de Aladino y el diablo cojuelo de don Cleofás, muy invocados en ceremonias hechiceriles y con los que había que tener muy presentes dos aspectos: su alimentación (no se les podía dejar pasar hambre) y su traspaso (había que escoger a la persona adecuada para que fuera su futuro dueño y heredero). Por otra parte, tenían parecidas características que los duendes: se podrían transformar en diversas formas animalescas —incluso humanas— y eran muy inquietos y vivarachos.

El hecho de que se vincule a todos estos seres con prácticas brujeriles ha posibilitado fabulosas leyendas alrededor de ellos. Por ejemplo, la de que eran capaces de transportar a sus dueños por los aires a los lugares más remotos y en un lapso de tiempo insignificante o de hacer a sus dueños invisibles y poderosos gracias a su mera tenencia. ¿Qué hay de verdad en todo ello? Como casi siempre ocurre, y mucho más tratando de estos temas tan nebulosos y resbaladizos, ni todo es rigurosamente verdad ni creemos que alguien se haya tomado la molestia de inventarlo todo. Lean los datos y juzguen por sí mismos...

Uno de los cuentos recogidos por los hermanos Grimm es *El espíritu de la botella*. Narra cómo un niño, cuando iba a coger nidos de aves, oyó una voz que le dijo: «¡Sácame de aquí!». El joven comenzó a remover la tierra bajo el árbol de donde procedía la vocecilla y a buscar entre las raíces, hasta que por fin encontró una botella de cristal en un pequeño hueco. La levantó, la sostuvo contra la luz, y vio a una criatura formada como una rana, que saltaba de arriba abajo dentro de ella. «¡Déjenme salir, déjenme salir!», gritaba de nuevo, y el joven, sin pensar en ningún mal, quitó el corcho de la botella.

En un principio, el genio amenaza con estrangularle en represalia por haber permanecido cautivo durante tanto tiempo. Luego, se pone muy pesado por su mal humor, y el chaval consigue con astucia y engaño hacer que regrese a la botella, para, tras la insistencia del espíritu, liberarle de nuevo. En agradecimiento el joven recibió un regalo mágico: un pequeño bolso como un yeso, y una recomendación: «Si frotas un lado de él sobre una herida, sanará, y si frotas el otro lado sobre acero o hierro, se transformará en plata». Algo similar ocurre con el pescador del cuento de *Las mil y una noches*. Solo libera al genio después de que le ha recompensado con un pedazo de tela, uno de cuyos extremos sirve para curar todo tipo de heridas, mientras que el otro transforma en plata cualquier objeto con que se frote. Un chollo.

El tema del espíritu malvado encerrado en una botella se remonta a las antiguas leyendas persas. En ellas, el rey Salomón solía encerrar a los espíritus herejes y rebeldes en cofres de hierro, botellas de cobre, lámparas mágicas o en botas de vino que luego arrojaba al mar. Pero al mismo tiempo parece proceder, según comenta Bruno Bettelheim, de dos tradiciones distintas. Una es un relato medieval que hace referencia al diablo encarcelado o liberado por un santo y obligado a servir a su benefactor. La segunda tiene su origen en los relatos sobre un personaje histórico, Paracelso, cuyos conocimientos y milagrosas curaciones estimularon la imaginación de sus contemporáneos, hasta el punto de atribuirle bastantes más prodigios de los que realizó en vida. Una de estas historias nos cuenta que Paracelso oyó una voz procedente de un abeto que pronunciaba su nombre. Pronto se dio cuenta de que se trataba del diablo que, en forma de araña, estaba encerrado en un diminuto agujero en el árbol. Se ofreció a liberarlo con una única condición, que el demonio

Farmeliá

le proporcionara una pócima capaz de curar cualquier enfermedad y un ungüento que convirtiese en oro todo lo que tocara. El diablo accedió, pero una vez libre quiso matar al santo varón que años atrás lo había encerrado. Paracelso, para evitarlo, puso en duda que un ser tan enorme como el diablo pudiera convertirse en algo tan insignificante como una araña. El ingenuo demonio, para demostrar su poder, se transformó en araña y entonces es cuando aprovechó para encerrarlo de nuevo en el árbol. Estupidez en grado sumo, una vez más.

El diablo cojuelo

Pertenece por derecho propio al género de los entes invocados. Es quizá el más popular de todos gracias a tres factores:

1.— A la obra homónima del ecijano Luis Vélez de Guevara, donde recrea un diablillo de estas características, pícaro y simpaticón

2.— A ciertos grimorios donde aparecen fórmulas para invocarlo

3.— A los procesos inquisitoriales contra las brujas de los siglos XVI y XVII donde se le menciona con frecuencia

La trama de la obra de Vélez de Guevara, muy escuetamente, es como sigue: un caluroso día de julio, cuando los madrileños vuelven de refrescarse en el río, el estudiante don Cleofás Leandro Pérez Zambullo huye por los tejados de las iras de una supuesta doncella despechada y de los agentes de la Justicia, por un pretendido estupro. De tejado en tejado acaba por caer en una buhardilla que es el estudio de un astrólogo. Allí oye unos suspiros y Cleofás exclama entonces: «¡Quién diablos suspira aquí!», descubriendo que, efectivamente, era un diablo, más bien un diablejo minúsculo, encerrado en una redoma. Tan harto de su cárcel, que está deseando que lleguen los inquisidores para ponerlo en libertad.

El diablillo pide al estudiante que rompa la botella y le dirá algo interesante, cuando lo hace, se convierte en un hombrecillo con muletas, que no tiene muelas ni dientes, provisto de unos enormes bigotes. El estudiante le hace un interrogatorio y el diablo cojuelo se define a sí mismo con varios adjetivos:

—¿Eres Satanás? —preguntó el estudiante.

—Ese es demonio de sastres y carniceros —dijo la voz.

—¿Eres Belcebú? —y la voz responde—: Ese es demonio de tahúres, amancebados y carreteros.

—¿Eres Barrabás, Beliat, Astarot? —finalmente le dijo el estudiante.

—Esos son demonios de mayores ocupaciones —le respondió la voz—. Demonio más por menudo soy, aunque me meto en todo: yo soy las pulgas del infierno, la chisme, el enredo, la usura, la mohatra; yo traje al mundo la zarabanda, el déligo, la chacona, el bullicuzcuz, las cosquillas de la capona, el guiriguay, el zambapalo, la mariona, el avilipinti, el pollo, la carretería, el hermano Bartolo, el carcañal, el guineo, el colorín colorado; yo inventé las pandorgas, las jácaras, las papalatas, las mortecinas, los títeres, los volatines, los saltambancos, los maescorales y, al fin, yo me llamo el diablo cojuelo.

Es de sobra conocido en las leyendas castellanas que fue uno de los primeros en ir a los infiernos tras la rebelión celestial, con tan mala suerte que sus congéneres cayeron sobre él dejándolo tullido, pero sin que su cojera llegara a evitarle ser el más veloz de los diablos.

Agradeciendo el favor que le ha hecho don Cleofás, el diablo, usando de su magia, le lleva por los aires hasta la madrileña torre de San Salvador, desde donde descubre todos los tejados y el interior de las casas de «esta Babilonia Española» donde no faltan hipócritas piadosas, obispos, regidores de Indias, taberneros, maestros..., y demás fauna humana.

El diablo cojuelo es muy utilizado en los conjuros de los hechiceros, y fue mencionado por vez primera en la obra *Virgilis Corduberius Philosophia* (siglo XIII), gozando de gran popularidad y siendo considerado el más listo, gracioso y veloz, razón por la cual se contaba con él en todos los rituales de magia.

Este diablo representa una clara transición entre el familiar y el duende porque, si bien su estatura es tan diminuta como para caber en una redoma de alquimista y realiza hechos prodigiosos como trasladar por los aires a su dueño don Cleofás (tamaño y comportamiento típicos

El diablo cojuelo fue el favorito de las brujas y hechiceras de los siglos XVI-XVII. A él le invocaban en sus conjuros amorosos como mensajero raudo y veloz (a pesar de su cojera).

de un demonio familiar), también es verdad que sus costumbres traviesas son las propias de un duende. El hecho de que sea descrito con aspecto de demonio (con cuernos y rabo) y además esté cojo, lo asocia inmediatamente con el trasgo asturiano y cántabro. El diablo cojuelo nos serviría perfectamente como «eslabón perdido» entre los demonios de la teología judía y cristiana, los espíritus familiares que estamos describiendo y los duendes domésticos, para participar de todos ellos. De ahí que su mito se haya extendido tanto por todas partes, aunque recibiera otros nombres. Así, entronca con Bastián, el duende granadino, y con el diablo Asmodeo, cojos como él, así como con el protagonista de *El diablo en la botella*, obra que escribió Lesage en el siglo XVIII, clara imitación de lo que hizo unos años antes Vélez de Guevara.

Las hazañas que hacían estos genios embotelladlos, transmitidas por libros como *Las mil y una noches*, se atribuyeron a otros personajes como Salomón, Paracelso, el cura de Bargota, el médico Torralba y el obispo de Jaén, pues hubo una vez un obispo de esta diócesis —dice la leyenda— que tenía encerrados a tres diablos en una botella. Un día uno de ellos le propuso un trato: le llevaría por los aires a cualquier lugar donde deseara ir si, a cambio, le prometía entregarle cada noche las sobras de su cena. El prelado aceptó y liberó al diablo de su prisión. El deseo fue que le llevara a Roma a ver al papa. En menos que canta un gallo, diablo y obispo estaban en la ciudad eterna hablando con el sumo pontífice, al que, incluso, le advirtió de un peligro. A su regreso, el obispo trajo consigo una preciosa reliquia: el Santo Rostro, el mismo que hoy en día se venera en la catedral jiennense. El diablo volvió a su botella y desde entonces el obispo cenaba solamente nueces y al terminar decía: «¡Ahí van las sobras!».

Hasta aquí el chismorreo del que se hace eco el padre Feijoo en su ensayo *De la transportación mágica del obispo de Jaén*. Feijoo también cuenta que en cierta iglesia de Roma se mostraba el sombrero que el obispo dejó olvidado en su visita. Pero lo curioso es que realmente hubo un obispo que consiguió traer el Santo Rostro o Verónica a Jaén en el año 1376, y se llamaba Nicolás de Biedma. Un dato que recalca Juan

Duendes

Eslava Galán es que dos años después fue promovido al obispado de Cuenca, donde acabó sus días. Y es precisamente en Cuenca donde, tres siglos más tarde aparece un individuo que aseguraba que un espíritu familiar, de nombre Zequiel, le llevaba por los aires hasta Roma. «No es posible que se trate de coincidencias», asegura Eslava Galán.

El diablo cojuelo fue muy popular en los siglos XVI y XVII, invocado por brujas en numerosos conjuros amorosos, según se desprende de varios procesos del Santo Oficio. El Tribunal de la Inquisición de Toledo incoó uno en 1668 contra la hechicera Águeda Rodríguez por el que sabemos que utilizaba este personal conjuro: «Diablo cojuelo, tráemelo luego; diablo del pozo, tráemelo, que no es casado, que no es mozo; diablo de la Quinteria, tráemelo a la feria; diablo de la plaza, tráemelo en danza». Su invocación estaba casi siempre emparejada con la búsqueda y posterior captura o localización del ser querido o ansiado por la persona que acudía a la bruja y cuyo propósito era conseguir que regresara.

Entre las brujas que lo convocaban era conocida la madrileña doña Antonia de Acosta Mexía: «Estos cinco dedos pongo en este muro, cinco demonios conjuro: a Barrabás, a Satanás, a Lucifer, a Belcebú, al diablo cojuelo que es buen mensajero, que me traiga a Fulano luego a mi querer y a mi mandar».

Otros conjuros para llamarlo serían:

> Al diablo cojuelo / que es buen mensajero / y el diablo coxo, / que corre más que todo /diablo cojuelo, / Tráeme luego…

> Señor de la calle / Señor de la calle / Señor compadre / Señor cojuelo / Que hagáis a (Fulano) / que se abrace solamente a mí / y que me quiera y que me ame / y que si es verdad / que me ha de querer / que ladre como perro / que rebuzne como asno / y que cante como gallo.

En Euskadi se utilizaba, entre otras, esta invocación: «Barrabás, Satanás, Belcebú y Lucifer, venid y llamad a las siete capitanías de los diablos y enviad al diablo cojuelo para que me traiga a fulano», que era recitada durante trece días. Las brujas canarias invocaban a este travieso diablo para fines similares, puesto en relación curiosamente con doña María de Padilla, la amante de Pedro I de Castilla, con fórmulas rituales similares a estas: «Levántate María de Padilla, de esos infiernos donde estás y tu manto negro te cubrirás y a fulano me traerás». Para luego decir: «Diablo cojuelo, tráemelo luego».

Este diablo cojitranco, el más veloz de todos a pesar de su cojera, es más universal de lo que parece, pues ha cruzado el océano y es conocido en las tradiciones brasileñas que aseguran que el bosque tiene por espíritu a un diablo cojuelo que, como se despiste, intentará extraviar al cazador.

Familiares isleños

Islas Baleares: homenet de colzada

Encontramos tal batiburrillo de datos mezclados sobre duendes y familiares en las islas Baleares que es francamente difícil separar en sus leyendas los unos de los otros. Cuando estudiamos al *follet* pensando que sería como sus primos-hermanos de Cataluña y Levante, es decir, un duende hecho y derecho, vemos que se trata más bien de un espíritu familiar, aunque otras veces se hace referencia a la investidura de un «poder» que tiene el brujo para hacer o no hacer algo, de ahí la expresión de que fulano «tenía *follet*», para indicar que se amparaba en algo mágico que le protegía y que le facultaba para obrar grandes prodigios.

A pesar de todo, hemos desglosado a los *follets* y los *barruguets* dentro de los «duendes domésticos» (con reparos) y a los *dimonis-boiets* y los *famelias*, dentro de los «diablillos familiares» (con menos reparos), por considerar que así se ajusta más al mito original, sin interpolaciones posteriores que han tergiversado un tanto el asunto.

Las travesuras son atribuidas a los demonios *boiets* y a los *homenet de colzada*, un espíritu diabólico que ciertas personas llevan dentro de una bolsa o zurrón, y que está al servicio de quien le ordene ciertas tareas. Al *homenet de colzada* se le describe como «hombrecillo de acodada», ser imaginario que figura en los cuentos populares y que se caracteriza por una gran laboriosidad y una extremada pequeñez corporal. En los cuentos de Alcover no indica ningún tipo de hábitat: se les llama y los hombrecitos aparecen, sin saber de dónde vienen ni a dónde van, con lo cual podríamos suponer que viven en un lugar más agreste que doméstico. Siempre están haciendo algo.

Al analizar las hazañas del *barruguet* ibicenco comprobamos que en muchas de sus características es similar al *famelià*, espécimen de la misma isla pitiusa, aunque en otras se comporta de forma tan tosca y estúpida como los duendes de la península ibérica. Y para colmo, al describir al *dimoni-boiet* de Mallorca volvemos a ver el mismo grado de confusión que en el resto de seres de este archipiélago. Al final se llega a la conclusión de que nada es lo que parece en realidad y que, posiblemente, se han tergiversado tanto las leyendas que lo que antaño era un duende ahora lo asocian a un familiar y viceversa, permaneciendo estos personajes en un halo de misterio e incertidumbre todavía por desentrañar. Y aun más, figuras como el *barruguet* o el *boiet*, tanto por los lugares donde habitan (que no son casas) como por las cosas que hacen se parecen más a los enanos e incluso a los diaños burlones del norte de España.

Si tuviéramos que formular una teoría con todo lo que sabemos de ellos, no queda más remedio que encuadrarlos dentro de la categoría de demonios familiares: *follet*, *famelià*, *barruguet*, *dimoni-boiet* y *homenet de colzada*, que serían distintos nombres o máscaras para el mismo personaje, extremadamente pequeños, que debe ser capturado y que, cuando le da la real gana, adopta la forma de un diablillo con cuernos y rabo.

Algunos campesinos ambiciosos, sabedores de las portentosas facultades de estas criaturas tan sobrenaturales, pretendían cazarlos y domesticarlos. Para eso se dirigían, la noche del Jueves al Viernes Santo, bajo los arcos del Pont de Sa Taulera (Carretera de Sant Joan) donde había unos montoncitos de arena finísima, en forma de círculos concéntricos. Clavando el dedo índice en el centro exacto, se recogía un puñado de arena que al momento se filtraba para dejar dentro de la mano una especie de mosca sin alas que hacía unas inaguantables cosquillas. Si el cazador superaba ese terrible cosquilleo ya tenía en su poder a un diablillo familiar.

Mallorca y Menorca: dimonis-boiets

Se encuentran referenciados exclusivamente en la isla de Mallorca y en la de Menorca; en esta última con el nombre de «diablos junquillos». Para ellos 20 centímetros son muchos centímetros. Nos vamos de nuevo a seres de pequeñísima estatura y casi inaprensibles, hasta el extremo de que caben varios de ellos en una caña o en un alfiletero. Su aspecto físico no es de gusanos o de polillas, sino de diablillos, y cuando alguien tiene la dudosa suerte de verlos, se parecen a negras volutas de humo, con cuernecillos y cola que nunca paran de moverse. Son algo más grandes que los *mareirons* catalanes y normalmente andan de dos en dos. Suelen vivir indistintamente en plena naturaleza o dentro de las casas. La cuestión es coger uno o varios de ellos, pudiendo ser encerrados en pequeños recipientes para ser más tarde usados en provecho de su poseedor. Cuando son momentáneamente liberados, gritan repetidamente: ¡¿*Què farem?*, ¿*Què farem?*, ¿*Què farem?*!

Y si en ese tiempo no se les ha encomendado alguna tarea, se arrojan sobre su dueño y lo destrozan. Eso dice la leyenda, que añade la forma de esquivarlos, y nada mejor que tres tretas o argucias:

—Obligarlos a decir el Padrenuestro al revés, cosa que no saben hacer, de modo que se van avergonzados.

—Pedirles que laven la piel negra de un cordero hasta dejarla blanca, o viceversa.

—Encomendarles que separen los pelos negros de los blancos de varios becerros de lana gris.

La historia que a continuación transcribimos demuestra claramente que contra ellos se pueden usar las mismas armas que contra los trasgos. Resulta que la mujer de un molinero mallorquín fue abordada por un grupo de diminutos *dimonis-boiets* que le pidieron un poco de trigo a su manera.

—¿Daros yo grano? ¿Por qué? Si probablemente ya me habéis robado media espuerta. Pero si realmente queréis que os lo dé —dijo la

Dimoni-Boiet
(Mallorca)

mujer— lavad esta lana. Cuando sea completamente blanca, venid y os daré el trigo.

Los *boiets* miraron la lana y a la mujer. Algunos de los más pequeños empezaron a llorar.

—¡Pero si esta lana es negra! Nunca la podremos hacer blanca.

La mujer del molinero se rio de ellos. Les había pedido un favor y sabía que estaban obligados a hacerlo por un legendario código de conducta. Muy lentamente los *boiets* dejaron el molino y no se les ha vuelto a ver en la isla. Algún día —dicen— volverán con la lana blanca para cobrar su premio.

Otra leyenda similar es narrada por Gabriel Sabrafin y se localiza en la cima de la Serra de Na Burguesa, denominada S´Avenc de Sa Moneda. Una zona de helechos con un pozo natural solo accesible por escala, que tiene en su interior varias oquedades en las cuales se han situado tradicionalmente las moradas de los *boiets*, a los que atribuye la imaginación popular oficios como el de herrero —propio de otro tipo de elementales terrestres (los enanos, por ejemplo)— o la forja de monedas de oro sin parar. De vez en cuando salían de sus cuevas, muy nerviosos, y trabajaban por los alrededores de manera desesperada en las tareas más diversas: construir bancales, horadar pozos, arreglar paredes..., cualquier cosa era válida con tal de no estar quietos, pues una de sus características, referidas a todos los diablillos familiares, es permanecer en continuo movimiento y actividad.

Una de las casas ubicadas cerca de este pozo solía recibir las visitas de estos seres y a la dueña del hogar no le hacía mucha gracia tener por huéspedes a estos molestos diablillos que cambiaban las cosas de lugar, escondiendo cubiertos y tijeras, derramando la leche, molestando a las ovejas y realizando acciones similares.

Cada día estos *boiets* acudían a ella dando brincos, gritando y preguntando

¿Què farem? abriendo su descomunal boca (desproporcionada con respecto al resto de la cara) para que les diera de comer algo, hasta que se cansó de ellos y resolvió alejarlos de allí definitivamente, encargándoles

la tarea de separar los pelos negros de los blancos de varios becerros de lana gris, colocándolos en montones distintos. Al principio los *boiets* realizaban esta tarea con sumo agrado, hasta que después de muchas horas se dieron cuenta de la tamaña estupidez que estaban haciendo, una misión casi imposible, por lo que se pusieron a gritar como locos abandonando el lugar muy humillados y derrotados.

Esta leyenda empalma con otra que dice que al marchar los boiets de la sima dejaron en las oquedades un fabuloso tesoro escondido, custodiado por un fiero dragón que duerme en su interior, a la orilla de un río subterráneo, en perpetua guardia para que nadie lo robe.

Otra leyenda recogida por el sacerdote de Manacor Antoni María Alcover, publicada en el *Boletín de la Sociedad Arqueológica Luliana* en julio de 1899 y que forma parte de las tradiciones populares mallorquinas, da más detalles sobre la actuación de esos personajillos. Se la contaron varios informantes de Son Servera y le dijeron que los solteros solían reunir semillas de la flor del helecho durante la noche de San Juan en Es Puig de Sa Font porque creían que cada grano se volvía un *dimoni-boiet*, pero el problema era que el helecho produce somnolencia y corrían el riesgo de dormirse y despertarse cuando el sol ya hubiera salido, y entonces el ritual no serviría para nada. Para prevenirse, ponían pañuelos blancos extendidos debajo para recoger esas semillas, pero a veces estas agujereaban los pañuelos y se fundían con el suelo. Y cada año tenían que volver, así como habían ido.

El señor de Sa Gruta, posesión de Manacor, era más avispado que los solteros y se propuso conseguir algún *boiet* para que le ayudara en sus quehaceres agrícolas. En lugar de llevar un pañuelo se llevó un canutillo de plata. Al darse cuenta de que le venía el sueño ..., ¡zas!... Se echó un chorro de agua en la cara, y así permanecía bien espabilado. Al amanecer, destapó el canutillo y lo puso debajo del helecho, a fin de que cayeran en su interior las semillas de su flor que solo florece en esta mágica noche. Y cayeron dos. Tuvo cuidado de tapar bien el canutillo con un tapón de corcho y un trozo de piel de perro atado con un cordón de seda y se encaminó hacia Sa Gruta. A la mujer le dijo que, por el amor de Dios, no abriera el canutillo bajo ninguna circunstancia, y se fue a dormir. Él todavía no había cerrado los ojos cuando su esposa ya había destapado el frasco, del que salieron como dos balas ambos *dimonis-boiets*, danto saltos mortales y gritando:

—*Doneu-nos feina!, doneu-nos feina!... Apresa!, o si no, us tomarem la casa... feina!, feina!, feina!* ('Danos trabajo!, danos trabajo! ... Aprendida!, o si no, tomaremos la casa... ¡trabajo!, ¡trabajo!, ¡trabajo!').

Con aquel escándalo mayúsculo, el señor se despertó y viendo que la cosa pintaba muy mal, para quitarse aquellos lucifers de delante, que ya se arrepentía de haber ido a buscarlos, dijo: «Nada, hacer una calzada desde Sa Cova de s´Aljub y de Sa Font des Molins!». Y a pesar de la considerable distancia que hay entre esos dos puntos, construyeron la calzada. Sus demonios volvieron a pedir trabajo y más trabajo, dando saltos y más saltos.

Como vieron que eran capaces de hacer cualquier cosa les dijeron: «Hagan una cisterna aquí delante y no tendremos que correr cada día al Pozo de Vicente». Se pusieron los dos *boiets* a rascar allí delante con sus uñas, sus dientes y sus cuernos con tal rapidez que los guijarros rebotaban como pelotas. Qué manera de taladrar. Y al poco ya estaba lista la cisterna bien honda y bien ancha.

—¡Venga, más trabajo! —gritaron los dos demonios.
El dueño, más revuelto que un gusano, les dijo:
—¡Falta algo en esta cisterna!
—¿Que falta? —dijeron ellos.
—Una mina para hacer agua fresca —dijo el dueño.
—¿Por dónde quieres que vaya la mina?
—Por debajo de las casas.

Dicho y hecho. Con sus uñas, dientes y cuernos y rach-rach-rach, como si aquella peña fuera de pasta de mantequilla, hicieron la mina. Y pidieron más trabajo y les dijeron que abrieran un agujero en un peñasco al lado de las casas, y pidieron más trabajo y el dueño, todo apurado, para quitarlos de su vista cuanto antes, les pidió hacer un molino de viento. Y lo hicieron. Sin embargo, cuando fueron a poner una cruz para meter las aspas dijeron:

—No, nosotros no haremos ninguna cruz ni la pondremos, no sea cosa que nos desbarate toda su potencia. Que la ponga el demonio gordo.

Y fueron a pedir al dueño más trabajo. Ya no sabía que mandarles hasta que a su esposa se le ocurrió una gran idea:

—Ahora os daré un trabajo y ya veremos si lo hacéis tan pronto.

Se fue y sacó un viejo arcón repleto de lana negra:

—Vayan a lavarla en el torrente de San Lorenzo hasta que sea blanca como la nieve.

Y allí los dos, lava que te lava, con toda su fuerza y nada. Y por fin ya no regresaron más a la casa. Eso sí, como recuerdo de esta leyenda dicen que aún quedan restos de la calzada y de la cisterna.

Ibiza y Formentera: Es fameliar y su botella

La gente del pueblo ibicenco de Santa Eulalia del Riu cree en él y además sabe cómo crearlo. Es uno de los pocos seres que, al igual que el *golem* judío, se puede fabricar con intervención humana.

Debajo justo del Pont del Dimoni —un viejo puente que dicen construyó el demonio en una sola noche— crece una pequeña hierba cuya vida dura apenas unos segundos. El que la recoja la debe guardar rápidamente en una botella negra, con un poco de agua bendita dentro, pues de lo contrario la hierba se esfumará entre los dedos. Otras versiones dicen que hay que ir a las doce en punto de la noche de San Juan y sobre esta hora el «cazador» verá aparecer ante sus ojos unas lucecitas de colores revoloteando dispuestas a ser cogidas e introducidas en la botella negra. Si el proceso se hace correctamente, al cabo de algunos días, al destapar la botella, obtendrá un *famelià*. Obediente y trabajador, puede realizar las faenas más penosas del hogar y todo aquello que se le mande. Las leyendas dicen que es capaz de construir una casa él solito en una sola noche, como ocurre con los mamur vascos. Si se le quiere hacer regresar a la botella hay que pronunciar una fórmula mágica, cuyo secreto se reservan los autores para que siga conservando su carácter mágico.

Dentro de la botella negra, el *famelià* permanece invisible, pero cuando se le deja en libertad toma la forma de un enano deforme y horrible, de boca espantosa y dientuda, que brinca de un lado para otro de manera incesante y repite sin parar su mantra favorito: ¡*Feina o Menjar*! ('¡Trabajo o comida!'). Y hay que darle una de las dos cosas en cantidad suficiente para que cesen sus gritos. La cuestión esencial para un *famelià* es tener siempre algo que hacer.

En la botella pueden permanecer invisibles durante cientos de años (al modo del genio de la lámpara de Aladino) hasta que alguna mano inocente o no tanto la destapa. Su voracidad es insaciable, como las exageraciones que se cuentan de ellos, puesto que —se dice— pueden tragarse en pocos minutos todo el ganado de los corrales, incluidas las acémilas, las gallinas, las reservas de la despensa y todo lo que encuentren a su paso. Pero en Ibiza no hay relatos que digan que se come a su dueño, como ocurre en Cataluña con los *maneirós* o en Cantabria con los mengues, lo cual no deja de ser un consuelo para sus dueños.

Cuando las cosas se ponen difíciles y con los nervios el dueño no recuerda la fórmula mágica para que vuelva a su botella, hay que pensar que estamos hablando de una familia de duendes que no son muy listos que digamos, por lo tanto, una solución para librarse del *famelià* es lo que hizo una payesa lista. Su marido era el único que conocía las palabras y se hallaba ausente. Ordenó al *famelià* que lavase la lana de unas ovejas negras hasta convertirla en lana blanca. Con esta simple orden los mantuvo ocupados hasta que llegó su marido y los hizo regresar a la botella. El ingenio popular propone otras soluciones provisionales y un tanto escatológicas, mientras no pueda ser devuelto a la botella:

—Soltar un pedo y ordenar que lo agarre y lo pinte.

—Darle un pelo del pubis para que lo desrice o lo lave hasta que lo deje blanco.

—Pedirle que cuente los pelos de un gato o las estrellas del firmamento.

En Pou d´es Lleó se recoge esta leyenda cuyos ecos aún recorren sus contornos:

Un día los habitantes de una casa encontraron una botella herméticamente cerrada y misteriosa. Se imaginaban lo que podía contener y no habían terminado de quitar el tapón a la botella cuando del interior de la misma salió un *famelià*, como una centella y rápidamente exclamó: ¡*Feina o menjar*!

Los payeses, visiblemente asustados, le ordenaron barrer, segar y arar, a lo que no ponía reparos, haciéndolo todo en un abrir y cerrar de ojos. Como no sabían muy bien qué hacer con tan infatigable trabajador, le mandaron algo que le resultaría imposible:

—¿Ves el pozo que está junto al mar?, pues debes llenarlo con agua salada y cuando esté lleno debes transformarla en agua dulce y echarla al mar. Así sucesivamente.

Visto y no visto. No volvió a aparecer. Los payeses quedaron muy satisfechos de su ocurrencia y a partir de entonces, por muchas botellas que encontraran, no les volvió a interesar nunca más su contenido.

Otro de los nombres que recibe es el de «diablo junquillo», que aparece cuando alguien reúne los dientes de un helecho durante la noche de San Juan y los mete en un canuto de plata. A diferencia de los *minairons* de los Pirineos, los diablos junquillos no terminan nunca ninguna de las tareas que se les encomienden. Los conjuros son los mismos que para los *dimonis-boiets*.

Islas Canarias: familiares segadores

La Inquisición fue establecida en estas islas en el año 1505 (recordemos que en la Península lo fue en 1487 por el papa Sixto IV a petición de los Reyes Católicos) y en su historia fueron relativamente pocos los Autos de Fe que allí se celebraron, con un escaso número de víctimas mortales por motivo de las prácticas brujeriles o heréticas que se detectaron. El Tribunal tuvo siempre su sede en Las Palmas de Gran Canaria, con solo diez ajusticiados durante los tres siglos que estuvo en funcionamiento, hasta 1820. Donde hay un proceso contra una bruja suele haber un testimonio que habla de ungüentos, pócimas, pactos, aquelarres..., así como de la presencia de demonios y familiares.

Estos pequeños diablillos populares, más sumisos que los tradicionales, son llamados en las islas Canarias con el nombre genérico de «familiares» y, aunque sus referencias son muy escasas, estas nos ayudan para constatar que eran suficientemente conocidos y que no se trataba del diablo cojuelo al que tan solo utilizaban e invocaban para sus conjuros. Como ya hemos comentado, a los duendes domésticos en general se les suele denominar con el citado término en el archipiélago, aunque por su aspecto físico y su comportamiento no lo sean. Deben ser capturados o creados y su relación es de vasallaje, o sea, amo-esclavo, y obedecen y cumplen hasta el más mínimo capricho de su dueño, que para eso ha tenido que pasar por una serie de difíciles pruebas hasta lograr crearlos o poseerlos, dándoles, como contrapartida, de comer y cuidando de que no se le escapen.

El investigador Francisco Fajardo Spinola, profesor titular de Historia Moderna de la Universidad de La Laguna, reúne varios casos de procesos inquisitoriales en su obra *Hechicería y brujería en Canarias en la Edad Moderna*, como aquel acaecido en La Gomera, cuyo testimonio, fechado en 1570, aseguraba que una mujer tenía encerrado uno de estos familiares en el interior de un anillo que siempre llevaba puesto, que, por pequeño que fuese, sería de sello de obispo o similar, porque ya se sabe que estos diminutos seres son muy renacuajos, pero sin exagerar. Otro testimonio cita a una mujer, asimismo de La Gomera, que poseía «una caja, una redoma o un jarro» en el que vio unas «cosas vivas que iban unas para abajo y otras para arriba, unas prietas y otras verdes y que decían que eran familiares».

Ana de la Cruz, mulata procesada por bruja en 1690, comentó durante su proceso el curioso procedimiento que utilizaba para poder conseguir uno de estos minúsculos seres, que no era otro que juntar tres granos de helecho y de esta manera se formaba un familiar que luego le acompañaba a todas partes. De nuevo la planta del helecho hace acto de presencia, esta vez en tierras tan alejadas de las vascas o las astures, vinculada a prácticas mágicas y a la creación de estos inquietos diablillos.

En otro de esos legajos inquisitoriales se cuenta la historia de Juan de Ascanio, vecino de La Laguna, del que era sabido que tenía un

Familiar canario

Tan pequeño que cabe en el interior del anillo del brujo que lo lleva consigo a todas las partes donde vaya y con el cual se siente investido de poder y protegido.

familiar encerrado dentro de una caja, la cual fue abierta en una ocasión por su mujer, presa de una curiosidad que ni pudo ni quiso evitar. En ese momento, el familiar aprovechó para dar un brinco y salir corriendo de la caja, sin que nunca más se supiera de él, pues aquellos que son «creados» de alguna sustancia o capturados son meros esclavos de sus dueños y a la más mínima oportunidad recuperan su libertad.

José Gregorio González, en la obra citada, se refiere a unos familiares llamados «segadores», dispuestos a colaborar con los humanos en las faenas agrícolas. Y lo hacían a su manera, en un tiempo récord, a velocidad vertiginosa, pues a la mañana siguiente ya estaba segada toda la propiedad. De uno de ellos conocemos incluso su nombre: se llamaba Gesnal.

Por cierto, cuando alguien con fama de hechicero aparenta o presume ante los demás de saber algo oculto, se rumoreaba por lo bajini: «Ese tiene familiar que se lo diga».

Muchos nombres para una misma familia

En 1880, Menéndez Pelayo enumera, en su *Historia de los heterodoxos españoles*, una lista de posibles peligros para los poseedores de ciertos objetos no bien vistos por la Iglesia:

> Desde el tiempo del cardenal Manrique (se refiere al quinto Inquisidor General Alonso Manrique que vivió en el siglo XVI) comenzaron a añadirse en los edictos de gracia y delaciones, a los antiguos crímenes de judaizantes, moriscos, etc., los de tener espíritus familiares o pacto con el demonio; hacer invocaciones y círculos; formar horóscopos por la astrología judiciaria; profesar la geomancia, hidromancia, aeromancia, piromancia y necromancia, o los sortilegios con naipes, habas y granos de trigo; hacer sacrificios al demonio; tener espejos, redomas o anillos encantados, etcétera.

Y luego menciona la historia de un morisco y del familiar que tenía a buen recaudo, dando su nombre:

> La condición de hechiceros solía atribuirse a los moriscos. Citaré algunos casos. En el auto de fe de Murcia de 20 de mayo de 1563 salió

con sambenito y condenado a reclusión por tres años un D. Felipe de Aragón, cristiano nuevo, que se decía hijo del emperador de Marruecos, y que, entre otras cosas, declaró tener un diablo familiar, dicho Xaguax, que, mediante ciertos sahumerios y estoraques, se le aparecía en figura de hombrecillo negro.

Está hablando de genios maléficos conseguidos por ciertas clases adineradas, incluyendo a brujos y sacerdotes.

Cosa de maridillos

Estos diablillos familiares muy probablemente eran los que el padre Martín del Río, en su obra *Disquisiciones mágicas*, designa con el nombre de «maridillos», que el demonio entregaba a sus acólitos para que les sirvieran de criados. «Será este el duende familiar —dice Sánchez Dragó— de su respectivo brujo, al que vestirá, calzará, obedecerá, proporcionará ungüentos y fundamentalmente despertará minutos antes de que comience el aquelarre».

Como se puede deducir de lo expuesto, no nos encontramos con duendes propiamente dichos, sino con una categoría de engendros demoníacos de baja estofa que, aun cumpliendo las mismas funciones que los otros, es decir, proteger y ejecutar lo que le dice su dueño, poseen una naturaleza bien distinta, ya que su origen está íntimamente relacionado con la brujería y los aquelarres, pues serían algo así como un «regalo» que se daba a los brujos que firmaban un pacto con Satán. En casi todos los procesos de brujería de Inglaterra, entre los siglos XVI y XVII, era frecuente que en las declaraciones de los implicados aparecieran estos seres, a los que se consideraba una contraposición de los ángeles de la guarda y que podían ser heredados de bruja a bruja, bajo ciertos rituales, como ocurría con los cermeños andaluces.

Antonio de Torquemada también se hace eco de esta creencia en su obra *Jardín de flores curiosas*, manifestando que todos los brujos y las brujas son llevados a los aquelarres por demonios en figura de cabrones a los cuales ellos llaman «martinetes» (otra derivación del nombre Martín), y no está de más recordar que este apelativo es uno de los muchos con que se llamó al diablo, junto con los de *martinetto* y *martinello*. La apariencia de estos familiares como sapos no es solo patrimonio de Navarra, también adoptan este aspecto entre los castellanos, y así al menos se señala en algunos procesos de la Inquisición de Toledo y Cuenca.

Castilla: enemiguillos

Con este nombre encontramos la presencia de estos minúsculos seres en tierras castellanas y manchegas, donde sirven como esclavos de los intereses de la persona que ejerce de dueño y señor. Páginas atrás hemos hablado del singular doctor de las Moralejas, afincado en Viso de San Juan (Toledo), y dijimos de él que solía ir acompañado de un demonio familiar que le ayudaba en sus quehaceres, así como de un tal José Navarro que se servía de enemiguillos para ir a los aquelarres de Villaluenga.

En el Archivo Histórico Nacional, en una de las causas contra la fe seguidas por el Santo Oficio de Toledo, encontramos una denuncia efectuada en el año 1648 contra fray Valeriano de Figueredo, de la Orden de San Bernardo, en la que se relata que tenía un familiar y «una muletilla que llevaba en la mano y que decía que era la del conde-duque y que con ella iba seguro». Más adelante detalla lo siguiente el fraile acusador, Bernabé Fernández, en un pliego de denuncia confirmatorio:

> Item digo de nuevo en orden al Santo Tribunal de los indicios grandes que ay de que el dicho Fr. Valeriano tiene familiar o trata con el demonio, que el año pasado de cuarenta y siete estando en un priorato con el Padre Gerardo Jiménez y el Padre Martín de Falabarte,... estando en una plazuela esperando para despedir al padre Valeriano de Figueredo que iba a hacer cierto viaje (...) ninguno de los que estábamos allí vimos porque camino avía echado siendo así que confesamos todos que estábamos de propósito aguardando a ver por donde echaba y para salir de esta duda enviamos a un hombre que se llama Juan Martín y es alcalde del término de dicho Priorato y viniendo nos juró que había mirado tres caminos que ay desde la plaçuela dicha y que ni huella si quiera no había hallado siendo assi que estaba la tierra recién llovida y lo

Enemiguillos

¿Cuántos pueden caber en una taza, un bote o en una botella? Su nombre no presagia nada bueno pues, como buen demonio familiar, sirve de esclavo a un dueño y este a su vez se hace esclavo suyo poniendo en juego su alma y su vida.

que dijimos todos uniformemente que no había que buscar más prueba para creerle en cuanto lo del familiar y muletilla.

José Francisco Blanco nos refiere el caso acaecido en el pueblo burgalés de Cornejo (Merindad de Sotoscueva) a cierto matrimonio, una noche que estaban a punto de irse a la cama. Se adelantó la mujer mientras el marido apuraba algunos minutos más el calor de la chimenea, y de pronto, el buen hombre sintió curiosidad por un bote tapado que estaba sobre la tiznera, se acercó a él, lo cogió, lo husmeó, lo abrió y, de repente, comenzó a dar saltos y brincos de dolor, movido por los quemazones y picotazos en las piernas y «en tal sitio» que recibió de un enemigo invisible. Al oír los gritos, su mujer se levantó y fue a la cocina, preguntando: «¿Qué te pasa? ¿Qué has hecho?». «He destapado este bote que tenías en la tiznera», acabó confesando.

La mujer entonces, tras recriminar al marido, tomó el bote y pronunció el siguiente conjuro: «Capilla Santa, para mí sacrosanta. Enemiguillos salid, nunca volved allí». Y en ese instante los enemiguillos se recluyeron en el bote y no volvieron a molestar al marido, un tanto mosqueado.

Interesante caso este porque se pronuncian las palabras mágicas que, como sucede en otros relatos, como el del *famelià* ibicenco, suelen ser tabú, y lo es siquiera mencionarlas fuera de contexto.

Estos enemiguillos pueden ocasionar cierta clase de maleficios a algunas personas que suelen ser curadas por los clérigos mediante el uso de exorcismos adecuados. El investigador Rafael Salillos recoge de la terminología popular la expresión «tener los enemigos» referida a casos de embrujamientos, lo que indica la presencia actual, aunque sea de modo vago e inconsciente, de estos seres en el recuerdo de ciertos pueblos de Castilla y la Mancha.

Cantabria: mengues y ujanos

Manuel Llano habla de ellos de pasada, como el que no quiere la cosa o como el que no tiene muchos datos que aportar, llamándolos «familiares» de manera genérica. Aporta una imagen idealizada, diríamos que bonachona, ajena al concepto que se tiene de ellos en otras partes de España, pues escribe:

> ... no se ven, nadie sabe cómo son, ni donde viven. Ayudan a las personas buenas y trabajadoras, dándoles la buena suerte y muchas alegrías.

Dice, asimismo, que protegen al ganado de los lobos y las alimañas. Carmen Stella, que escribió unos romancillos sobre los viejos mitos de Cantabria basados en la obra de Llano, los describe poéticamente así:

> *A toa gente honrá dan alegrías.*
> *Les quitan labarientos y traen suerte.*
> *Avisan de peligros y de muerte,*
> *y ahuyentan soledá y melanconias.*

Aquí habría que decir la famosa frase de que cualquier parecido con la realidad es pura coincidencia. Acaba el romancillo de manera más digna diciendo:

> *Nadie sabe si están o si se esconden.*
> *Nadie el cuándo, o por qué, se detendrían...*
> *Si ayudan, siendo santa compañía*
> *¡nada importa el de dónde, ni el adonde!*

En Cantabria, los familiares por excelencia son los mengues, también asimilados a los ujanos o gusanos, que deben ser recogidos a golpe de ritual, rebuscando entre los helechos a medianoche. La existencia y creencia en los mengues, también conocidos como «caballones del diablo», queda patente en la novela de José María de Pereda *De tal palo tal astilla* (1880), donde, a simple vista, son considerados como espíritus malignos que pueden provocar todo género de enfermedades nerviosas (asimilándose con los «minúsculos malignos» a los que nos referiremos más adelante). Más tarde dice que se guardan en un alfiletero en noches de luna llena buscando primeramente debajo de los helechos que crezcan en lo alto de un monte.

Pero ¿qué son los mengues? se preguntaba un personaje de la obra *Tipos y Paisajes* (1871) también de José María de Pereda, en concreto en el cuento que lleva por título «La romería del Carmen». Sigamos para ver lo que contesta sobre los poderes que se les atribuyen:

> —Pus aticuenta que a manera de ujanos; unos ujanos que se cogen debajo de los jalechos en lo alto de un monte, a mea-noche, cuando haiga güena luna. Y parece ser que a etos ujanos hay que dales dos libras de carne toos los días, so pena de que coman al que los tiene, porque resulta que estos ujanos son los enemigos malos.
>
> —¡Jesús y el Señor nos valgan!
>
> —Con estos mengues se puen hacer los imposibles que se quiean, menos delante del que tenga «rézpede de culiebra» porque parece ser que con este no tienen ellos poder.
>
> —De modo y manera es, dijo pasmada la aldeana, que si ese hombre quiere ahora mismo mil onzas, en seguida se le van al bolsillo.
>
> —Te diré: lo que icen que pasa es que con los mengues se beldan los ojos a los demás y se les hace ver lo que no hay. Y contaréte al auto de esto lo que le pasó en Vitoria a Roque, el mi hijo, que, como sabes, venu la semana pasá de servir al rey.
>
> Iba un día a la comedia onde estaba un comediante haciendo de estas demoniuras, y va y dícele un compañero: «Roque, si vas a la comedia y quieres ver cosa en toa regla, échate esto en la faldriquera». Y va y le da un papelucu. Va Roque y le abre, y va y encuentra engüelto en el papel un rézpede de culiebra. Pos, amiga de Dios, que le quiero, que no le quiero, guarda el pepelucu y vase a la comedia, que diz que estaba cuajá de señorío prencipal. Y évate que sale un gallo andando, andando por la comedia, y da en decir la gente que el gallo llevaba una viga en la boca. ¡Cómo, que viga!, diz el mi hijo muy arrecio «si lo que lleva el gallo en el pico es una paja». Amiga, óyelo el comediante, manda a buscar al mi hijo y le ice estas palabras: «Melitar, usté tien rézpede, y yo le doy a usté too el dinero que quiera porque se marche de aquí». Y, amiga de Dios, después e muchas güeltas y pedriques se ajustaron en veinticuatro riales y se golvió el muchacho al cuartel. Conque ¿te paez que la cosa tien que ver?

Duendes

El hombre que recoge a estos mengues debajo de los helechos se convierte automáticamente en su dueño, pudiendo hacer con ellos las tareas más imposibles que se le ocurran, menos, como hemos visto, delante del que tenga lo que en Cantabria se llama *rézpede de culiebra*, un amuleto consistente en el aguijón de la culebra que se llevaba en una minúscula bolsita de cuero contra la cual los mengues no poseen poder alguno.

Dice Pereda que cada día reclamaban como alimento dos libras de carne, so pena de comer a su propio dueño si no eran saciados convenientemente.

Menéndez Pelayo dice sobre ellos: «...se cree en la montaña en los mengues o espíritus familiares, en el poder de los saludadores y en el mal de ojo, contra el cual son preservativo los azabaches pendientes del cuello, como en Roma (donde esta superstición está más arraigada que en parte alguna) los cuernecillos de marfil».

Se dice que cuando estos seres minúsculos y extremadamente nerviosos esconden y cambian las cosas de sitio, o desaparecen volviendo a aparecer de nuevo al cabo de varios días, hay que mostrarles un cuerno de toro hueco a modo de talismán y amenazarlos con meterlos dentro. Esta amenaza de enclaustramiento surte sus efectos, ya que dejan de hacer travesuras inmediatamente.

Se atribuyen a ellos y a su poder algunos malos temporales, como se desprende de esta frase de la citada novela de Pereda:

> Y eso —contaba ayer en la montaña el bueno de Macabeo— que dicen lenguas que si estos temporales los traen conjuros que se hacen a las gentes con sus mases y sus menos de demoniura, y que si estos truenos y pedriscos son los mengues que ajuyen del hisopo del señor cura cuando lee los Evangelios (...).

En América latina la palabra «mengue» significa 'diablo avieso'. Los mengues forman parte de la mitología y el folklore particular de los gitanos españoles, son considerados como espíritus malignos a los que hay que evitar, de ahí que la creencia en estos seres no se circunscriba solamente a Cantabria, sino a todos aquellos lugares donde se han

Mengues

asentado los gitanos, especialmente en Andalucía. De hecho, el vocablo viene del lenguaje caló. La provincia española donde más se usa el término es Cádiz, así como las expresiones: «Me cachis en los mengues» o «malos mengues te lleven». José de Espronceda, en su poema *El Diablo Mundo*, hace referencia a esa expresión en 1840: «Saladilla te dirá lo que has de hacer: ¡malos mengues te lleven a ti a sus dengues, que tan derretida está!».

Una de las chirigotas carnavalescas de Cádiz quedó finalista del 2005 con una canción llamada «El torreón de los mengues». Pues eso, cuidadín con los mengues que hasta aparecen citados en el *Necronomicón*...

Cataluña: minairons y maneirós

Son propios de los valles pirenaicos (comarcas del Pallars, Ribagorza, Alt Urgell y Andorra). Ramón Violant, en su obra *El Pirineo español*, se refiere a ellos con el nombre de *minairons* con que se conocen en el Pallars Jussà y la Ribagorza oriental, y dice que probablemente reciben esta denominación porque son minúsculos trabajadores que se dedican a minar la tierra para extraer de ella los tesoros, cosa que también hacen los gnomos de las mitologías germánicas. En la Alta Ribagorza los llaman *diablorins*. E incluso son conocidos como *femilians*.

Los minairons se presentan siempre en una gran muchedumbre, aprovechan esta peculiaridad para tomar diversas formas o para extenderse en vuelos inmensos que llegan a tapar el sol. El ámbito en el que se mueven es variable. Uno sería el recipiente mismo que los contiene: un canuto de agujas, una cajita de polvo de tabaco o en el mango de la hoz. Antes hay que capturarlos. ¿Dónde? En una cueva mágica o debajo de un puente. ¿Cuándo? En la noche de San Juan.

Así como el *famelià* ibicenco se «fabrica» por medio de una hierba que crece al alba del día de San Juan, los *maneirós* catalanes son producidos por la semilla de una planta, la maneironera, que florece y grana en el interior de grutas de difícil acceso, guardada por feroces dragones y gigantes que solo permiten el paso un día determinado y en un tiempo concreto: el que marcan las doce campanadas de la noche «sanjuanera». Joan Amades dice que no se ha podido aclarar si las semillas que granan de la hierba son ya los mismos seres microscópicos o bien son el germen de una nueva planta que, sembrada, produce a estos hombres minúsculos u homúnculos.

Todo gran beneficio lleva aparejado un gran peligro. Si el que se aventura a recoger la flor se ve sorprendido por la última campanada cuando todavía está dentro de la cueva, no podrá salir nunca más. Una vez que se ha conseguido la flor, hay que someterla a un proceso similar al del *famelià* para obtener así el *maneiró*; y luego a mandarle tareas: cultivará toda la tierra del payés, limpiará de maleza el yermo, segará la hierba de un prado en una noche y construirá acequias en un santiamén. Hay una conocida frase que define muy bien lo útil que resulta: «Es trabajador como un maneiró» (*treballador com un maneiró*). Se solían guardar dentro de canutos o alfileteros. Amades exagera lo suyo cuando dice que dentro de ellos cabían miles de *mirairons*.

Respecto a su comportamiento, estos diminutos seres adoptan una conducta claramente dual: por un lado, benefician su propietario por su capacidad positiva de llevar a cabo cualquier labor que les encomiende; por otro, lo castigan si no les da suficiente trabajo.

Hubo payeses enriquecidos de forma inexplicable gracias al apoyo de estos minúsculos e infatigables trabajadores, que no dejaban de mover la cola ni un instante. Poseer un *maneiró* lleva aparejados ciertos riesgos que se deben conocer, ya que como hemos visto son incansables y por tanto exigirán más y más trabajo, sin apenas reposo. En cuanto terminan una tarea ya están preguntando a su amo: ¿*Què farem?, ¿què direm?* ('¿Qué haremos?, ¿qué diremos?'). Esta pregunta la hacen tres veces y si no se les da una nueva labor se arrojan feroces sobre su dueño y lo despedazan.

Cuenta una leyenda que en una sola noche levantaron todos los dólmenes de la comarca del Pallarés. Otra exageración.

Así, antiguamente, cuando una casa prosperaba con rapidez inusitada, fuese por lo que fuese, la gente sencilla lo atribuía no a la actividad y al trabajo del dueño, sino a la existencia de una legión de

Maneiró

Ser "trabajador como un maneiró" era una
expresión que se utilizaba hace tiempo en
Cataluña para hacer referencia a estos seres
minúsculos que se podían obtener de la semilla
de una extraña flor. Tradicionalmente se asocian
a la construcción de dólmenes.

Los minairons

Son extremadamente pequeños y siempre están enfadados. Caben muchos en un zurrón.

minairons que trabajaban para él como esclavos y lo enriquecían. Los obligaba a laborar de noche y a fabricar monedas de oro (así lo cuentan en Durro). Otros preferían que les recogiesen la hierba de los prados en una sola noche (como ocurría en Son del Pino e Isil).

Otros convertían a los *minairons* en grandes rebaños de cabras, que durante el día pacían y por la noche eran ordeñadas (Sarroca de Bellera-Lleida); el dueño de este rebaño mágico era un viejo llamado Xollat de Perbes, de quien se decía que, si por la mañana se metía la calderilla en el bolsillo, por la noche se le había convertido en monedas de a duro. También a un viejo del Tort de Alós (Valle de Aneo), durante la noche los *minairons* le fabricaban tanto dinero como quería, y por eso podía comprar grandes rebaños. O bien segaban un campo de mies en menos tiempo que lo que tardaba en rodear el perímetro su dueño a caballo (eso en Cerdaña, donde se les llama *petits*). Otros segadores llevaban los familiares en el propio mango de la hoz, como también se afirma en ciertas localidades del País Vasco.

«En el Pallars Jussà —relata Ramón Violant— nadie nos ha sabido decir la forma de adquirirlos. Solamente hemos oído contar que cuando murió el viejo Xollat de Perbes, sus parientes más cercanos quisieron regalar los *minairons* pero nadie aceptó aquel obsequio porque decían que quién iba a querer aquellas artes del demonio». No olvidemos que en la Cataluña del siglo XIX se llegaron a vender *maneirós* en algunos mercados, introducidos dentro de una caña. Se los llamó también, por extensión, *follets* y *martinets*.

El antropólogo Josep M. Fericgla no cree que hayan existido nunca y llega a la conclusión de que los *minairons* son una alucinación por la ingestión de una determinada seta alucinógena, la *Amanita muscaria* o matamoscas. A estas personas alucinadas —*bruixots*— se las llama «*tocats pel bolet*».

Galicia: *diablillos y xainines*

Son seres protectores de una persona en concreto y que, una vez recogidos, se guardan como se puede guardar un gusano de luz, una oruga de una mariposa o un grillo; una simple caja puede servir de habitáculo.

Son muy difíciles de conseguir, pero el que esté empeñado en ello deberá acudir a la media noche a un despoblado donde *non se oía cantar galo nin galiña* y llevar ciertos objetos rituales, así como la sangre de una gallina negra. De un campesino gallego aseguraban que los tenía y solía decir a sus amigos con cierta soberbia: *Fastidieivos de vivo e inda vos hei de amolar de morto* ('Os fastidié de vivos y os fastidiaré de muerto').

Y como verdad de esta afirmación, aseguraron al folklorista Antonio Fraguas que, en efecto, al morir le dieron sepultura en una tumba que estaba cerca del camino y despedía tan mal olor que hubo necesidad de cambiarlo dos veces de sepultura, razón por la cual nadie dudó de que realmente tenía los famosos diablillos.

No pocos campesinos tenían como cosa cierta el pacto con el demonio (*pauto co demo*) que era firmado con sangre y mediante el cual, empollando un huevo de *galo negro* en el lugar adecuado, se obtenía un *demo pequeno*.

Se tenía por costumbre, una vez creado, meterlo en una cajita o alfiletero (*agulleiro*), junto con un poco de azogue (nombre vulgar del mercurio) y unas limaduras de hierro. Esta cajita era después un seguro talismán —según nos refiere Rodríguez González— para que el pequeño diablo invisible hiciese todo lo que se le mandase, por muy imposible que ello fuese.

En una versión del conocido cuento de *Blancaflor*—recogida por María del Mar Llinares en el pueblo de Folgoso de Ribeira, en la parte occidental de los Montes de León, zona muy próxima a Galicia—, su protagonista masculino, Juanillo, para poder casarse con la hija del rey, tenía que cortar todos los carballos (una variedad del roble) del monte, sacar las raíces, sembrar trigo, segarlo, moler el grano, amasar la harina y todo esto en una sola noche, porque a primera hora de la mañana siguiente tenía que llevar una hogaza de pan caliente al rey. Pero Blancaflor, ante el desconsuelo de Juanillo, le dio la solución mágica: en el Carballal vivían los *xainines* amigos suyos, que eran unos hombrecitos de dos cuartas de tamaño que podían hacer auténticas maravillas. Ni que decir tiene que ejecutaron todo eso

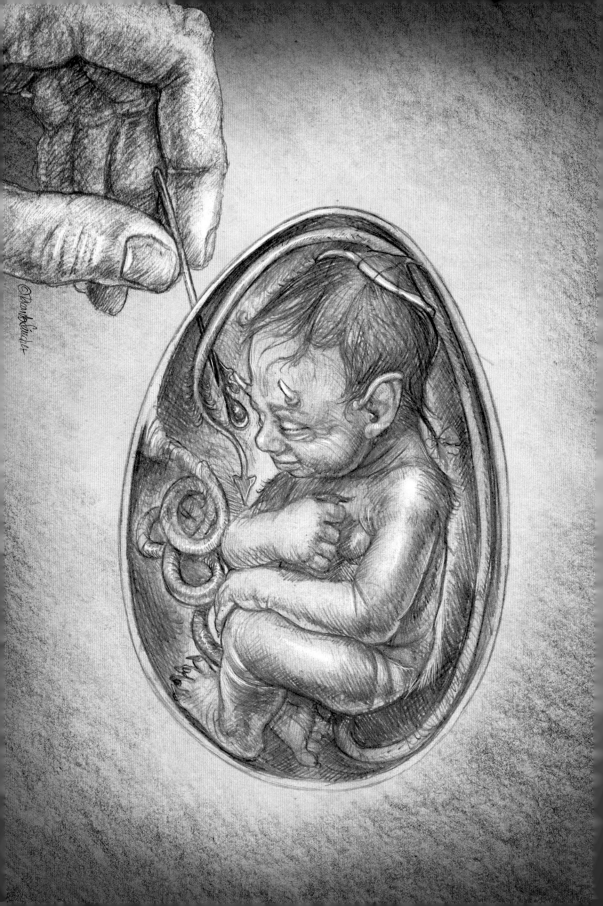

y mucho más en esa noche. Al final del cuento, tras otras peripecias, se pudieron casar los dos enamorados. Y colorín colorado...

Lejos de estos bellos cuentos populares e infantiles se encuentra otro tipo de literatura más sombría, cual es la de los grimorios o libros de magia, entre ellos el conocido *Libro de San Cipriano* (también llamado en tierras gallegas *O Ciprianillo*), donde se muestran varios procedimientos para conseguir uno de estos diablillos y en los que, básicamente, se siguen pasos similares. Primeramente, se debe buscar un huevo de gallina que sea totalmente negra y que haya sido montada por un gallo negro. La bruja —o aprendiz de brujo en cuestión— ha de fecundarlo de la siguiente manera: se hace una pequeña incisión en la cáscara con un alfiler y luego se pincha con ese mismo alfiler la yema del dedo meñique de la mano izquierda. Se extrae una gotita de sangre y luego se introduce en el interior del huevo por dicho agujerito. Se tapa el orificio con un poco de cera. Y...

El huevo quedará así fecundado durante el tiempo que la gallina necesita para empollar sus huevos, y la bruja lo consigue introduciendo el huevo en estiércol calentito de caballo. Otro remedio es empollarlo ella misma con el calor de su cuerpo, en concreto, ya puestos a dar detalles, llevándolo bajo la axila del brazo izquierdo. Poco a poco se va formando el diablillo y para alimentarlo le debe echar una gota de azogue en el alfiler y dársela a mamar diariamente por el orificio del huevo o bien se le puede nutrir directamente de la sangre extraída del dedo meñique de la bruja.

Cuando se rompa el cascarón, el diablillo se presentará ante su dueña, a la que reconocerá inmediatamente, demostrará su gratitud y rendirá pleitesía sirviéndola en todos sus deseos, pero ¡ojo!, estamos describiendo una especie de pacto con el diablo, lo que acarrea funestas consecuencias para la bruja, pues ya sabemos que en la magia negra nadie da nada gratis.

Asturias: *pautos*

Rogelio Jove y Bravo contaba, en 1903, el secreto de ciertas personas que aparentemente tenían mucha suerte y éxito en la vida:

Cuando un hombre acomete empresas atrevidas y triunfa, no es su propio esfuerzo el que lo ha hecho, triunfa porque tiene los familiares, son los daimones buenos de Platón, como los que causan daño son los daimones malos... Los familiares de la mitología asturiana no llevan a sus protegidos a la condenación, sino que les sirven desinteresadamente, apartan todo obstáculo en su camino y les facilitan el logro de sus deseos. El campesino no conoce audacia ni destreza, ni fortuna, ni habilidad mayor que las suyas propias; cuando las ve en otro y no distingue perfecta-mente todos los estados en que aparecen aquellas cualidades y toda la fuerza con que actúan, sale del paso con decir que el autor tiene los familiares[21].

Con el nombre de «pauto» se designa a estos diablillos, palabra esta menos conocida que recoge Luciano Castañón en su obra. También son mencionados por el investigador Rodríguez Castellano, el cual los describe en la línea del *follet* balear, es decir, con la característica de estar investidos de poderes mágicos. «Tener pauto —escribe— es una superstición que básicamente consiste en creer que una persona tiene ayuda o influencia de algún ser diabólico o misterioso y que por eso puede hacer todos los trabajos bien y rápidamente».

Recuerden que el vocablo bable *pauto* significa 'pacto', lo que nos da una idea de por dónde van los tiros, y que en Ibárruri (Vizcaya) a estos espíritus serviciales se les llamaba *patu*.

Nadie hace mención de su tamaño y sus hazañas, aunque, después de lo leído, pocas dudas caben sobre estos aspectos. Los pautos asturianos se encuadran perfectamente en la tipología de espíritus familiares que otorgan un gran poder a quienes los poseen.

Ramón Sordo Sotres señala con acierto que los pautos tienen un origen claramente cristiano por cuanto el pauto o pacto con el demonio obliga a permanecer toda la vida a su servicio, habiéndose recogido testimonios claros en los concejos de Grado, Quirós, Lena, Mieres, etc. En otros concejos más orientales, como Nava o Caso, se dice que tienen pauto aquellos que se ven favorecidos habitualmente de la buena suerte. «Esta misma acepción la hemos podido hallar —dice Ramón Sordo—

---

[21] Jose y Bravo: *Mitos y supersticiones de Asturias.*

"Tener Pauto"
Significa creer que una
persona tiene ayuda de un ser
diabólico o misterioso,que se
puede metamorfosear en ciervo
sin mayor problema (el pauto,
no su dueño).

en Puerto de Vega (Navia), donde solo hemos hallado el testimonio de gentes casi centenarias que aún recordaban haber oído hablar de xente que tenía pauto con el demonio», asimilable a tener mucha suerte[22].

Con carácter general, el dicho *paréz que tén el pauto* se aplica de manera indiscriminada a los niños muy traviesos, junto a otras expresiones similares: *Tén el pautu metíu nel pelleyu*.

Sordo Sotres ve el mismo trasunto mítico en Cantabria, donde dicen «tener parte» o «tener pauta» con el diablo cuando la gente tiene un cierto comportamiento o cuando la suerte les resulta muy proclive. Y es que, como refiere Ramón Baragaño, el pauto actúa como esa inestimable ayuda externa que facilita hacer con rapidez y precisión algunas actuaciones de difícil realización, que de otra forma no sería posible.

Roso de Luna, que considera la mitología asturiana más aria que semítica, insiste en dos detalles ya anticipados por Jove y que, de alguna manera, diferencian a los familiares asturianos del resto de sus demoníacos congéneres. Por una parte —dice— estos seres no llevan a sus dueños a la condenación de sus almas (como hizo Mefistófeles, daimon familiar de Fausto, o como hacen los diablillos gallegos, los mamur vascos o los cermeños andaluces), sino que son unos protectores discretos que no quieren recibir muestras de agradecimiento de sus protegidos ni reclaman recompensa alguna. Utilizando palabras de Jove: «hacen el bien por el bien o porque no tienen otra cosa que hacer».

En segundo lugar, insiste Roso en la idea de que siempre son invisibles, aunque es frecuente verlos encarnados de diversos modos y aspectos. Así, para los soldados celtíberos de Sertorio, que fue pretor en la Hispania del siglo I a.C., el espíritu familiar del general romano se encarnaba en una cierva blanca que lo seguía a todas partes.

Andalucía: *cermeños y lanillas*

A mediados de 1570 tuvo lugar una serie de extraños acontecimientos en la localidad cordobesa de Montilla, que obligaron a los jesuitas de la

---

[22]   Ramón Sordo Sotres: *Mitología de Asturias y Cantabria entre los ríos Sella y Nansa*. Editorial: Colección El Jogueru (1991).

zona a poner en antecedentes al Santo Oficio de la Inquisición, en su distrito de Córdoba, afirmando que allí había más de cincuenta personas que tenían un familiar. Tras una rigurosa investigación, se comprobó que los jesuitas habían exagerado un pelín, pues solo consiguieron descubrir a siete presuntas hechiceras, poseedoras algunas de esos minúsculos y poderosos diablillos.

Una de ellas era Catalina Rodríguez, viuda del jornalero Bartolomé Sánchez, que en el momento de ir presa tenía 50 años y se reafirmó como cristiana vieja. Fue acusada de hechicera e invocadora de demonios con posesión de un familiar. En su proceso se recogió:

> Hizo cercos y los enseñó a hacer invocando los demonios en ellos (…) Confiesa haber enseñado a una de los testigos que nombró, la cual lo había dicho así y exhibió un alfiler de a blanca, que había estado en el infierno; y que en aquel el alfiler le había dado otra persona sin la gitana, un familiar llamado Cermeño o Rednan, una de estas dos cosas, y que le había dicho que así le saliese como a ella[23].

La posesión de un demonio familiar fue una de las prácticas cotidianas que mantuvieron en Montilla. Tres de las cinco hechiceras atestiguaron tal comportamiento y reconocieron que aquel podía ser transmitido en herencia, como bien especifican en su causa Catalina Rodríguez —«y lo prometía de dar a otras personas»— y Mari Sánchez —«tenía familiar que dejaría a otra persona cuando se muriese»—.

A Catalina, dijo, se lo había cedido una gitana y esta a su vez había prometido solemnemente dejar el familiar en herencia a una de sus más aventajadas alumnas. El ceremonial para su traspaso lo tenía previsto con esta fórmula:

> Esta ánima es mía
> yo te la mando
> y te la entrego desde hoy
> y también te hipoteco
> y te entrego este mi cuerpo.

---

[23] A.H.N., Sec. Inq., Leg. 18561, exp. 10 y 10 bis f. 6r—6v.

Entre las condiciones, el demonio aceptaba y cerraba el pacto escribiéndolo en la mano (nos imaginamos que la izquierda). Una forma de invocar a su particular espíritu era esta: «Cermeño, Cermeño, por familiar traedme a mi amigo».

Y solían revestir la forma de escarabajo negro o de ratoncillos bailando que se besaban y abrazaban. Esta es la razón por la que hemos elegido el nombre de «cermeño» para designar a estos diablillos familiares andaluces, pues era el vocablo más usado en los conjuros que hacían, aunque otra denominación era la de «lanillas», si bien menos frecuente.

Cermeño es el nombre que reciben los espíritus familiares andaluces, invocados de manera muy similar al diablo cojuelo en rituales y conjuros a cuál más brujeril. Y aparecer en forma de ratón o renacuajo no tiene mayor problema para ellos.

Hubo otro proceso en Córdoba que tuvo como protagonistas a dos Ineses: de Venegas y de Cabezas. Según sus declaraciones, convinieron un día trasladarse a Sevilla con la ayuda de sus demonios. Pronunciaron palabras inteligibles y aparecieron los familiares de ambas, que serían los encargados de realizar el transporte al lugar deseado, pero antes tenían que renegar expresamente de Dios, de su madre y de todos los santos, para que se notara claramente el carácter herético y demoníaco de la ocasión y que el «milagro» nada tenía que ver con los seres celestiales.

En Granada, hacia 1730, existían dos hechiceras gitanas, María la enana y Clara Alverjana, que presumían ambas de tener una bolsa con lo que parecían dos simples granos de cereal, pero que, según ellas, eran sus familiares: uno, a su mandato, conseguía que los amantes fueran afortunados en el juego y el otro hacía que los hombres les diesen dineros, sin mediar a cambio ningún tipo de interés. Un chollo.

Del poseedor de estos cermeños se decían muchas cosas, como que podía trasladarse por los aires, hacerse invisible, liberarse de cualquier prisión y no sufrir daño de ninguna clase de animal, ni siquiera de las balas. Cuestión de imaginación, como le ocurría a un curioso personaje todo él vestido de negro, enjuto, moreno, feo de rostro, con barba espesa y negra, sombrero y espada, que a finales del siglo XVI vivía en la Villa y Corte de Madrid, aunque era natural de Uijar, en las Alpujarras granadinas. Se llamaba Antonio de la Fuente Sandoval y él se hacía llamar don Antonio. Alardeaba de encontrar riquezas y tesoros enterrados, así como de tener dentro de una redoma llena de agua a un pequeño demonio, su familiar, al que con sus conjuros llamaba cada noche a fin de que respondiera a todas las preguntas que se le iban ocurriendo sobre la vida, sobre la muerte y sobre ciertos tesoros ocultos...

Aragón: diaplerons *o nemos*

Otro nombre para esos diablillos familiares que viven con su amo dentro de un canuto o un anillo, a la espera de que se les ordene alguna cosa por ímproba que sea. También son llamados «nemos», porque son diminutos, como moscas que necesitan estar en permanente actividad.

Joan Rosell cuenta el caso de un francés que llegó a la población de Abella (Huesca) a principios del siglo xx para cortar la hierba de varios campos y, cuál no sería la sorpresa del dueño, al ver que, en lugar de realizar la faena con la consiguiente sofoquina, estaba descansando todo el día tumbado a la sombra de un olivo, sin bien la tarea estaba perfectamente acabada. Se supo que el gabacho había sido ayudado por un escuadrón de diablillos que tenía a su cargo y a buen recaudo en el interior de un anillo de plata.

En la población pirenaica de Torre la Ribera, en la comarca oscense de Ribagorza, se cuenta que había un hombre que poseía varios de estos *diaplerons* escondidos en su anillo y cuando salían a la luz les ordenaba segar los campos. Al no tener más faena que darles, por temor a que lo comieran les ordenó echar piedras a un campo cercano, tantas que en pocos minutos se formó lo que ahora llaman La Roca de la Ribera.

Navarra: sapos vestidos

En Navarra, «la tierra clásica de la brujería», como escribió Marcelino Menéndez Pelayo, surgen de la neblina inquisitorial unos geniecillos domésticos, muy ligados a las brujas, en forma de sapos. En el proceso de Zugarramurdi que dio lugar al Auto de Fe celebrado en Logroño los días 6 y 7 de noviembre de 1610, los acusados confesaron cosas asombrosas. ¿Cómo cuáles?: pues que utilizaban como medio de transporte escobas, sierpes, murciélagos, búhos y esqueletos de animales. O que disponían en el aquelarre de unos serviciales «sapos vestidos» y «sapos desnudos». Estos últimos, mucho más pacíficos, eran cuidados por los niños que acudían a la ceremonia sabática, para lo cual los proveían de unas varillas o palitroques con el fin de controlarlos y que no se escaparan.

Respecto a los sapos vestidos, el demonio se los daba a las brujas para que les sirviesen de acompañantes aéreos, poseyendo uno cada maestra bruja. Bueno será remitirnos a la fuente original, que no es otra que la extensa relación del celebérrimo Auto de Fe contra los reconciliados y condenados que publicó en 1611 Juan de Mongastón. En ella aparecen algunos de los testimonios más notables habidos en dicho proceso. Para no desaprovechar su valor intrínseco, citamos textualmente:

Estos sapos vestidos son demonios en figura de sapo, que acompañan y asisten a los brujos para inducir y ayudar á que cometan siempre mayores maldades; están vestidos de paño ó de terciopelo de diferentes colores, ajustando al cuerpo con una sola abertura, que se cierra por lo bajo de la barriga, con un capirote como á manera de cepillo, y nunca se les rompe, y siempre permanece en un mesmo ser; y los sapos tienen la cabeza levantada, y la cara del demonio, del mesmo talle y figura que la tiene el que es señor del aquelarre y al cuello traen cascabeles y otros dijes. Hanlos de sustentar, y les dan de comer y beber, pan, vino y de las demás cosas que tienen para su sustento, y lo comen llevándolo con sus manos á la boca, y si no se lo dan, se lo piden diciendo: «nuestro amo, poco me regalais, dadme de comer». Y muchas y diversas veces hablan y comunican con ellos sus cosas, y el demonio les toma estrecha cuenta del cuidado que tienen en regalarlos, y los castiga y reprende gravemente cuando se han descuidado en regalarlos y darles de comer. Y Beltrana Fargue refiere que daba el pecho á su sapo, y que algunas veces dende el suelo se alargaba y estendía hasta buscar y tomarla el pecho, y otras veces en figura de muchacho se la ponía en los brazos para que ella se lo diese. Y los sapos tienen cuidado de despertar á sus amos, y avisarles cuando es tiempo de ir al aquelarre; y el demonio se los da como por ángeles de guarda, para que los sirvan y acompañen, animen y soliciten á cometer todo género de maldades, y saquen dellos el agua con que se untan para ir al aquelarre, y á destruir los campos y frutos, y á matar y á hacer mal á las personas y ganados, y para hacer a polvos y ponzoñas con que hacen los dichos daños.

Pero el sapo de turno no solo sirve para obedecer cual esclavo descerebrado. También se extrae de él un líquido asqueroso para hacer hechizos y demás lindezas:

Esta agua la sacan en esta manera: después que han dado de comer al sapo, con unas varillas le azotan, y él se va encontrando e hinchando, y el demonio que se halla presente, les va diciendo: «dadle más», y les dice que cesen cuando le han dado cuanto es menester, y luego se aprietan con el pié contra el suelo, o con las manos, y después el sapo se va acomodando,

Los maridillos eran unos marisabidillos vinculados a las brujas, a los aquelarres y al demonio. Una especie de ángeles de la guarda a la inversa, con poderes y con olor un tanto nauseabundo.

levantándose sobre las manos o sobre los piés, y vomita por la boca o por las partes traseras una agua verdinegra muy hedionda en una barreña que para ello le ponen, la cual recogen y guardan en una olla. Y siempre que han de ir á los aquelarres (que son tres días de todas las semanas, lunes, miércoles y viernes, después de las nueve de la noche) se untan con la dicha agua la cara, manos, pechos, partes vergonzosas y plantas de los pies, diciendo: «señor en tu nombre me unto; de aquí adelante yo he de ser una mesma contigo, yo ye de ser demonio, y no quiero tener nada con Dios». Y María de Zozaya añade que decía ciertas palabras en vascuence, que quiere decir aquí y allí. Y su sapo vestido (que está presente cuando se untan, y tiene cuidado de los avisar cuando es hora para que vayan) los va guiando y saca de las casas por las puertas ó ventanas, ó resquicios de las puertas, ó por otros agujeros muy pequeños que el demonio les abre para que puedan salir, aunque los brujos piensen y les parece que se hacen muy pequeños. Y así María de Yurreteguia se quejaba y decía á María Chipia, su tía, que para qué la achicaba y ponía tan chiquita, y le respondía que qué se le daba á ella por eso, pues después la alargaba y volvía á poner en su estatura. Y lo más ordinario, se van por el aire, llevando á su lado izquierdo sus sapos vestidos, aunque otras veces se van por su pié, y los sapos van delante saltando, y muy breve llegan al aquelarre, donde está el demonio con horrenda y muy espantosa figura.

El secreto de esa sustancia ordeñada lo sabemos hoy en día: se trata de un alcaloide llamado bufotenina que se encuentra en la piel de algunos sapos del genero bufo. En 1451 Alfonso de Torado, obispo de Ávila, sugirió que los vuelos y cambios de forma de las brujas no eran sobrenaturales, sino efectos alucinatorios de las drogas de sus brebajes. Y solía ser a través de plantas de la familia solanáceas o de sapos. Entre las acusaciones de cinco brujas de Fago (en el pirineo de Huesca), juzgadas en el año 1657, se dice: «La rea decía que tenía un sapo y lo azotaban con un brezo, y cogían lo que le hacían echar y se untaban con ello e iban donde querían».

País Vasco: mamur, mozorros y galtxagorris

Cualquier persona con los conocimientos suficientes puede apoderarse de unos cuantos mamur dejando abierto un alfiletero u otro estuche sobre un zarzal en la noche víspera de San Juan, siempre que se recojan justo a la media noche y sobre todo antes de que salga el sol. En Munguía (Vizcaya) se contaba que el alfiletero había que colocarlo en el monte Sollube y esperar a que estos minúsculos duendecillos entraran solos en fila india. En Añes (Álava), se dice que quien recoja la imaginaria flor del helecho en la noche de San Juan los reconocerá inmediatamente y podrá tomarlos, algo en verdad difícil, pues, que sepamos, el helecho no produce nunca flores.

El nombre de «mamur» que hemos elegido como genérico para este capítulo se encuentra restringido a Leiza y Lesaca (Navarra). En Albiztur (Guipúzcoa), muy cerca de Tolosa, se les denomina «mozorros» (palabra vasca que designa a la vez a un insecto y una máscara) y se dice que el mítico *aizkolari* de Beizama (Guipúzcoa), Pedro María Otaño «Santagueda», llevaba consigo varios de ellos como valedores, saliendo de esta manera victorioso en todas las competiciones de corte de troncos o en cualquier otro deporte o juego vasco en el que participó, allá a principios del siglo XX. El mozorro ha pasado al acervo cultural y lúdico, hasta el punto de que es protagonista de algunas fiestas y carnavales como los de Arantza.

De aquellos adivinos (*azti*), brujos (*sorguin*) o curanderos que hacen grandes prodigios, se dice que poseen *mamurak*. Generalmente los llevaban metidos en alfileteros, aunque en el pueblo alavés de Añes los llevaban dentro del mango de la hoz y, si por malaventura se rompía dicho mango, los geniecillos huían y ya no se les volvía a ver más. En Ibárruri (Vizcaya) se les llama *patu* o *patuek* en plural y dicen, cuando uno tiene mucha suerte en los negocios, que posee «buen patu». En Orozco (Vizcaya), se les llama familiares o *familejerak*. En el pueblo vizcaíno de Albadiano son conocidos como *ximelgorri*. En Añes, como «enemiguillos» y en Abecia, como «enemigos», a secas.

Como es habitual, estos seres son invisibles a los ojos humanos, con excepción de un día señalado: la noche de San Juan, el único momento en que se les ve saltando y correteando entre las hojas de los helechos, propiedad que pierden en el momento en que pasan a pertenecer a un humano.

Sobre su aspecto hay varias opiniones. Para algunos, adquieren la forma de insectos, en tanto que otros dicen que son como hombres minúsculos vestidos con calzones y gorros rojos y muy ligados a las brujas, a las que ayudan y sirven.

En una vieja historia que antaño se contaba en Zarauz (Guipúzcoa), se decía que los mamur, mamarro o *galtxagorri* (tres nombres para unos mismos personajillos) se compraban en una tienda de Bayona, donde por media onza daban cuatro metidos en un alfiletero, en figura de diablos con calzones rojos. En cuanto se destapa la caja en la que se encuentran encerrados salen de ella y empiezan a girar alrededor de la cabeza de su dueño preguntándole de forma machacona: «¿Qué quieres que hagamos?, ¿eh?, ¿qué quieres que hagamos?», y empiezan a realizar todas las labores que se les pida, por extrañas que sean.

Sus nombres describen su vestimenta: *galtxagorri* (calzones rojos) y *prakagorri* (pantalones rojos), esta última denominación en Guernica.

En Zarauz tienen la sorprendente leyenda de un boyero que apostó a que sus bueyes trasladaban más lejos que ningún otro una piedra de pruebas. En el transcurso de la competición, viendo que sus animales flojeaban y que estaban a punto de perder la apuesta, les colocó sigilosamente el alfiletero con los mamur en el yugo y al instante la pareja sacó tal distancia a sus competidores que no solamente ganó la prueba, sino que dejó a los presentes con esa expresión bobalicona de «no me lo puedo creer».

En Aizpuru (Orozco, Vizcaya) se cuenta que había un cura que lograba trasladarse a Madrid con su criado por obra de los duendecillos, para así poder presenciar las corridas de toros que le apetecían, regresando luego a su pueblo en unos pocos minutos.

No es fácil ni recomendable quitarse de encima a estos diminutos seres como si fueran ropa de usar y tirar, pues si valoramos sus consecuencias en una balanza, esta se inclina más por las fatales. En Zarauz un insensato compró un alfiletero con cuatro *galtxagorris* y les dijo que sembraran el campo, podaran los árboles, arreglaran el tejado, excavaran un pozo, cortaran la leña, reuniera el ganado, moliera el trigo, ordeñara

las vacas e hicieran quesos. Pues bien, antes de que terminara el día, los geniecillos ya habían realizado todas esas tareas y pedían más y más. Como al dueño no se le ocurrió nada más, los *galtxagorris* comenzaron a trabajar al revés y la liaron parda: sacaron todas las semillas que habían sembrado, colocaron las ramas en los árboles, quitaron todas las tejas del tejado, taparon el pozo, juntaron la leña en troncos, dispersaron el ganado y se bebieron la leche.

En Cortézubi un hombre compró los mamur para su servicio y ganancia. Cuando realizaron tres trabajos consecutivos, volvieron todos y le preguntaron a su dueño: «¿Qué hacemos ahora?» y el hombre les ordenó que le trajeran agua en una cuba. Al no poder realizar tal labor, se retiraron mal humorados. Hay brujos que mantiene secuestrados a los mamur toda su vida, si bien sus dueños no pueden morir ni suavizar su agonía si antes no se deshacen de ellos, ya sea vendiéndoselos o regalándoselos a alguien u obligándolos a hacer algo imposible.

En Bedía, por ejemplo, aseguraban que una anciana del barrio Burtetza, con fama de bruja, estuvo agonizando durante varios días. El cura que la asistía se dio cuenta de que en el lecho de la moribunda había un saquito lleno de estos espíritus familiares, así que lo recogió y lo echó al fuego, de donde salieron los duendecillos dando alaridos. Fue entonces cuando la anciana pudo morir en paz. Otra cosa es el destino final de su alma.

El caso del cura-brujo de Bargota

En la montaña alavesa, en el pueblo navarro de Bargota, a 20 kilómetros de Logroño, es conocido un cura nigromante de nombre Juanis o Johanes, por los muchos prodigios que realizó en su vida. Menéndez Pelayo se refiere a él de pasada, como no podía ser menos:

> Cuentan en Navarra y la Rioja (tierras clásicas de brujería española) del cura de Bargota, cerca de Viana, que hacía extraordinarios viajes por el aire, pero siempre con algún propósito benéfico o de curiosidad, por ejemplo, el de salvar la vida de Alejandro VI contra ciertos conspiradores,

el de presenciar la batalla de Pavía, etc., todo con ayuda de su espíritu familiar, cuyo nombre no se dice.

El cura de Bargota es un personaje histórico con algunos (más bien muchos) tintes fantásticos, que realizó sus estudios en la Universidad de Salamanca o en la célebre cueva de Salamanca, donde pasaba la mayor parte del tiempo aprendiendo artes brujeriles. Se decía que había perdido su sombra en el momento en que hizo un pacto con el demonio dentro de dicha cueva para recibir a cambio una capa que era capaz de volverlo invisible cuando se la ponía. Únicamente recuperaba la sombra en el momento de la consagración, mientras celebraba la santa misa.

Pedro Olea dirigió la película *La leyenda del cura de Bargota*, donde se recalcan ciertos acontecimientos de su vida en Salamanca, sus amoríos y sus traslaciones súbitas a otras ciudades, como Roma o Moscú, pero nada se dice o insinúa de sus espíritus familiares. De él se cuentan cosas prodigiosas, como que construyó su casa en una sola noche, provocó la aparición de misteriosos toros y que era capaz de trasladarse volando por el aire en una nubecilla blanca. Todos los sábados por la tarde desaparecía de la aldea y el domingo llegaba a la hora de la misa jadeante y sudoroso, cubierto el sombrero y el manto de nieve en pleno agosto, mientras exclamaba: «¡Cómo nieva en Montes de Oca!», o bien traía los zapatos llenos de barro en época de sequía.

La más famosa de sus hazañas fue aquella en la que un arriero que pasaba con su recua de bueyes cerca de la iglesia de Bargota se cruzó con Juanis y, al rato, notó que el sonido de las campanillas le llegaba muy débil. Al volver la cabeza vio cómo todos los animales giraban volando en torno al campanario de la iglesia. Su cara quedó tan perpleja como la de los animales, que sentían cómo flotaban. Dando gritos por lo que veían sus ojos se le acercó Juanis y le dijo: «No te asustes, al instante los bajaré», y así lo hizo.

También contaban en Ataún que, habiendo muerto un hombre de Bargota antes de pagar sus deudas, los acreedores se oponían a que fuera enterrado en tanto estas no fueran liquidadas. En ese momento se presentó Juanis y prometió pagarles las deudas del difunto mediante la entrega de unos carneros que aparecieron repentinamente en aquel lugar. Los acreedores, satisfechos, se fueron y el cadáver fue inhumado, pero cuando traspasaron los límites del pueblo los carneros desaparecieron tan súbitamente como habían aparecido.

Hay datos confusos y contradictorios, pues si Menéndez Pelayo dice que voló de Bargota a Roma para salvar al papa Alejandro VI (el papa Borgia), cuyo pontificado duró desde 1492 hasta 1503, no tiene lógica cronológica que fuera denunciado en 1599 a la Inquisición por asistir a un aquelarre en Viana o que fuera condenado en el Auto de Fe de Logroño, en noviembre de 1610. Más, cuando según la leyenda vivió 65 años. Al parecer, fue respetado por su pueblo, hasta el punto de que cuando murió, todos sus vecinos, amigos y familiares (estos de carne y hueso) se disputaban los trozos de sus ropas al estar convencidos de que tenían poderes mágicos.

El investigador Agapito Martínez Alegría puso en marcha un buen trabajo sobre él en su obra *La batalla de Roncesvalles y el brujo de Bargota* (1929), y relata cómo realizaba sus extraordinarios viajes, merced a la magia aprendida en Salamanca:

> Después de acabado el divino oficio matutino, montaba en una nube, cubriendo su cuerpo con una capa especial, que le hacía invisible y en un santiamén se trasladaba a las orillas del Ebro, en donde radicaban casi todas sus heredades, o a las afueras de Viana, donde poseía pocas, pero eran sus mejores fincas. En el verano, cuando amanecía el día radiante, sin lluvia alguna, subía a lo más alto del cerro, desde donde el Ebro se divisa y aspiraba con toda la fuerza de sus pulmones, y como el imán al acero, atraía hasta sus pies un núcleo de aquella niebla, que semejaba gigante bellón de blanca lana; sentábase sobre sus transparentes guedejas, se ocultaba en su capa invisible y al instante la niebla se restituía a su madre y Johanes, apeándose, ponía el pie en las márgenes del río.

No habla de sus espíritus familiares, pero se daba por hecho que los tenía. Hoy la plaza principal de Bargota se llama Plaza del Brujo y, en medio de la misma hay una estatua de madera con su figura rodeada de gatos y sabandijas, que lo recuerda. Se conserva también la casa donde nació, que está precisamente en la calle Juan Lobo, un bandolero que fue testigo de algunos de sus prodigios.

Un caso especial: Zequiel y el doctor Torralba

A principios del siglo XVI adquiere fama el doctor Eugenio Torralba, no solo como médico, sino por ser amigo de un extraño duende llamado Zequiel o Zaquiel, del que se decía que no era de este mundo. Así lo describe Marcelino Menéndez Pelayo en su *Historia de los heterodoxos españoles*:

> Se le apareció al doctor como Mefistófeles a Fausto, en forma de joven gallardo y blanco de color, vestido de rojo y negro y le dijo «yo seré tu servidor mientras viva». Desde entonces le visitaba con frecuencia y le hablaba en latín o en italiano y, como espíritu de bien, jamás le aconsejaba cosa contra la fe cristiana ni la moral (...) Le enseñaba los secretos de las plantas, hierbas y animales, con los cuales alcanzó Torralba portentosas curaciones, le traía dinero cuando se encontraba apurado de recursos, le revelaba de antemano los secretos políticos y de Estado y así supo nuestro doctor, antes de que aconteciera, y se lo anunció al cardenal Cisneros, la muerte de don García de Toledo en los Gelves y la de don Fernando el Católico y el encumbramiento del mismo Cisneros a la regencia y la guerra de las Comunidades. El cardenal entró en deseos de conocer a Zequiel, que tales cosas predecía, pero como era espíritu tan libre y voluntarioso, Torralba no pudo conseguir de él que se presentase a fray Francisco (Cisneros).

Es un caso especial porque no se ajusta del todo a las características de un duende doméstico ni a las de un espíritu familiar. Es más bien un daimon en el sentido clásico de la palabra. Su físico es el de un joven de estatura normal sin aditamentos extraños en su cuerpo, sin otros fines que servir a un humano que ejerce de dueño, a quien enseña grandes conocimientos, pudiendo ser traspasado o cedido.

Se sabe que en siglos pasados ciertos personajes de prestigio recibieron visitas de hombres (nunca mujeres) vestidos con suntuosos ropajes, de gran belleza, con los que se podía hablar de todo tipo de temas.

Torralba iba
acompañado,
según decía, de un
espíritu bondadoso
llamado Zequiel,
quien le ayudaba
en sus vaticinios.

Duendes

El padre del matemático Jerónimo Cardán tuvo uno de estos encuentros en 1491, en el que le confesaron que podían vivir hasta tres siglos y que eran hombres en cierta manera formados de aire, pero dicha visita fue circunstancial, pues no volvió a verlos nunca más. Otro que pretendía haber tenido contactos más duraderos con estos extraños personajes fue el maestro de Roger Bacon, así como el autor de la enciclopedia *Magia Naturalis*, Giovani Battista della Porta, donde reconoce que parte de sus conocimientos proceden de una fuente sobrenatural.

Fueron llamados también «demonios luminosos» y más tarde, por los francmasones, con el apelativo de «hijos de la luz»; pero fue sobre todo en los siglos XV y XVI cuando tuvo lugar un mayor número de apariciones de seres con aparentes vestidos resplandecientes, que procuraban el encuentro de rabinos, alquimistas y cabalistas, con quienes discutían todo tipo de cuestiones, desde los textos sagrados hasta el conocimiento del origen del universo, caracterizándose siempre por mostrar un vivo interés en las ciencias experimentales.

Volviendo a nuestro insigne doctor Torralba, tal fama consiguió en su época que incluso Cervantes le cita haciendo exclamar a don Quijote, subido a su Clavileño:

> Acuérdate del verdadero cuento del licenciado Torralba, a quien llevaron los diablos en volandas por el aire, caballero en una caña, cerrados los ojos y, en doce horas, llegó a Roma y se apeó en Torre de Nona...

¿Cómo llegó a manos del doctor Torralba? Gracias a la cesión de un fraile de la Orden de Santo Domingo que vivía en Roma y al que se aparecía en fechas que coincidían con las fases de la luna. Le pidió a Zequiel que tomara bajo su protección al médico conquense. Zequiel estaba versado en casi todas las artes y conocimientos habidos y por haber. En una ocasión, un tal Camilo Ruffini de Nápoles le pidió a Torralba que Zequiel le diese una fórmula para ganar en el juego y, cosa rara en él, accedió en esta ocasión a complacer a su amigo dándole unos números cabalísticos con los que Ruffini consiguió embolsarse 100 ducados, aunque le aconsejó que no jugase al día siguiente, porque la luna estaba en su fase menguante y perdería. Como es natural, a su protegido también le obsequiaba con inesperadas bolsas de monedas que escondía en los lugares más insospechados.

Zequiel enseñó a Torralba el uso y las propiedades de muchas plantas medicinales. Este duende-daimon de figura humana solía recriminar a Torralba por cobrar en las curacio-nes que hacía, diciéndole que a él no le había costado nada adquirir esos conocimientos.

En 1520, Torralba dijo en Valladolid a Diego de Zúñiga, un amigo suyo que más tarde lo acusaría ante la Inquisición, que él solía ir a Roma «por los aires, cabalgando en una caña y guiado por una nube de fuego». El viaje de ida y vuelta, cosa curiosa, duraba hora y media. No tardó la Inquisición en interesarse por Torralba, sobre todo cuando describió con todo lujo de detalles el Saco de Roma, protagonizado el 6 de mayo de 1527 por las tropas de Carlos V, rey de España.

Dijo que sabía todo esto, incluido el encarcelamiento del papa en el castillo de Sant´Angelo, porque él mismo había estado allí, trasladado en un «palo muy recio y nudoso» al que se agarró y viajó por los aires, regresando a Valladolid dos o tres horas más tarde. Todos estos acontecimientos los comunicó en la Corte dos semanas antes de que las noticias fueran conocidas de forma oficial. Menéndez Pelayo describe ese «viaje» casi con las mismas palabras que utilizó años atrás Cervantes:

> Salieron de Valladolid en punto de las once, y cuando estaba a orillas del Pisuerga, Zequiel hizo montar a nuestro médico en un palo muy recio y ñudoso, le encargó que cerrase los ojos y que no tuviera miedo, le envolvió en una niebla oscurísima y después de una caminata fatigosa, en que el doctor, más muerto que vivo, unas veces creyó que se ahogaba y otras que se quemaba, remanecieron en Torre Nona y vieron la muerte del Borbón y todos los horrores del saco. A las dos o tres horas estaban de vuelta en Valladolid... Antes de separarse, Zequiel le dijo al doctor: «Desde ahora deberás creerme cuanto te digo».

A Torralba le costó cara esa información, Fue detenido y torturado «cuanto la calidad y edad de su persona sufriere» y así, durante cuatro largos años hasta que murió pobre, abandonado por todas sus

Duendes

amistades y por Zequiel, del que se perdió todo rastro a partir del encarcelamiento de su protegido. Algunos de sus amigos eclesiásticos, como el cardenal Volterra y un general de cierta orden religiosa, le habían suplicado años antes que les cediese la protección de Zequiel.

El investigador gallego y exjesuita Salvador Freixedo recoge en su libro *La granja humana* tres modernos casos de personas con sus respectivos zequieles, de los que él mismo, dice, ha sido testigo directo. Todos con una clara apariencia humana, altura media de 1,75 a 1,80 metros, pelo largo hasta los hombros, rubios y con poderes sorprendentes. Más que zequieles parecen ángeles o daimones.

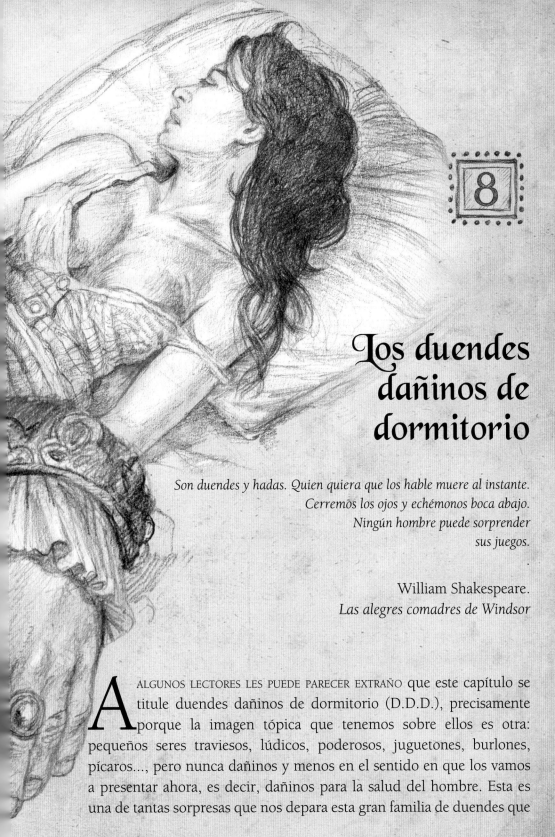

Los duendes dañinos de dormitorio

Son duendes y hadas. Quien quiera que los hable muere al instante.
Cerremos los ojos y echémonos boca abajo.
Ningún hombre puede sorprender
sus juegos.

William Shakespeare.
Las alegres comadres de Windsor

ALGUNOS LECTORES LES PUEDE PARECER EXTRAÑO que este capítulo se titule duendes dañinos de dormitorio (D.D.D.), precisamente porque la imagen tópica que tenemos sobre ellos es otra: pequeños seres traviesos, lúdicos, poderosos, juguetones, burlones, pícaros..., pero nunca dañinos y menos en el sentido en que los vamos a presentar ahora, es decir, dañinos para la salud del hombre. Esta es una de tantas sorpresas que nos depara esta gran familia de duendes que pululan por ciertos hogares españoles. Entre los D.D.D. cabe distinguir claramente dos subcategorías para poder contemplar el fenómeno de manera más detallada:

1.— Duendes vampiros (efialtes)

2.— Duendes lascivos (íncubos)

Ambos operan en las sombras de las alcobas y dormitorios, a la busca y captura de algún ser humano propicio para sus maquinaciones y maquiavélicos fines. A los duendes vampirizantes los denominamos así porque, con cierto fundamento, intuimos que se alimentan especialmente de las energías sutiles o psíquicas del durmiente, provocándole una sintomatología que va desde las simples pesadillas hasta los ahogos, sobresaltos y otras molestias somáticas. Entre ellos veremos a los tardos, ingumas, pesantas, manonas y *pesadiellus*, los cuales tienen un aspecto físico genuinamente duendil, si bien cada uno prefiere adoptar ciertas formas y comportamientos que los diferencian. Se transforman con mucha facilidad y su presencia es difícil de detectar salvo por los animales, aunque se los suele engañar y conjurar como a cualquier trasgo.

Los duendes lascivos no buscan comida, sino otra de las necesidades primarias: relaciones sexuales con una mujer humana. Serían los íncubos de la mitología y brujolojía medieval, que hábilmente se han adaptado a nuestra época, no siendo de extrañar que muchos de los casos de actuales visitantes nocturnos de dormitorio fueran estos duendes transformados en humanoides intergalácticos, para que su puesta en escena sea mucho más engañosa, espectacular y creíble. Todos ellos tienen varios factores en común, pero destacamos uno fundamental: hacen daño al ser humano, pero tan solo a su cuerpo —nunca lo posesionan como hacen los malignos— y este daño no lo realizan por maldad, sino por mandato de su propia naturaleza o del grupo colectivo en el que están encuadrados, cuya evolución sería menos desarrollada; puede decirse que necesitan hacer lo que hacen para cumplir el papel asignado en sus vidas.

Duendes vampirizantes (efialtes)

Familia de duendes que viven no solo con los seres humanos, sino también de ellos. En otras culturas se asocia este fenómeno a los fantasmas y demonios. Estaríamos en presencia de una variante perversa de los trasgos o posiblemente sean ellos mismos, en un radical y sorprendente cambio de personalidad al estilo del doctor Jeckill y míster Hyde. Su alimento no es la leche o la miel, como ocurre con los duendes en general, sino energías sutiles y vitales que todos los humanos poseemos. Se los suele designar con el nombre genérico de «efialtes», que deriva de la palabra griega *ephialtes* ('saltar sobre'), y se caracterizan en todos los casos por posarse en el pecho del durmiente, produciendo una sensación de ahogo. A veces también, como hemos visto, se utiliza el mismo vocablo para denominar al íncubo. El médico griego Galeno llamaba efialtes a las pesadillas en el siglo II a.C. y Bayley, en 1682, definía al íncubo como «la pesadilla, enfermedad que sobreviene al hombre dormido que cree soportar un gran peso sobre él». Hablamos de íncubos y no de súcubos, pues, por los datos que poseemos, suelen ser seres de sexo masculino los que campan a sus anchas por los dormitorios humanos, ejecutando estas bromas pesadas —si nos referimos a la pesanta— y otras de un evidente mal gusto.

No todos creen que este tipo de enfermedades las produzcan seres o entidades maléficas. El rey Jaime I de Escocia lo niega en su *Demonología* (1597) diciendo que no se trata de una enfermedad natural a la que los médicos han dado el nombre de «íncubus», pues es: «una flema espesa que al pasar del pecho al corazón mientras dormimos influye de tal modo en nuestros espíritus vitales que nos arranca toda la fuerza, haciéndonos creer que soportamos una carga sobrenatural que nos atenaza».

En Irlanda, incluso hoy en día, es relativamente conocido el *Alp-Luachra*, que el reverendo Robert Kirk llamaba «comensal» o «copartícipe», duende que permanece sentado e invisible junto a su víctima y comparte con él sus alimentos, nutriéndose de la esencia de

El benedictino Bernard de Montfaucon, en su obra Antigüedad explicada (1719), menciona a los efialtes o hifialtes (en plural) como equivalente griego de los íncubos y súcubos...

... *duendes que adoptaban la forma de hombres o mujeres respectivamente para atormentar a los humanos absorbiendo su energía a modo de vampiros o introduciéndose en sus sueños.*

lo que el ser humano come, por lo que este sigue delgado a pesar de su apetito. Desgraciadamente, lo más frecuente es que sean denominados con el término genérico de «duendes», toda vez que adquieren individualidad en el folklore de aquellas regiones donde se manifiestan en abundancia, principalmente Cataluña, Galicia y el País Vasco.

Los efialtes en un principio son más bien una especie de masa energética que va adquiriendo forma, y se pueden materializar momentos antes de perturbar al durmiente: bien sentándose en su pecho o bien apretando su garganta, pero siempre sin rebasar los sagrados límites físicos del ser humano, a diferencia de los malignos, cuya masa energética sin forma predeterminada sí logra penetrar en el interior del cuerpo y que solo se materializan cuando esta es expulsada del organismo a través de exorcismos, jaculatorias o complicados rituales. De ahí la diferencia que marcamos entre un duende vampirizante (no vinculado con la demonología) y un maligno (estrechamente vinculado con las posesiones y las fuerzas del mal).

Respecto a su estatura, deben de ser mucho más pequeños que los duendes domésticos y algo mayores que los familiares, ya que en los relatos transmitidos se habla de que portan espadas del tamaño de alfileres (tardos), o entran por el agujero de la cerradura (pesantas), aunque siempre debemos tener presente que su forma puede sufrir cambios elásticos y repentinos, adoptando preferentemente la de perros negros o manos. Esto es especialmente interesante, pues existe un sorprendente caso europeo, recogido por el escritor y antropólogo escocés Andrew Lang en su obra *Sueños y Fantasmas*, a comienzos del siglo XX, donde cuenta cómo su comunicante le aseguró que, tras asistir a tres o cuatro sesiones espiritistas, notó una desacostumbrada excitación nerviosa con temor de dormir solo. Una noche, sobresaltado, vio a la luz de la luna cómo cuatro o cinco perros negros, muy corpulentos, saltaban de un lado a otro en la habitación; uno de ellos se subió a la cama y otro acercó el hocico a su boca. Logró echarlos, pero esa misma noche unas manos invisibles tiraban de su manta y sintió en su cuerpo la sensación de unos dedos que se acercaban poco a poco a la cabeza. Observando aquella mano, pudo ver que no estaba unida a brazo ni cuerpo alguno, que era velluda y morena con cuatro dedos cortos —le faltaba el pulgar— rechonchos y con largas y puntiagudas uñas, a manera de clavos.

La asociación íncubo-elfo-pesadilla no es tan disparatada como a primera vista podría parecer. Borges habla de los elfos y señala en *El libro de los seres imaginarios*:

> En Inglaterra se dio el nombre de *elf-lock* ('rizo de elfo') a un enredo del pelo, porque lo suponían obra de elfos. Un exorcismo anglosajón les atribuye la malévola facultad de arrojar desde lejos minúsculas flechas de hierro, que penetran sin dejar un rastro en la piel y causan dolores neurálgicos. En alemán, pesadilla se traduce por alp, los etimólogos derivan esa palabra de elfo, dado que en la Edad Media era común la creencia que los elfos oprimían el pecho de los durmientes y les inspiraban sueños atroces.

En la cultura escandinava, a esta entidad se la conoce como mare, una creencia que dio lugar a la palabra «pesadilla». *Mare* es una antigua palabra islandesa para la yegua, pero ha tomado el sentido de una especie de diablo que se sienta en el pecho y que, por la noche, trata de sofocar a la víctima. En inglés es *nighmare*, palabra formada por *nigh* ('noche') y *mare*, en referencia a ese personaje malvado de la mitología nórdica. El cuadro del pintor suizo Henry Füssli de 1781, con ese mismo título, es un buen ejemplo descriptivo de lo que queremos decir.

El padre Fuentelapeña, en *El ente dilucidado* (1676), al hablar de ciertos duendes, según las descripciones de testigos, hace referencia sin saberlo a los tardos, pesantas e ingumas, al decir textualmente:

> … los duendes se dice que se echan sobre los dormidos y los abruman de tal modo que sienten sobre sí, un peso indecible, y no pueden por eso respirar aunque quieran, no pueden levantarse, moverse, ni dar voces, aunque lo intenten, y en fin, despiertan tan cansados o se hallan tan fatigados después de despertar, que parece han padecido la mayor opresión.

Describe un trastorno que los psicólogos llamaban «parálisis del sueño» donde el sujeto se despierta sin poder moverse ni hablar.

Los únicos músculos activos son los músculos oculares y los músculos respiratorios. Aunque puede abrir los ojos, no es capaz de emitir sonido ni mover músculo alguno, lo cual le genera una considerable sensación de angustia y de temor. Por si fuera poco, al encontrarse en un estado de limbo entre el sueño y la vigilia, la persona suele padecer alucinaciones auditivas y visuales que generalmente coinciden en una intensa sensación de presencia y de movimiento en torno a su cuerpo indolente.

Para Fuentelapeña era más que una parálisis imaginaria. Añade que los sujetos, tras despertar, «tal vez ven a dichos duendes ya en figura de toros, que los acometen, ya en forma de negros, que los amenazan y ya en otras figuras varias que danzan, o hacen otras cosas».

Tardos (Galicia)

Conocidos con este nombre en Galicia y Castilla (aunque existe una variedad vasca llamada «inguma»), son una molesta y peligrosa variedad de los trasgos. Como ellos, se han adaptado con gran facilidad a nuestro mundo actual sin ser muy numerosos. Construyen entradas a su mundo en las propias casas en las que se instalan, invisibles para los seres humanos. Su alimento es nuestra energía vital, que nos roban sentándose por las noches sobre nuestro pecho cuando dormimos. Para las personas mayores son una molestia, pues con sus actos causan terribles pesadillas (pesadelos), pero para los niños son peligrosos, pues les roban el aire que respiran. La mejor defensa contra ellos son los animales domésticos, puesto que los perros y los gatos pueden verlos.

El tardo sería de la familia de los elfos oscuros. Pequeños, peludos, llenos de dientes, con piel de color verdosa y penetrantes ojos redondos y negros que llaman mucha la atención a quien tiene la desgracia de verlos. Usan extraños ropajes y gorros con cascabeles. Van armados con pequeñas espadas del tamaño de alfileres, lo que no deja de ser una extrema rareza en el mundo de los duendes, pues sabido es que huyen del hierro y de las armas de acero —especialmente los *follets*—, por lo que creemos que estas espadas las utilizan única y exclusivamente para defenderse de posibles agresiones por parte de perros o gatos.

Además, hay un buen remedio para librarse del tardo, que es el mismo que sirve para librarse de los trasgos: dejar sobre una mesa cercana a la cama un puñado de centeno, mijo, maíz o alpiste, con objeto de que se entretenga contando los granos, a lo que es muy aficionado. Aunque a diferencia del *trasgu* no tiene agujero en la mano, como solamente sabe contar hasta cien, al llegar a esta cifra se equivoca irremisiblemente, volverá a empezar la cuenta de nuevo y dejará así tranquilos a los durmientes. En el momento en que empieza a amanecer desaparece, como es norma habitual en todos los seres que viven en las sombras.

Ingumas (Euskadi)

Semejantes a los tardos, se introducen por las noches en las casas cuando los moradores están dormidos. Su campo de acción son los caseríos del País Vasco y su afición favorita la de apretar la garganta de algún miembro de la familia, principalmente los niños, dificultándoles la respiración y consiguiendo que tengan pesadillas y un gran sentimiento de angustia. Como han sido considerados seres demoníacos, el mejor antídoto son las oraciones. También han sido llamados *maumau* y, ante el temor de que aparecieran, en la región de Ezpeleta, en el País Vasco Francés, era costumbre decir esta fórmula mágica al acostarse:

¡Inguma, no te temo!
A Dios y a la Madre María
tomo por protectores.
En el cielo las estrellas
en la tierra las yerbas
en la costa arenas.
Hasta no haberlas contado todas
no te me presentes.

En Iturrotz, es considerado igualmente como causante de malos sueños y para ahuyentarlo decían la misma fórmula de Ezpeleta, a la que añadían esta invocación: «¡Que en cambio vengas tú a mí, Gauargui!».

329

Gauargui es un genio benigno de la noche que aparece en forma de luz o punto luminoso en la tierra y que, por algún extraño poder, puede neutralizar y conjurar a la perfección al inguma. En esta oración se comprueba, al igual que ocurre con los tardos, que su punto débil es el recuento de cosas, deduciéndose que es tan corto mentalmente que se entretiene contando un número infinito de objetos hasta que deja tranquilo al hogar elegido. En Sara, dicen la siguiente oración:

> *Inguma pedigüeña, no te temo.*
> *Tengo por padre a Jesús,*
> *por madre a la Virgen María,*
> *por guardas a todos los santos*
> *y ángeles del cielo.*

En Murélaga, era costumbre llevar a los sonámbulos, que se creían que estaban bajo el efecto de Inguma, a la ermita de Santa Inés de Arteaga. En Dima, los llevaban a la iglesia parroquial de Rigoitia, donde se venera en una urna el cuerpo incorrupto de un supuesto santo.

Muy semejante a Inguma es otro ser vampirizante de nombre Aideko a quien se le hace responsable de todas las enfermedades cuyas causas naturales no se conocen. A decir verdad, a lo largo del todo el Pirineo existen parecidas creencias relativas a estos seres maléficos.

Pesantas (Cataluña)

A pesar de su nombre, no es necesariamente un ser femenino, aunque en ciertas zonas catalanas, como en el valle de Bianya, en la Garrotxa, se le equipare a una bruja o a una indefinida forma animalesca. Le encaja bien este nombre, pues en realidad este duende es un auténtico «pesado» en todas las acepciones de la palabra: primero pone «patas arriba» los cacharros de la casa y luego se sienta en el pecho del durmiente para provocarle pesadillas de todo género. Los síntomas de la víctima casi siempre son los mismos: ahogos y peso en el plexo solar. Los remedios populares más habituales son dar masajes en la barriga y rezar una

Inguma, también
llamado Maumau,
es un genio
maléfico que
aparece en las
casas cuando
sus moradores
están dormidos.
Tiene la costumbre
de apretarles
la garganta.

oración, similar a la que hemos trascrito del inguma vasco. Con esto, se supone, el duende dañino se mantiene alejado del dormitorio, con un procedimiento ya clásico, cual es obligarle a contar algo hasta que se aburra.

En Cataluña, la pesanta tiene forma de un perro gordo, negro y peludo que vive en las iglesias abandonadas y en ruinas. En la comarca prepirenaica y volcánica de la Garrotxa (Girona), refieren que este ser sale a partir del anochecer por los descampados en busca de alguna víctima, práctica que realiza todas las noches excepto una, la de Navidad.

Juan Perucho incluye en su *Bestiario fantástico* a la pesanta, sobre la que relata una historia acaecida al imaginario escritor José Finestres. Cuenta cómo el maléfico ser entró en su casa por el agujero de la cerradura, sin hacer ruido. Nos lo describe como un animal de fino pelaje, del tamaño de un perro, que tenía la virtud de provocar sueños escalofriantes, empequeñeciéndose a discreción, invisible y con sus cuatro patas de hierro, de donde procedería el nombre de «pesanta». Cuando entró en el hogar de Finestres, se dirigió rápidamente a la alcoba donde este descansaba, subió a la cama, se tendió sobre él con gran satisfacción, y al rato este se sintió afectado por un gran terror, comenzando a soñar acontecimientos espantosos. Más tarde nos cuenta cómo el médico catalán Diophanis Capdevilla expulsó a la pesanta del cuerpo de Gregorio Mayans Siscar con fuego de virutas y la famosa agua de flor de carqueixa, descubierta por el padre Martín Sarmiento.

Menos literaria y más contundente que la experiencia que relata Andrew Lang sobre estos siniestros perros, a la que ya nos hemos referido anteriormente.

Hay autores que utilizan indistintamente los nombres de «pesanta» y «pesadillo» como términos sinónimos para designar al mismo ser, pero consideramos que, aun siendo los dos de la familia de los duendes, el último de ellos se encuadraría dentro de los domésticos y, por lo tanto, sería menos dañino.

Pesanta

~Grandes patas

Manonas (Castilla)

Por Asturias, Castilla y Extremadura, que sepamos, existe el mito, ya muy diluido y casi inexistente en las leyendas del lugar, sobre un extraño duende de nombre genérico «la manona», la cual, según Llorente Vázquez, se manifiesta como una «horrorosa y gigantesca mano que perturba todo en una casa trastornando todos los aperos del ganado y útiles de labranza. Con ella es imposible orden ni arreglo alguno doméstico porque su perversa complacencia es embrollarlo todo».

Lo malo es que esta ciclópea y peluda mano también se complace en apretar el cuello y el pecho de algunos durmientes cuando estos disfrutan de un apacible sueño que deja de serlo al instante de sentir una opresión en la garganta.

Como curiosidad, Sánchez Pérez recoge en su obra *Supersticiones españolas* el nombre de «pesadillos», por lo que entendemos que el hecho de que este duende adquiera a veces la forma de una mano gigante y llena de pelos, tal como se describe en algunos relatos, indica que los pesadillos castellanos están muy relacionados —si es que no son lo mismo— con esta traviesa manona (o *pesadiellu* asturiano) que se comporta, en todos los sentidos, como un auténtico trasgo.

En las Hurdes se presenta ante los dormilones humanos en forma de mano fría que, de noche, recorre uno a uno los huesos de la columna vertebral, produciendo todo tipo de angustias y escalofríos al que tiene la desgracia de padecer su visita.

Pesadiellu (Asturias)

Hemos comentado que en Asturias existe la creencia en un demonio maligno que se aparece de noche y que genéricamente hemos denominado «manona». Precisando más sobre su naturaleza, en ciertas zonas como Nembra (Concejo de Aller) y en algunos lugares del valle del río Negru o en San Martín de Vallés, en Villaviciosa (Maliayo), no dudan en bautizarlo como *pesadiellu*. Sume en grandes fatigas a sus víctimas y, para echarlo, hay que rezar jaculatorias e invocar a los santos preferidos,

Manona

Disfruta apretando el cuello y/o el pecho de los durmientes para dificultarles la respiración y provocarles pesadillas.

ya que según hace notar Carlos Sánchez Martino en esta última localidad se lo relaciona directamente con el demonio.

Se cuentan varias historias, como aquella del abuelo y el nieto de diez años, el cual, en mitad de la noche comenzó a sentir una fuerte presión en su pecho que prácticamente le impedía respirar. El abuelo, alarmado, sospechó inmediatamente que el *pesadiellu* rondaba la habitación, así que le dijo que rezase todo lo que supiera. Así lo hizo el pequeño y comenzó a notar mejoría, y fue entonces cuando el *pesadiellu*, enfurecido, adoptó la forma de una mano enorme y peluda sobre el pecho del niño que, antes de desaparecer, logró agarrar la mano del abuelo y se la rompió.

En el puerto La Boya, entre los concejos de Llena y Aller, un paisano llamado Ramiro, «el de la Carrera», buscaba una *xata* (ternera) que se le había perdido. Se le hizo de noche y decidió acostarse en la cabaña. Mañana sería otro día para reanudar la búsqueda, pensó. En mitad de un sueño se despertó sobresaltado, oprimido por un peso en su pecho casi insoportable. Intuyendo lo que era, rezó y rezó hasta que la opresión fue desapareciendo. Cuando amaneció, bajó al pueblo, donde comprobó que la *xata* estaba con el resto del ganado, lo que le hizo sospechar al bueno de Ramiro que había sido el *pesadiellu* el que se la había llevado jugando al despiste y encima provocándole ahogos nocturnos.

Otro ser sobrenatural asturiano al que le gusta transformarse en *xata* es al diañu burlón, confundiéndose a veces sus leyendas.

Duendes lascivos (íncubos)

Antiguamente, la palabra «íncubo» tenía una acepción mucho más amplia, pues abarcaba a otro tipo de personajes fantásticos de los bosques. San Agustín, en su *Civitate Dei*, afirmaba que a ciertos faunos o criaturas silvestres llamadas comúnmente íncubos —según la identificación de San Jerónimo— les apetecían las mujeres y a menudo lograban cohabitar con ellas. A esta especie de seductores pertenecían unos demonios monteses llamados *dusii*. En nuestro país tenemos ejemplos tan concretos como el tentirujo cántabro, el esgarrapadones del Pirineo catalán, el *busgosu* asturiano o el diaño gallego. El padre Martín del Río creía a pies juntillas en ellos:

> Pues son tantos los que consideran un axioma esta creencia, que debe respetarse, y refutarlos es únicamente obstinación y estupidez; pues tal es la opinión de sacerdotes, teólogos y filósofos, cuya verdad ha sido reconocida por todos los pueblos y en todas las épocas.

Lo que el jesuita tal vez quería decirnos es que desde tiempos inmemoriales ciertos seres de la penumbra, caracterizados por un comportamiento agresivo y promiscuo, han buscado intencionadamente el contacto con la especie humana para realizar diversas clases de experimentos, entre los que se encuentran con cierta preponderancia contactos sexuales e «investigaciones» genéticas. Bien es verdad que en España no son abundantes los casos en que se produce esta variante, que apenas se cita en los procesos inquisitoriales.

El hecho de que estos seres se relacionen con los íncubos y, por extensión, con toda la fenomenología de los duendes y los demonios, se debe a que comparten una serie de características comunes. A saber:

—Su aspecto físico los delata y los asemeja de forma inquietante a alguna familia de duendes perversos.

—Se manifiestan preferentemente de noche y en el dormitorio.

—Aprovechan el sueño o sus estados próximos para realizar sus «experimentos».

—Ciertas razones de peso indican que más que el mero contacto sexual con su víctima (que también lo buscan), lo que pretenden es absorber la energía que desprenden, en alguna gama de frecuencia que desconocemos, y que sería un apetitoso alimento para ellos.

—La experiencia a la que someten a sus víctimas suele ser casi siempre traumática, dejando huellas psíquicas y a veces físicas.

Por nuestra parte, designamos con el nombre de «íncubos» a todos aquellos seres que perpetran sus acechanzas sexuales con todas las agravantes de un delito penal, a saber, nocturnidad, alevosía, invisibilidad y allanamiento de morada. Antonio de Torquemada especula sobre ellos en el siguiente coloquio:

LUIS: De una cosa estoy yo maravillado, y es que he oído decir que los demonios son íncubos y súcubos, y que para esto forman sus cuerpos de hombres y de mujeres.

ANTONIO: Muchos autores hay que lo afirman, porque su malicia es tan grande que ninguna maldad, por abominable que sea, dejan de cometer, por que los hombres juntamente con ellos la cometan. Y Celio Rodiginio dice que uno llamado Marco, natural de Queroneso, en Grecia, era hombre que tenía gran familiaridad con los demonios y por esta causa procuraba siempre la soledad y conversaba poco con otros hombres. Este decía muchos secretos que había entendido de cosas que los demonios hacían, de las cuales era una esta, y otras muchas que por ser tan feas y sucias no hay para qué decirse. Pero no todos los demonios, conforme a lo que deste hombre se entendió, se ejercitaban en este vicio, sino solos aquellos que están y andan más cerca de nosotros y forman sus cuerpos de muy gruesa materia, como es de agua o de tierra. Y San Agustín dice que los sátiros y faunos son tenidos de algunos por demonios íncubos, por ser tan codiciosos del vicio de la lujuria. De aquí toman también muchos la ocasión de tener por verdadero lo que de Merlín se cuenta, que fue engendrado de un demonio, siendo traída la simiente en un instante de otra parte.

Magdalena de la Cruz, Balbán y Pitonio

Las monjas, antiguamente, eran punto de mira en los ataques sexuales de ciertos frailes rijosos y de otros seres de condición no tan humana, hasta el punto de que en el año 1467 Alfonso Spina, en su obra *Fortalicium Fidei* ('Fortaleza de la fe') —considerado el primer libro que trata el tema de la brujería— relataba que a las monjas se les aparecían los íncubos por la noche y, al despertarse por la mañana, «se encontraban polucionadas como si se hubieran unido a varón». No son raras las historias sobre el acoso de íncubos a santas de los primeros tiempos de la Iglesia, como le ocurrió a santa Margarita de Cortona, aunque asedios similares sufrieron otros santos varones por parte de los súcubos, como fue el caso de san Antonio de Egipto y san Hilario.

En la hagiografía de san Bernardo se narra su llegada a Nantes en el año 1135 y cómo una mujer le imploró ayuda porque, al parecer, había copulado con un íncubo durante seis años seguidos. Nada comparado con el caso de sor Magdalena de la Cruz, una monja franciscana que llegó a ser, por tres veces, abadesa de un monasterio de Clarisas en Córdoba. No tenía más de 12 años cuando fue seducida, al parecer, por un gnomo, para algunas personas, o por un demonio íncubo para otras. Menendez Pelayo dice:

> A los doce años hizo pacto expreso con dos demonios íncubos, llamados Balbán y Pitonio, que se le aparecían en diversas formas: de negro, de toro, de camello, de fraile de San Jerónimo, de San Francisco, y le revelaban las cosas ausentes y lejanas para que ella se diese aires de profetisa. Como tantas otras monjas milagreras, Magdalena de la Cruz fingía llagas en las manos y en el costado y permanecía insensible, aunque le picasen con agujas. Durante la comunión y en la misa solía caer en éxtasis o lanzar gritos y simular visiones. Por espacio de diez o doce años fingió alimentarse no más que con la hostia consagrada, aunque comía y se regalaba en secreto.

Fernando Sánchez Dragó, con su característica verborrea, añade: «dos grandísimos pillastres que por la noche cabalgaban a la moza disfrazándose de negros, de toros, de camellos y de frailes franciscanos o jerónimos, pero que de día, descuajeringados ellos y sudoroso el corcel, inventaban en su presencia sucesos de otras latitudes».

La relación amorosa entre la religiosa y los íncubos duró nada más y nada menos que 30 años, con lo que suponemos que hubo tiempo suficiente para que la futura abadesa supiera distinguir entre un gnomo, un íncubo o un fraile rijoso.

Magdalena de la Cruz tuvo la audacia de asegurar que había parido al Niño Jesús la misma noche de Navidad, previa inseminación del Espíritu Santo. Dicho niño desapareció minutos después, no sin antes dejar a la monja, como recuerdo de su presencia, el teñido de sus cabellos negros a otros de un rubio chillón que luego distribuiría como reliquias entre sus benefactores.

La fama de santidad de Magdalena de la Cruz llegó a ser tan grande en España que los nobles pugnaban por conseguir reliquias de la monja. Sus cartas tenían un gran valor para muchos, y por ello era frecuente que escribieran al monasterio a la espera de una respuesta de su puño y letra, que conservaban después con devoción. El propio emperador Carlos V llegó a enviar un emisario con las mantillas de sus hijos para que fuesen bendecidas por Magdalena.

Su reputación de tener hilo directo con el cielo era tan grande que Felipe II, siendo príncipe heredero, se llevó de Córdoba, como objeto sagrado, los hábitos de la monja para que el infante don Carlos fuera envuelto en ellos, en previsión de ataques del diablo. Los relatos y leyendas de sor Magdalena de la Cruz iban de boca en boca y se aseguraba que Dios le había permitido ver, desde Córdoba, la batalla de Pavía y el encarcelamiento del rey de Francia. Se le atribuían vuelos rasantes entre ciudades, entrevistas con la Santísima Trinidad, visitas frecuentes al purgatorio, bilocaciones, etc.

Según comentaron algunos testigos, «pasaron muchas y grandes cosas; cosas que eran para espantarse; cosas que ni escribir, ni decir, ni menos oír, se pueden». Magdalena estuvo cerca de dos años en la cárcel a la espera de su juicio, que tuvo lugar el viernes 3 de mayo de 1546. Su encarcelamiento produjo un gran escándalo. Finalmente, los jueces del Santo Oficio sentenciaron:

> Que siempre sea tenida por sospechosa; que salga de la cárcel con una vela encendida en las manos y una mordaza en la lengua y una soga en la garganta, sin llevar velo negro; y mandamos que esté encerrada perpetuamente en un monasterio fuera de esta ciudad; y que sea siempre la postrera en el coro, capítulo y refectorio; mandamos que no hable con persona alguna, si no fuere con las monjas o su provincial o vicario; le mandamos que en tres años no comulgue ni reciba el Santísimo Sacramento; y le mandamos que no traiga velo en

San Agustín tocó el tema en De Civitate Dei: "Muchos han verificado por su propia experiencia y personas fiables han corroborado la experiencia que otros le han contado, que silvanos y faunos, normalmente llamados íncubos, han realizado a menudo ataques malignos a las mujeres".

toda su vida; todo lo cual le mandamos lo guarde y cumpla, so pena de ser tenida por relapsa.

De esta manera, Magdalena de la Cruz pasó de santa a bruja. Y de Balbán y Pitonio nunca más se supo. Fin de la historia.

Íncubos modernos: visitantes nocturnos de dormitorio

Es cierto que en un fenómeno tan complejo como el de los ovnis y sus tripulantes, se ha intentado incluir de todo, como en río revuelto. Nosotros tan solo nos atenemos a la similitud de comportamientos de seres que aquí hemos presentado con la casuística que sobre extrañas presencias en el dormitorio está ocurriendo hoy en día. El lector se preguntará que posiblemente no serán un número suficientemente representativo como para tenerlos en consideración y mucho menos para establecer comparaciones y referencias con leyendas cuyos hechos ocurrieron hace siglos o ni siguiera ocurrieron.

En España, por desgracia, no hay todavía una exhaustiva investigación sobre este aspecto concreto de la fenomenología ovni, el de los visitantes nocturnos de dormitorio —con honrosas excepciones como el libro *Infiltrados*, de Josep Guijarro—, pero sí tenemos datos muy específicos e inquietantes provenientes de Norteamérica. Hace unos años el Instituto Roper (el más importante después del Gallup) realizó una encuesta con un cuestionario de cinco preguntas sobre experiencias anormales acaecidas en el dormitorio. Fue repartido entre 5947 personas mayores de 18 años que no estuvieran recluidas en instituciones carcelarias o psiquiátricas. Las preguntas eran las siguientes:

—¿Se ha despertado usted alguna vez paralizado y con la sensación de que hay una extraña presencia en su habitación?

—¿Alguna vez ha perdido una hora o más de tiempo sin ser capaz de responder por qué y dónde ocurrió?

—¿Ha sentido que realmente volaba por el aire sin ninguna explicación lógica que produzca ese fenómeno?

—¿Ha visto en alguna ocasión extrañas luces o bolas de fuego sin saber el motivo que las estaba generando?

—¿Se ha despertado con extrañas marcas en su cuerpo para las que no encuentra explicación?

La clave era considerar que si una persona contestaba afirmativamente al menos a cuatro de las preguntas era que seguramente había sido víctima de una abducción (secuestro) por entes no conocidos. De los 5947 encuestados, un 2 % contestó afirmativamente a cuatro o cinco de dichas preguntas, lo que representa 119 personas. Extrapolando esta cifra a la población total estadounidense, nos da una cantidad de 3 700 000 personas (en esa misma proporción, en España serían medio millón de posibles abducidos). Pero lo más importante es que, sin negar la realidad ovni, acudiendo tan solo a la mitología sobre íncubos, hadas, duendes, elfos y demás gente menuda, nos encontramos con varias similitudes en el pasado. Hay que leer relatos sobre ellos para darnos cuenta de que los que sufrieron este tipo de agresiones, raptos o experimentos también contaban que se sentían paralizados, que la duración del tiempo interno era distinta a la del tiempo externo, que se desplazaban sin notar que se movían, que veían luces o sentían en sus carnes las cosas que les hacían...

En este sentido, el investigador Josep Guijarro llega por otros caminos a unas conclusiones parecidas a las que exponemos en este libro, es decir, que existen varias clases de «visitantes» y que, aunque él cree que nuestro planeta ha sido y está siendo visitado por naves procedentes de otros mundos, no se atreve a asegurar que solo con la interpretación extraterrestre sea suficiente para explicar la procedencia de muchos de estos seres, así como su participación y vinculación con las modernas abducciones.

Las hipótesis que enlazan a los elementales con los extraterrestres no son nuevas. Autores como Jacques Vallée y Bertrand Méheust han

Transformación en extraterrestre

Es un hecho que estas entidades del folklore han mutado con el tiempo y en el inconsciente colectivo.

Ahora no se habla de incubos,
duendes o demonios sino de aliens o
visitantes nocturnos de dormitorio
que siguen provocando angustias y
experimentos sexuales a sus víctimas.

sugerido en sus obras que muchos de los supuestos tripulantes de ovnis no son más que una actualización de los ritos y el folklore primitivos, adaptados a la mentalidad de nuestro siglo. Cada vez son más los ufólogos que se adscriben a esta hipótesis (Gordon Creighton, John Keel, Ann Druffel), atribuyendo una procedencia interdimensional a las criaturas que provocan las abducciones. Casi todos ellos están de acuerdo en que el mejor sistema para combatir a estas entidades es la propia mente humana, porque es sobre todo esta el objetivo de sus ataques, sin olvidar que sus intrusiones también tienen un fuerte contenido sexual.

Desde siempre hay constancia verbal y escrita de casos de apariciones, con presencia de entidades de aspecto neblinoso o etéreo que surgen en el dormitorio de determinadas personas elegidas, o más bien diríamos víctimas, cuando estas empiezan a dormirse. Gran parte de la sintomatología que presentan estas apariciones corresponde a lo que en la moderna psicología se denominan «alucinaciones hipnogónicas» (si se producen entre la vigilia y el sueño) e «hipnopómbicas» (si se producen entre el sueño y la vigilia).

Desde el punto de vista de la fenomenología ovni los visitantes nocturnos de dormitorios tienen un aspecto básicamente común entre ellos, que les hace muy semejantes a los duendes de los que hablan las antiguas leyendas. Son claramente macrocéfalos, de ojos almendrados y negros, de baja estatura (aproximadamente en torno a 1,20 metros o menos), con cuerpo, brazos y extremidades muy delgadas y algo desproporcionadas, a veces peludos, otras sin pelo, y van vestidos con una especie de mono muy apretado o largas túnicas. Por lo general, todos ellos presentan, desde la óptica del testigo, un aspecto demoníaco, siendo relacionados por muchos de ellos con apariciones de entes diabólicos sin determinar. Hecho curioso: no se les suele ver los pies, como ocurre con alguno de nuestros duendes domésticos, con quienes los testigos encuentran verdaderas dificultades a la hora de asegurar o describir cómo iban calzados (salvo la excepción de los frailecillos).

El proceso de aparición y acción de estos siniestros pequeñuelos suele obedecer siempre a un mismo guion. En primer lugar, se manifiestan al anochecer en el domicilio de su víctima cuando está comenzando a dormirse. Luego, el testigo, aterrorizado, o a veces con una pasmosa tranquilidad, siente que no puede moverse ni gritar. Entonces los seres manifiestan un comportamiento aparentemente hostil y obligan al ser humano a acompañarlos hasta su morada, que siempre es una cueva o sala luminosa (fuera ya del tiempo y del espacio de su habitación), donde es sometido a todo tipo de experimentos ¿médicos?, como pinchazos, introducción de sondas o extracción de líquidos, destacando, sobre todo, el momento en que le implantan una microcápsula en la parte posterior del cerebro (en ocasiones en brazos o piernas). Así, en el conocido caso español de Próspera Muñoz le implantaron la microcápsula en la base del cuello cuando contaba siete años de edad.

Los estudiosos de la ufología han recogido en centenares de casos una tipología muy amplia, que nos habla no solo de dormitorios sino también de terrenos descampados y carreteras poco frecuentadas, situaciones en las que el fenómeno se produce de forma muy parecida. Las principales teorías señalan que se trata de una experiencia generada en la propia mente del sujeto agredido, pero con la existencia de un estímulo externo real que deja huellas en la habitación y en el propio testigo. Una de las más interesantes es la formulada recientemente por dos investigadores españoles de lo insólito, Josep Guijarro y Javier Sierra, que señalan que se trata de un extraño suceso provocado por la mente. Lo que ellos denominan Síndrome de DIANA, acrónimo de Delirio Individual de Agresión Nocturna Alienígena.

Cara de alien
No son de este
mundo, pero acceden
a nuestro propio
dormitorio y no nos
quieren precisamente
para jugar al dominó.

Los minúsculos malignos (Demonios dentro del cuerpo)

—Acaso mi hijo —sospechó entonces— esté también ameigado. Ni toma el pecho ni deja de llorar.

—Yo te daré un «escrito» y se lo coses a la ropa.

Salió y volvió a entrar con una bolsita de tela apenas de media pulgada, en cuyo interior iba el arbitrario amuleto.

—Si la abres —advirtió— perderá su eficacia y acaso te traerá mal...

Wenceslao Fernández Flore. *El bosque animado* (1943).

Se cuentan por miles

DE TODOS ES CONOCIDA LA TENDENCIA a representar en forma física algunas preocupaciones que obsesionan al hombre. Detrás del rayo o del trueno tenía que existir un ser, más bien antropomorfo y poderoso, que fuera el causante de tales fenómenos. Con algunas enfermedades ocurre lo mismo, de ahí que cuando no se sabía bien qué extraña dolencia le acaecía a alguien que físicamente se iba degradando poco a poco, se dijera que había malos espíritus detrás de todo ello. Se trataría, para la sabiduría popular, de entes muy diminutos, invisibles, nocturnos y poco menos que sicarios del demonio «que no descansa nunca».

En muchas partes de España y, sobre todo, en Extremadura, designan a estos engendros amorfos especialmente dañinos para la salud física y psíquica con el nombre de «malignos». No se pueden clasificar como duendes porque no responden a su tipología básica, pero los incluimos en esta obra porque también son adictos a los hogares humanos. Se caracterizan por atacar desde dentro del organismo, introduciéndose en él por distintos orificios para causarle una penosa enfermedad. Por ello, están muy vinculados a ciertas prácticas de brujería o magia negra en las que no vamos a entrar porque se saldría del propósito de este libro.

Como consecuencia de su acción provocan toda clase de dolencias, sobre todo enflaquecimiento y raquitismo de la víctima elegida, puesto que su labor principal, aparte de otras que desconocemos, es la de nutrirse de su energía. Asimismo, la superstición popular los considera causantes de anemias, epilepsias o posesiones demoníacas. Estas masas energéticas sin forma predeterminada han recibido distintos nombres según las culturas, entre ellos los más utilizados son: «bajos astrales», «larvas» o «daños», como las llaman los chamanes de algunos países sudamericanos. Cuando se materializan, provocan la enfermedad en una parte concreta del cuerpo humano —difícil de diagnosticar por los médicos— y es entonces, una vez localizadas, cuando pueden ser extraídas con el aspecto de una masa oscura con ramificaciones que posteriormente va adoptando formas más concretas y animalescas, revelando su auténtica identidad.

De los muchos nombres que reciben estas maléficas entidades en nuestro país, algunos son tan ambiguos que designan tanto a la enfermedad como al elemento causante.

En el País Vasco los seres malignos por excelencia son los *gaizkin*, en Galicia una función similar la realizan los temidos *tangaraños* y demachiños, en Asturias serían los malinos y en Extremadura los malignos. En Cantabria, según Manuel Llano, existirían unos «duendes chiquitines» que a veces salen del chorro del agua y, a través de ella, entran en el interior de un ser humano de tal suerte que las personas que los han tragado pierden, desde entonces, la razón y no pueden estar quietas ni un momento. En Andalucía estarían los «espíritus rebeldes», a los cuales se exorcizaba —sobre todo en Granada— utilizando los Libros plúmbeos del Sacromonte, mucho más eficaces para expulsar diablos que los mismísimos Evangelios, como así lo constató en 1603 el arzobispo don Pedro de Castro. Lo malo es que eran falsos…

Las romerías diabólicas

Hoy la psiquiatría ha avanzado mucho, pero antaño, a los energúmenos, es decir, a los poseídos por numerosos y minúsculos espíritus maléficos, se los denomina «endemoniados» o «espiritados». En su conjuración (o esconjuración, como prefieren llamarlo en Aragón) interceden varios santos, como es el caso de santa Orosia, en Jaca y Yebra de Basa (Huesca) o el Cristo de Calatorao, en Zaragoza. Para ello, se seguía un ritual precedido por una romería hasta el lugar mágico, que hace de sanatorio sagrado.

En el rito era habitual preguntar a los familiares si preferían que los demonios salieran por ojos, boca, oídos u otro orificio; finalmente solía accederse a que salieran por las uñas de los dedos, como demostraban unas cintas con las que se les ataba y que eran expulsadas violentamente. Esta costumbre, que desapareció hace tiempo, estaba muy relacionada con la del santuario de Balma, en Castellón, lugar al que concurrían muchas gentes procedentes de Teruel. «Balma», significa cueva, y está situada en una pared rocosa en el municipio de Zorita, en el Maestrazgo, donde se ubica el santuario de Nuestra Señora de Balma. En el mes de septiembre acudían supuestos endemoniados para ser curados por las «caspolinas» (curanderas de Caspe), y los familiares les ataban cintas en los dedos de los pies y de las manos. Los posesos solían tirarse al suelo intentando desprenderse de sus lazos, echando espumarajos por la boca y gritando: «¡Virgen de la Balma por las manos o por los pies, por la boca no!».

Estaban convencidos de que si los demonios salían por la boca se quedarían mudos. De estos enfermos se dice que *Tenen els malignes*, aunque, la verdad, muchas veces se llevaba a exorcizar a personas con enfermedades nerviosas.

En Navarra se hace por intercesión de Nuestra Señora de los Conjuros, en concreto en Arbeiza. Y en Galicia existen varias de estas procesiones o romerías que tienen como fin ahuyentar a los diablillos o demos negros. Con el nombre genérico de «meigallo» funden una serie de enfermedades tan variadas como el mal de brujería, el mal de envidia, el mal de *ollo*, el feitizo, etc. Los lugares más famosos y concurridos para tratar esta dolencia son, por una parte, la iglesia parroquial de Santa Comba de Bertola, y por otra, la capilla de San Cibrián (así llama el pueblo a la de San Cipriano, en San Pedro de Tomeza), ambas en la provincia de Pontevedra, siendo los encargados de curar tales dolencias los llamados «pastequeiros», palabra que procede del latín *pax tecun* ('la paz sea contigo') y que pronuncian con asiduidad en sus salmodias, utilizando agua bendita, cruces de Caravaca y demás pandemónium.

Existe una variada nómina de vírgenes, santos y santas del meigallo muy eficaces para curar esta ambigua enfermedad que básicamente consiste en que la persona afectada empieza a adelgazar, se deprime, le sale mal todo lo que hace y languidece. A modo de relación, para no extendernos mucho más, enumeraremos este curioso santoral gallego, de eficacia casi probada para curar el meigallo y expulsar al *demo metido no corpo*, hoy en día en uso:

— Nosa Señora do Corpiño. Lalin (Pontevedra)
— Nosa Señora das Ermidas. O Bolo (Orense)
— San Campio de Figueiró. Tomiño (Pontevedra)
— San Campio de Entines. Outes (La Coruña)
— San Pedro Mártir. (Santiago de Compostela)
— Santa Justa de Moraña. (Pontevedra)
— Santa Eufemia de Arteixo. (La Coruña)
— Santa Eufemia de Orense

Demachiños y tangaraños

Sobre la existencia de los demachiños nos pone al corriente el investigador y folklorista gallego Luis Moure Mariño, que, a su vez, se lo oyó contar a un viejo y sabio labriego llamado Manuel de la Rega. En resumidas cuentas, son unos seres invisibles que habitan muy cerca de nosotros y al parecer habría millares de ellos que nos vigilan y espían desde todos los rincones e incluso pueden *mixturarse* con la comida que llevamos a la boca. Y remata diciendo que por eso son tantos los posesos o endiablados que se hallan habitados por estos pequeños demonios.

Ellos son los causantes de fenómenos que a primera vista no tienen explicación, como los misteriosos ruidos que nos sobrecogen cuando estamos en la más completa soledad o las ramas que se desgajan de su tronco, un tiesto que se cae, una carta que se traspapela y cosas similares. Es decir, tiende a atribuirse a estos seres todo aquello que se antoja anómalo y tenebroso. Se convierten, por lo tanto, en la contraparte del ángel de la guarda, que está al acecho para inmiscuirse en el mundo de los humanos. Por eso —decía el labriego— cuando al desperezarse se nos abre la boca, es cosa buena persignarse y hacer la «por la señal», para que estos intangibles diablos no se metan en nuestro cuerpo.

Su origen sería similar al de los duendes comunes, pues refiere Luis Moure que cuando Dios expulsó del cielo a los ángeles malvados mandó que se abriesen a un tiempo las puertas del cielo y del infierno. Fue así como empezaron a caer del cielo enjambres de ángeles que iban a parar al infierno hasta que, cansado san Miguel de ver tanta «masacre» angélica, dijo de repente: ¡*Surcen corde*!

Creemos que la palabreja en cuestión debe ser una malformación de ¡*sursum corda!*, exclamación litúrgica muy antigua por la que el sacerdote invitaba a sus fieles a elevar sus corazones, sin olvidar que con este latinismo se designa en Galicia a las brujas que rondan y vigilan de noche los *rueiros* (aldeas), echando mal de ojo. Para otros autores, como Agustín Portela Paz, los demachinos fueron expulsados del cielo después de los «sursum corda» y no tuvieron tiempo de llegar a tierra, de modo que vagaron en nubes sombrías, caminando incesantemente como si

Demachiños

Invisibles, agresivos y tenebrosos, los demachiños son verdaderos representantes del mal, pues aprovechan cualquier ocasión para atacar a los seres humanos.

estuviesen condenados a no poder permanecer mucho tiempo en el mismo lugar. Se quedaron vagando por este mundo terrestre, viviendo refugiados y camuflados en su invisibilidad al «otro lado del espejo».

En el *Diccionario enciclopédico* de Rodríguez-González nos encontramos la siguiente definición del tangaraño: *diaño ou trasno maléfico que sopostamente ataca os nenos, en franquecéndoos e deformándoos.* Por sus características y forma de comportarse, es similar a los malinos asturianos. Para Valentín Lamas Carvajal es un genio malévolo contra el que solo cabe un remedio bastante drástico:

> *A nai unha bulsa colgoulle o pescozo con escapularios*
> *medallas e figas, a pel d'unha cobra y os ollos d'un sapo.*

> (La madre una bolsa le colgó en el cuello con escapularios, medallas y figas, la piel de una culebra y los ojos de un sapo).

A los niños afectados de *tangaraño* se les veía raquíticos y enclenques. Sus pequeñas víctimas huían de él gritando: ¡*Tenche o tangaraño!* Como nos estamos refiriendo a un ser que por extensión se asocia a una enfermedad, los remedios contra él son los mismos que para combatir la dolencia.

En tierras cercanas a Orense, el 11 de julio de cada año llevan a la ermita de San Benito da Coba do Lobo, en el enclave de San Lorenzo de Piñor, a todos los niños enfermos víctimas de raquitismo, que se suponen poseídos del *tangaraño*. Existe en este lugar un «penedo» o piedra mágica de enormes proporciones que deja un hueco o cavidad para poder pasar a la criatura por debajo de la piedra. Para efectuar el ritual deben comparecer tres mujeres llamadas María. Una de ellas, mientras pasa al niño enfermo a la que está al otro lado de la piedra, debe decir:

> *Ahí che vai o tangaraño*
> *pásocho doente,*
> *devólvemo sano.*

Otra versión es: *Ei María, ahí che vai o tangaraño,* y otra mujer lo *recogía diciendo: Devolvocho e salvo.* Luego vestían al niño con ropajes nuevos como signo de purificación. Otros trataban de eliminar el *tangaraño* haciendo nudos en las *xestas* del entorno.

No olvidemos que el *tangaraño* está muy relacionado con el *meigallo* que, en líneas generales, es una perturbación psíquica que domina la voluntad de las personas y su origen suele estar, según la creencia más extendida, en un mal espíritu que se mete en el cuerpo, una especie de demonio que atormenta a su víctima. Los gallegos para todo tienen un remedio, no siempre muy ortodoxo, pero no por ello menos eficaz. En Tuy (Pontevedra) existe la costumbre de pretender curar algunos «males extraños» de los niños arrojando al río su ropa en una cestilla con una vela encendida, en la creencia de que, si al arrastrarla las aguas la luz no se apaga, el niño sanará.

Gaizkiñes y *ubenduas*

Gaizkin, *gaiztoak* o *gaizkiñak* son nombres que designan seres maléficos. Se caracterizan por encarnarse entre las plumas o mechones de la almohada, los agrupa y da forma de cabeza de gallo adoptando la figura de este animal. Esto hace que se produzca una extraña enfermedad en el niño que reposa su cabeza en dicho almohadón. En Marquina (Vizcaya), contaban que las personas poseídas por estos *gaizkiñes* iban a Urquiola a hacer un novenario, algunos morían inmediatamente y a otros les salían estos espíritus malignos por las uñas de las manos.

Se trata de un santuario muy curioso y supersticioso. Por de pronto, se encuentra bajo la advocación de dos santos: san Antonio Abad, protector de los animales, y san Antonio de Padua, defensor de las personas necesitadas. En el rito de la «bendición de los niños» las madres ofrecen a san Antonio a sus hijos menores de un año después de pasar la noche en el santuario. Para ello el niño es pesado en la balanza denominada «peso leal» y se realiza una ofrenda igual a su peso, habitualmente en trigo, aceite o cera. A la gran roca que hay a la entrada del templo se le atribuyen ciertas virtudes que permiten, a quién de varias vueltas a su alrededor, encontrar pareja (y dicen que, si se dan en sentido contrario, se pide que se pierda la pareja).

Gaizkin

Duendes

Ahora bien, el principal remedio contra los *gaizkiñes* consiste en quemar la «cabeza de gallo» que forman las plumas de la almohada (muchas pareidolias vemos ahí) y así terminar definitivamente con el maleficio, siempre que la figura del gallo no estuviera configurada en su totalidad. De ser así habría que llevar las plumas a una encrucijada de caminos y allí quemarlas, como antaño se hacía en Galdácano o en Sara (*dixit* Barandiarán).

La intervención del gallo no debe parecernos rara, pues su canto siempre indica el nacimiento de un nuevo día y, por lo tanto, la retirada de las distintas clases de genios que pueblan la noche. El chamán mexicano don Lucio de Morelos utilizaba un curioso y particular sistema para neutralizar los «daños», que era enterrar un gallo rojo enfrente de la casa de quien padecía en mal para que absorbiera esos malos espíritus.

Barandiarán nos cuenta que uno de sus informantes de Dohozti le dijo que un vecino, deseando vengar un robo con la muerte del ladrón, estuvo repitiendo constantemente en voz alta y durante un día entero la maldición oportuna o fórmula de imprecación, para que ciertos espíritus perversos, llamados *gaixtoak* ('malignos') penetrasen en su cuerpo, asegurando dicho informante que, a consecuencia de esa maldición, el ladrón se endiabló y acabó suicidándose por el procedimiento de arrojarse por una ventana. Una forma de vudú a lo euskalduna.

Contra los espíritus malignos en ciertas partes de Euskadi repiten esta frase: «Apártate Satanás a distancia de mil leguas», haciendo al mismo tiempo con la mano el gesto de la higa. En otras zonas se denomina «ubendua» a la mordedura y marca que produce en el cuerpo de una persona un genio maligno que aprovecha para sus operaciones las horas nocturnas en las que sus víctimas están profundamente dormidas. Para preservarse de tales acometidas se solía colocar en el dormitorio un misal abierto por el principio del Evangelio de san Juan.

A lo largo de todo el Pirineo vasco francés existen creencias y supersticiones relativas a este tipo de genios maléficos, pequeñajos y nocturnos.

Muy malinos y muy malignos

El escritor Rodríguez Castellano describe a los malinos como «demonios o espíritus del mal que se cree habitan dentro del cuerpo de una persona, causándole grandes daños». Tal creencia está más extendida por la zona asturiana de Villar, pero en casi todo el Principado existe la superstición de agujerear la fruta antes de comerla para que el malino salga de su interior. Por lo general, se hacía la señal de la cruz a cualquier vianda que se llevase a la boca.

Para los habitantes del Cabo Peñes, cuando un niño sano se ponía repentinamente enfermo sin saberse la causa, sospechaban que los malinos se habían metido en su cuerpo. También se consideraba que el agua pudiera ser portadora de estos engendros minúsculos, por lo que, para evitar que el líquido elemento causase el más mínimo daño al bebedor, era preciso soplar en ella tres veces y decir acto seguido: «Soplín, soplón, vete, diablín, vete, diablón».

Nos imaginamos que el que inventó dicho ripio no tendría a las musas de su parte, pero si para algunas personas funciona, válido es y bienvenido sea.

Publio Hurtado, en Extremadura, asoció a los malignos con las posesiones diabólicas, y contaba el caso de una mujer que vivía en el pueblo de Eljas, Cáceres, hacia 1875. No hacía más que gritar improperios y obscenidades, hasta que una mañana apareció tan solo con una camisa a las afueras del pueblo, sin que ella recordara quién la había llevado allí. Un caso típico de sonambulismo, aunque los lugareños pensaran que los malignos eran los responsables de que apareciera en aquel lugar tan ligera de ropa y desmemoriada. En una de esas escapadas inexplicables fue vista en otra lejana zona, pero esta vez ya cadáver, a causa del frío de la noche.

El padre Francisco de San José, en su *Historia universal de la primitiva y milagrosa imagen de Nuestra Señora de Guadalupe* (1743), deja constancia de una serie de milagros acaecidos en tan célebre santuario mariano y cita el caso de la mujer de un orensano de Leiro que hacía siete años padecía en su cuerpo la influencia de estos diablillos. También el de una napolitana afectada que logró expulsar nada menos

Malino

que a 80 000 de esta especie por intercesión de la Virgen. Digno de haber pasado al *Libro Guinness* de los récords.

Antonio de Torquemada pone el dedo en la llaga cuando se refiere a ellos al decir:

> Aunque los demonios son enemigos de los hombres no entran tanto en sus cuerpos con voluntad de hacer daño, como con deseo de un calor vivífico, porque estos son de los que habitan en lugares profundísimos y frigidísimos, donde el frío es tan puro que carece de humedad; y así, desean lugares calientes y húmedos.

Es decir, buscan lugares donde abunde lo que nosotros llamaríamos «aliento vital». A estos seres, con el debido respeto, les va muy bien el famoso lema de los mosqueteros: «Uno (cuerpo humano) para todos (malignos) y todos para uno», pues atacan como si fueran una legión, por miles, y salen en grandes cantidades del cuerpo, sobre todo a través de las uñas.

Es curioso que El Corán sea tan estricto respecto a evitar la suciedad de las uñas, pues afirma en una de sus suras que bajo ellas pueden morar los demonios.

Por último, citaremos a los *nyitus* de zonas catalanas. Pequeños como un grano de arena, serían los únicos que tienen la capacidad de introducirse en el organismo humano para provocar disfunciones relacionadas con algún órgano. Esta «intrusión» suele suceder mientras el individuo duerme, momento en que nariz, boca y orejas, que son los puntos por donde entran, están más «desprotegidos».

En Cataluña, coloquialmente se dice que tienen *nyitus* las personas desmemoriadas o muy dormilonas. Se creía que la memoria era una especie de ambrosía cuyo sabor encanta a estos peligrosos seres. También se utilizan como asustaniños. Según recoge Joan Amades, en la localidad de Sant Julià de Vilatorta (Barcelona) los *nyitus* son «entes personificados por una pareja de viejos que por la tarde del domingo de Carnaval salen a bailar a la plaza de manera grotesca y risible, tiznados de cara, entregándose a mil extravagancias». Hoy ese baile se ha perdido. En Mallorca se les denomina nitos, con características muy similares a los catalanes.

Un poco de mitología comparada

Érase una vez un estudiante, un estudiante de verdad, que vivía en una buhardilla y nada poseía; y érase también un tendero, un tendero de verdad, que habitaba en la trastienda y era dueño de toda la casa; y en su habitación moraba un duendecillo, al que todos los años, por Nochebuena, obsequiaba aquel con un tazón de papas y un buen trozo de mantequilla dentro. Bien podía hacerlo; y el duende continuaba en la tienda, y esto explica muchas cosas.

Hans Christian Andersen. *El duende de la tienda*

En todos los países cuecen habas

EXISTE UNA EXPRESIÓN POPULAR CITADA POR CERVANTES: «En todas casas cuecen habas; y en la mía, a calderadas» (*Don Quijote de la Mancha* II 13), que traemos a colación porque hace referencia a las casas y a las habas, legumbre que ha sido común asociar a los muertos (en los mitos griegos y romanos), a los espíritus y a los duendes (como hemos visto en este libro). En Japón son utilizadas como medio de exorcismo y así, cada 3 de febrero, es costumbre tirar por el suelo judías secas y tostadas para ahuyentar a los demonios y pedir bienaventuranzas para la familia.

En la elaboración de este libro, al intentar proponer una clasificación coherente sobre los distintos duendes ibéricos aquí presentados, nos dimos cuenta de varias cosas. Una de ellas era que con los datos suministrados por los escasos investigadores y folkloristas que han escrito sobre duendes, quedaban aún amplias y oscuras lagunas por cubrir. Otra, que hay muchas más coincidencias que diferencias, muchos puntos de encuentro, con otras tradiciones consultadas.

Decidimos por ello acudir al vasto campo de la mitología comparada del resto de Europa, a pesar de que éramos conscientes de que su investigación se convertía en más prolija, exhaustiva y mastodóntica de lo que ya era en un principio. Y comprobamos dos factores importantes que, resumidos, son los siguientes:

—Los duendes, trasgos, *follets* y elfos presentan características y travesuras similares, con la única y comprensible diferencia de su nombre. Y casi todos los duendes que aparecen en nuestro territorio tienen su equivalente en los países europeos.

—Sorprendentemente, las fuentes españolas de las que hemos bebido complementaban e incluso ayudaban a una mejor comprensión de otros personajes míticos europeos, en cuyas recopilaciones, al menos las efectuadas hasta el momento, siempre han dejado de lado, por ignorancia o desidia la mayor parte de las veces, las leyendas y el folklore español.

Con la palabra *lutins* designan en Francia a la familia de los duendes domésticos, así como en Gran Bretaña su nombre genérico suele ser el de «elfos» o *goblins*, popularizados por Tolkien y la serie de obras de *Harry Potter*. En el idioma francés ha sobrevivido el verbo *lutiner*, que significa 'portarse como un lutín', es decir, molestar con diabluras o travesuras, algo similar a las palabras castellanas «trastadas» o «trasnadas», derivadas de los quehaceres del trasgo o del trasno. El investigador Paul Sévillot, solo en la Bretaña Inferior, encontró y catalogó cincuenta nombres distintos para los *lutins* (duendes) y las *korrigans* (hadas). Por nuestra parte hemos encontrado en España más de cien denominaciones referidas a los primeros y otras tantas a las segundas.

Un poco de mitología comparada

En Bretaña, acompañando a las *korrigans* están los *fions*, una raza de enanos que solo pueden ser vistos en el crepúsculo o de noche, algunos de los cuales llevan una antorcha parecida a una vela funeraria galesa. Sus espadas son del tamaño y estilo de los alfileres (como los que usan nuestros tardos). Su cuerpo sería oscuro y estaría cubierto de negra pelambrera, como ocurre con nuestro trasgo, de piel morena que en vez de pelambrera lleva pelusilla. Tienen la voz cascada y ojillos negros y centelleantes (todos nuestros trasgos y *follets* los tienen, con la salvedad del trasgo cántabro, al que describen con ojos verdes).

Sabemos que en la gran familia de los duendes muchos de sus miembros tienen un carácter ambivalente, poseen una acreditada doble personalidad bastante preocupante y desconcertante para nosotros, como ocurre con los cinematográficos y perversos gremlins. En Irlanda alardean de un duendecillo regordete y simpaticón llamado *leprechaum*, pero que durante la noche se transforma en el turbulento y borracho *cluricaun*. En Escocia tienen a los pacíficos y benéficos *brownies*, que si son maltratados y molestados se convierten en *boggarts*, duendes malévolos con larga y afilada nariz. En el folklore rumano alardean del *spiridus*, una pequeña criatura cuyo carácter puede ser bueno o malo según le dé. Y qué decir del *mazapégul*, un duende hogareño de la región de la Romaña italiana, de pelaje gris, que suele ser benévolo, pero puede volverse maligno si se enfada.

En España ocurre algo parecido con el trasgo, que hace innumerables trastadas sin malicia aparente, y que cuenta en su familia con una peligrosa variedad, el tardo. Aunque tal vez sea él mismo metamorfoseado, muy peludo, con ojos centelleantes negros, y armado con espadas, que se dedica por las noches a producir pesadillas a los durmientes. El trasgo asturiano y el *follet* catalán, con su correspondiente agujero en la mano izquierda, tienen su equivalente en Portugal en el *strago* o el *demonio da máo furada*. El *barruguet* lascivo que busca mediante engaños cortejar a una mujer humana tiene su epígono en el *fenoderee* de la británica Isla de Man, desterrado de la corte feérica por intentar abusar de una mortal. Y, por supuesto, es común la tendencia generalizada que tienen casi todos los duendes del mundo de seguir a los dueños de las casas allá a donde vayan.

El Kobold
En Alemania
Con aspecto de
viejecito, son
conocidos como los
más antiguos
duendes domésticos.

*El Troll y
Servan*
En Suiza.

Leprechaum
Su nombre
significa zapatero
Lleva sombrero
rojo de tres picos.
Le gusta fumar
en pipa y beber
whisky.

Por lo general, a los elementales les desagrada que se les llame por sus auténticos nombres, de ahí que sea tan frecuente utilizar apelativos cariñosos y eufemísticos como «la buena gente», «gente diminuta», «los bien nacidos» o «el buen pueblo», tomándose muchas más precauciones con los seres femeninos de la naturaleza (hadas) que con los masculinos. Esta tradición está menos arraigada en España que, por ejemplo, en Irlanda o en Escocia, hasta el punto de que una poesía de Robert Chambers incluida en sus *Rimas Populares de Escocia* dice:

> *Cuando me llames elfo o diablo*
> *mejor mírate a tí mismo.*
> *Cuando me llames duende o hado,*
> *no te haré ningún favor.*
> *Cuando me llames buen vecino*
> *buen vecino yo seré.*
> *Y si me llamas mágico ser*
> *un buen amigo siempre seré.*

Moraleja: Existe todo aquello que tiene nombre. Y hay nombres tan vinculados a la esencia del propio ser —algo que sabían muy bien los antiguos egipcios— que no es conveniente invocarlos bajo ningún concepto.

A modo de glosario duendil y mitología comparada, exponemos una breve lista de estos pequeños seres que abundan en el resto de Europa:

En las Islas Británicas

—En Irlanda la tradición duendil viene desde san Patricio, que en el siglo v venció y desterró a los duendes y a las serpientes de su primeriza iglesia. Duendes y alimañas que habían sido enviados por las invocaciones de los paganos druidas para incordiarle y echarle, sin conseguirlo. Por eso se le invoca en exorcismos y conjuros y se le representa en imágenes y vidrieras con serpientes; o con un duende arrodillado a sus pies, en posición de sumisión.

Una de las menciones escritas más antiguas que se conocen sobre ellos nos la proporciona el irlandés Gervasio de Tilbury en el siglo XIII, diciendo que son enemigos de la pereza, por lo que solo ayudan a gente habilidosa y activa.

Sin duda, el duendecillo irlandés más famoso es el *leprechaum*. Su mero aspecto físico lo delata: es regordete con cara arrugada de viejo, la nariz roja y la piel de color gris. Lleva sombrero rojo de tres picos. Le gusta fumar en pipa y beber whisky. Suele vivir en viejos castillos o caserones abandonados. El *leprechaun* —cuyo nombre significa 'zapatero de un solo zapato'— es el zapatero de las hadas, les arregla el calzado destrozado por los bailes y las fiestas y siempre se le ve con un zapato, nunca con dos, en tan particular taller ubicado debajo de una seta. Como ocurre con los *tánganos*, es custodio de los tesoros de las hadas. Durante algunas noches, este duende se transforma y se convierte en el turbulento *cluricaun*, emborrachándose en las bodegas y usando como cabalgaduras a perros y ovejas.

Otro de los duendes que habitan la isla es el *phouka*, que adopta diversas formas de animales. Y otro duende vagabundo es el denominado *far darrig*, cuyo nombre significa 'hombre rojo', ya que lleva un gorro, ropa y capa de ese mismo color. Se dice que rehuirlo trae mala suerte. Es útil su consejo para los seres humanos que están cautivos de las hadas, ya que con su ayuda pueden escapar de ese mundo feérico.

—En Inglaterra se le llama *puck* y precisamente este duendecillo travieso es el que utiliza William Shakespeare para su obra *Sueño de una noche de verano*, haciéndole proferir su ya famosa exclamación: «¡Señor, qué necios son los mortales!». Puck es el bufón del reino feérico, se burla de los humanos extraviándolos por los caminos, levantando manteles, retirando la silla cuando alguien está a punto de sentarse, etc., aunque más que un duende está considerado un elfo de los bosques con esporádicas intrusiones en los hogares humanos.

En la zona de Cornualles a estos elfos se les llama *pixies* y viven en cualquier sitio, desde cuevas y setas, bajo las piedras o en hogares humanos. Son pelirrojos y suelen ir desnudos o a lo más con harapos. Se cree que son las traviesas almas de los niños sin bautizar. Una de sus actividades favoritas es transformarse en hierba encantada, de tal manera que cuando un humano la pisa se extravía. En las casas agrían el vino, derraman la leche, esconden las cosas, aunque también pueden mostrarse afables con las personas, ordeñando las vacas, hilando y tejiendo por las noches, pero con una particularidad: no vuelven a trabajar si se les ofrece ropa u otra recompensa que no sea pan, queso o agua, como ocurre con nuestros «frailecillo extremeños y andaluces, así como con los *follets* levantinos.

—En Escocia es el *brownie* o el *boggart*, según sea pacífico o malévolo. Y también el llamado «gorro rojo» o el «pintón» que vaga por los castillos antiguos de Escocia, tiñendo su gorro con sangre humana. Para ello lanza enormes piedras sobre los caminantes con el fin de herirles y empapar así su gorro en las gotas de sangre derramadas.

—En la Isla de Man es el *fenoderee*, solitario, peludo, feo y de gran fortaleza.

—En Gales es el *pwca*, que corresponde al *puck* inglés y al phouka irlandés. Le gusta transformarse en animales y solo son visibles en el mes de noviembre.

En Alemania

—En Baviera es el *kobold*, palabra de origen alemán empleada para duende. Dio origen al término «cobalto», que fue admitido como nombre en 1884. Los mineros medievales de Sajonia consideraban este metal sin valor, ya que eran buscadores de plata y creían que un duende había robado la auténtica y había dejado el cobalto en su lugar. Son antiguos duendes domésticos del norte de Europa (Suecia y Dinamarca) cuya piel es de color verde o gris oscura y su aspecto de viejecillos. Originalmente vivían en los árboles, pero fueron tallados como muñecos —al igual que el Pinocho de Collodi— dentro de los cuales permanecía el espíritu. Fueron forzados a trabajar en las casas de los hombres y se acostumbraron de tal forma a la vida hogareña que ya es muy difícil echarlos. No les importa hacer tareas domésticas, pero si a los propietarios se les olvida pagar por sus servicios, se cabrean y empiezan a romper y ensuciar todo lo que pillan a su paso, en plan hooligan, esparciendo una densa humareda en el hogar. Su recompensa es leche corrompida y, si no se la dan, ocurre con ellos algo similar a lo que les sucedía a los gremlins cuando se les daba de comer pasada la medianoche o se les mojaba con agua…

—En Bohemia son los *duls*

—En otras zonas se les llama *klabber*, *kurd chimgen* y *wichtel*, sobre todo en Alemania del sur y Australia. Los *wichtel* tienen una energía inagotable, son muy trabajadores y, a cambio, se contentan con una sencilla comida que les suministre la familia para la cual trabajan. Pueden, además, predecir el futuro y dar valiosos consejos. No dejan la casa de forma voluntaria a no ser que les ofrezcan prendas de vestir porque entonces, como ocurre con los *pixies* ingleses o nuestros frailecillos y *follets*, se marcharán enfurecidos y pueden traer desgracia sobre la familia. A ningún duende le gusta que le ofrezcan prendas de vestir (desconocemos el por qué lo consideran tan gran ofensa, a no ser que los tejidos de los humanos tengan alguna incompatibilidad alérgica con su piel, aunque, sin embargo, no hacen ascos a nuestros alimentos).

En Suiza

—El *troll* y *servan*.

En Escandinavia

—En los *Edda* (manuscritos de la antigua literatura escandinava) se distinguen dos clases de entes diminutos invisibles:

—Blancos o *liosalfar*, especie de genios luminosos, benéficos, que viven sobre la tierra (se pueden considerar como duendes).

—Negros o *dockalfas*, genios tenebrosos, maléficos, que viven bajo la tierra (se pueden considerar como enanos).

—En Noruega se llaman *berith* o *bonasses* y suelen cuidar de los caballos; También son llamados en ciertas zonas *guillets*.

—En Suecia reciben el nombre de *tomse* o *nisasart*. Es famoso el duende que utiliza la escritora Selma Lagerlöff para su obra *El maravilloso viaje de Nils Holgersson*. Cansado de que Nils, un travieso niño de 14 años no pare de molestar a los animales de la granja, le transforma en un ser diminuto capaz de entender el lenguaje de los animales y, entonces, emprende un viaje con unos gansos silvestres por toda la geografía de su país.

—En Dinamarca se llama *nisse*. Andersen escribió mucho sobre ellos. En su cuento *El elfo del rosal* los describe muy minúsculos:

Duendes

En el centro de un jardín crecía un rosal, cuajado de rosas, y en una de ellas, la más hermosa de todas, habitaba un elfo, tan pequeñín, que ningún ojo humano podía distinguirlo. Detrás de cada pétalo de la rosa tenía un dormitorio. Era tan bien educado y tan guapo como pueda serlo un niño, y tenía alas que le llegaban desde los hombros hasta los pies.

Heinrich Heine nos cuenta, por poner un ejemplo, el caso de un hombre de la península danesa de Jutlandia que, no pudiendo aguantar al duende de su casa, decidió mudarse. Cargó en su carretón todo su ajuar y, al llegar a otra aldea y disponerse a bajar los trastos, vio asomar el gorrete del trasgo local y oyó una voz que le dijo: «¿Con que nos mudamos, eh?». Manía que es algo consustancial, diríamos «genético», en el duende de todas las latitudes del mundo.

En Portugal

—Se llama *strago* o *demonio da máo furada*, minusvalía que también tienen nuestros *follets* y la mayoría de los trasgos.

En Holanda

—Se llama *frodiken*.

En Italia

—Tienen al *farfarelli* y al *folleti*, pero el nombre popular más común en este país es el de *monachicchio*, que significa 'monaguillo', por ser de esta manera como se suelen manifestar

En Francia

—En Normandía son los *gobelines* o gobelinos (derivado de los *goblins* galeses), pero en Francia también se da el nombre de *gobelin* a los aparecidos, espectros o fantasmas.

—En la zona del macizo montañoso de los Vosgos se llaman *sotré*.

—En otras zonas son llamados *follets*, aunque también se le suele llamar *farfadets* (nombre este que significa 'espíritu loco', ya que volvieron loco a un tal Berbiguier del que luego hablaremos) y *lutins*.

—En Auvernia a los duendes domésticos locales les llaman *dras*.

—En ciertas regiones de los Alpes y las montañas de Jura reciben el nombre de *fouletets*.

El duende asesino Hudequin de Sajonia

Nos pareció llamativo cuando lo leímos. Nos referimos al padre Benito Jerónimo Feijoo, en su tantas veces mencionado *Teatro crítico universal*, una fuente de valiosas informaciones donde, esta vez en su volumen tercero, nos habla de un caso muy curioso que relata con bastantes detalles.

Se trata de la existencia de un extraño ser que tiene nombre propio, Hudequin, que dice haberlo tomado del abad Tritemio, que vivió entre los siglos XV y XVI. Su comportamiento se parece más al de un demonio desquiciado y psicópata que al de un duende doméstico. Y, para colmo, Feijoo nos cuenta al final un chiste. Lean, lean, que no tiene desperdicio:

> Nuestro famoso Abad Juan Tritemio, en la *Crónica del Monasterio Hirsaugiense*, cuenta que hubo en el obispado de Hildesheim, en Sajonia, un duende celebérrimo llamado Hudequin. Era conocido de toda la comarca, porque frecuentemente se aparecía, ya a unos, ya a otros, en traje de paisano, y otras veces hablaba y conversaba sin que le viesen; mas su residencia principal era en la cocina del obispo de aquella diócesis, donde hacía con muy buena gracia todos los servicios que le encargaban y se mostraba siempre muy oficioso con los que le trataban con agrado; pero vengativo, cruel, implacable con los que le ofendían.
>
> Sucedió que un día un muchacho de los que servían en la cocina le dijo muchas injurias. Quejóse Hudequin del agravio al jefe de cocina para que le diese satisfacción. Viendo que no se hacía caso de su queja, mató al muchacho que le había injuriado, y dividiendo su cuerpo en

Geofrey Hodson:
"Mi esposa y yo estuvimos enterados de la presencia de un espíritu, un genio de la familia brownie, en nuestra casa. Primero, lo observamos en un estante de la cocina y más adelante en el vestíbulo y el saloncito".

trozos, los asó al fuego, y esparció por la cocina. Ni aun se satisfizo con esta crueldad su saña. Cuanto había servido antes a los oficiales de la cocina, tanto los molestaba después, y no solo a estos, sino a otros muchos del palacio episcopal, y de la ciudad; de modo que parecía que aquella ofensa le había mudado enteramente la índole.

El chiste más gracioso que Tritemio refiere de este duende es que un caballero, cuya consorte era sobradamente libre, estando para hacer una ausencia algo larga de su casa, le dijo a Hudequin chanceando, que le guardase a su mujer entretanto que volvía. No lo tomó de chanza Hudequin, antes seriamente respondió que sería fiel custodia suya; y así que fuese sin miedo de padecer, por la fragilidad de su mujer, la menor ofensa. Como lo ofreció lo ejecutó. Acudían algunos mozos libres a la casa de la señora; pero Hudequin, atravesado en la escalera, o en la puerta, a golpes los hacía retirar a todos; de modo que ninguno logró la entrada. Vuelto el caballero de su viaje, y encontrando a Hudequin, le aseguró éste de la puntualidad con que le había servido; pero quejándose del mucho trabajo que le había costado le añadió, que otra vez que emprehendiese algún viaje, no tenía que hacerle aquel encargo: porque (decía) antes guardaré cuantos puercos hay en Sajonia, que cargarme de guardar otra vez a tu mujer».

Los brownies *que vio Hodson*

Hacemos referencia a este caso sencillamente porque Geofrey Hodson estaba considerado como uno de los mejores clarividentes de Inglaterra de principios del siglo xx, autor de un libro, clásico de estos temas, titulado *Fairies at Work and Play* (*Hadas, su mundo y sus juegos*) donde cuenta que ha visto y hablado con gnomos, duendes, elfos y hadas varias veces en su vida, en distintos lugares del mundo. Cuando se refiere a los *brownies*, que se dedican con preferencia a las labores agrícolas, Hodson escribe:

Durante algunas semanas, mi esposa y yo estuvimos enterados de la presencia de un espíritu-genio de la familia *brownie* en nuestra casa. Primero, le observamos en un estante de la cocina y más adelante en el vestíbulo y el saloncito. En aspecto y conocimientos se diferencia bastante de los *brownies* labradores a los que ya había visto en algunas ocasiones. Una tarde entró en el salón a través de la puerta cerrada y empezó a saltar y bailar por la habitación y fue precisamente el rápido destello luminoso que acompaña sus movimientos lo que atrajo mi atención. Intuí que aquellos velocísimos movimientos expresaban su contento ante mi regreso después de una ausencia de tres días. Evidentemente, se consideraba un miembro de la familia y hasta creo que él nos ha adoptado. Mide unos 20 centímetros de alto, lleva un gorro cónico de color marrón, inclinado graciosamente a un lado de la cabeza. Su tez no está arrugada y ofrece un bello color sonrosado, mientras que sus ojos castaños son redondos y muy brillantes. El cuello es quizá demasiado largo y delgado en proporción al resto de su cuerpo. Viste una prenda semejante a una toga corta, ajustada al cuerpo, polainas y medias de color marrón, con botas altas. Es un genio muy familiar y amistoso y está claro que cuida de nosotros, aunque se deje ver en muy contadas ocasiones. Sospecho que su verdadero domicilio es la cocina y que le entusiasma la vista de esos utensilios tan limpios y relucientes. Al parecer, es un genio solitario, sin parientes ni allegados de ninguna clase.

Es obvio que le complace nuestra compañía y que en casa tiene todo lo que necesita para ser feliz. Posee una inteligencia limitada, tal vez como la de un chiquillo de seis o siete años, pero su instinto es tan grande como el de los animales. Sé que muchas veces está quedamente sentado en un rincón, contemplándonos a mi esposa y a mí con sumo agrado. Conoce nuestras idas y venidas, y se entristece si dejo la casa unos días para atender a mis numerosas obligaciones. En resumen, se ha convertido en un miembro más de la familia y como no nos molesta en absoluto, hemos acabado por considerarle de esta manera.

Recordemos que *brown*, en inglés, significa 'marrón' y de aquí han tomado su nombre, por la apariencia de las vestimentas con la que suelen manifestarse. Según cuenta Borges, el ilustre escritor escocés Robert Louis Stevenson:

afirmó que había adiestrado a sus *brownies* en el oficio literario. Cuando soñaba, estos le sugerían temas fantásticos; por ejemplo, la extraña transformación del doctor Jekill en el diabólico señor Hyde, y aquel episodio de Olalla en el cual un joven, de una antigua casa española, muerde la mano de su hermana[24].

Curiosamente un tema al que son muy aficionados los duendes, pues estos ejercitan a la perfección el arte de camuflarse y transformarse con mucha facilidad en otros personajes, sobre todo en animales domésticos, pájaros y ganado vacuno, o de mutar su carácter de bonachón a vengativo.

Los farfadets *que martirizaron a Berbiguier*

En las antípodas de los serviciales *brownies* de Hodson están los maléficos *farfadets* de Berbiguier. Hasta el año 1850 sobrevivió en Francia la raza de *lutins* en la región de Poitou, los cuales eran conocidos con el nombre de *farfadets* o *fadet*, y se caracterizaban por ser hombrecillos muy negros y peludos que de día permanecían ocultos en sus cuevas y de noche se acercaban a las alquerías para gastar bromas a los campesinos.

Muchos vivieron en La Boulardière, localidad próxima a Terver, en túneles subterráneos que ellos mismos habían excavado, cerca de las aguas estancadas, en cuevas montañosas o en dólmenes y menhires, zonas de especial predilección de los elementales. Seres de leyenda hasta que un hombre afirmó que eran muy reales y que, hasta sus últimos días, le atormentaron innumerables farfadets que tenía —o creía tener— en su casa, que lo perseguían a todas partes.

En 1821 vieron la luz tres volúmenes de una obra titulada *Los duendes, o todos los demonios no son del otro mundo*, digna de un estudio psicológico; está escrita por este hombre al que no sabemos dónde encuadrar, si como loco de atar, visionario, alucinado o víctima. Él mismo sale al paso de estas acusaciones que le obsesionan: «No, no estoy loco. Vosotros, los que vais a leerme, no me acuséis de locura».

---

[24]   Jorge Luis Borges: *Libro de los seres imaginarios*.

Duendes

Guy Bechtel no ahorra calificativos a la hora de referirse a la obra de marras:

> He aquí uno de los más extraordinarios libros que hayan sido escritos: la autobiografía de un hombre que en, 1400 páginas, cuenta sin una sonrisa cómo durante más de 20 años estuvo expuesto a la persecución de malintencionados duendes. Este es también un libro doblemente maldito: porque el autor fue despreciado por sus semejantes, que lo rechazaron como loco, y porque se pretende que ese mismo hombre, al final de su vida, intentó comprar todas sus obras para destruirlas.

Berbiguier cuenta con todo lujo de detalles las continuas batallas que mantenía con estos seres invisibles que solo él veía. Si llovía, tronaba, su gato aparecía muerto o un barco naufragaba, era debido a la acción perversa de los *farfadets*. «Cuando escuchéis el menor ruido en vuestra casa, encontréis las más insignificantes cosas fuera de sus lugares habituales, sintáis la más ligera incomodidad o la más débil contrariedad,a sea en el interior o en el exterior de vuestras casas, estad seguros de que todas estas cosas son obras de Belcebú». Berbiguier asoció a sus *farfadets* con seres nocivos, malvados, demoníacos, perseguidores de hombres, animales y cosechas, así como con enemigos de Dios.

Ideó varios sistemas para luchar y acabar con ellos. Uno de los mejores antídotos, según él, era pinchar con alfileres el corazón de un buey que luego se hervía. «Este gasto no es grande —escribía— debido al efecto saludable que de él resulta». Otras veces se pinchaba él mismo con alfileres por todo el cuerpo mientras gritaba: «¡Por más que te resistas y me muestres las garras, irás al pote con los otros! ¡Canalla! ¡Maldito!», de esta manera creía ensartar y matar a los *farfadets*.

Berbiguier a veces lograba apoderarse de alguno de estos seres vivos, encerrándolo en una botella —cárcel llena de una infusión de tabaco, pimienta y otras hierbas aromáticas—. El remedio que parecía más eficaz era el tabaco, que él consideraba «antifarfadeano» asegurando que «los monstruos caían en abundancia como moscas cegados por el tabaco», pero no porque temieran al humo de esta planta sino porque les gustaba con pasión y se embriagaban con él, consiguiendo así que gracias a su aturdimiento pudieran ser derrotados con más facilidad.

Murió solo, soltero y desquiciado, un año incierto. Unos dicen que en 1834 y otros que en 1860. Lo único seguro es que murió totalmente convencido de que los *farfadets* le amargaron y persiguieron durante toda su vida.

Los trasgos de Tolkien

No nos resistimos a exponer, por último, lo que opinaba de los trasgos desde su particular visión J.R.R. Tolkien, creador de toda una cosmovisión compleja y elaborada del mundo mitológico —que dio lugar a obras como *El Hobbit*, *El Señor de los Anillos* o el *Silmarillion*— en el cual incluyó tanto a criaturas fantásticas tomadas de las leyendas británicas y sajonas, que él conocía muy bien, como a otras de su propia invención, pero recreadas de forma magistral.

Tolkien, utiliza en *El Hobbit* la palabra «trasgo», como nombre genérico, para referirse a los orcos, sobre todo para nombrar a los más pequeños. A los más grandes los llama «orcos de las montañas» y «hobotrasgos», aunque únicamente en ese libro. Existe una gran polémica respecto a si trasgos y orcos son simplemente vocablos sinónimos, o si se refieren a razas diferentes, ya que Tolkien en algunas ocasiones nombra ambos términos en una misma frase, como si fuesen razas distintas, y en otras ocasiones como si significasen lo mismo.

Como raza, los trasgos son unos orcos de pequeño tamaño adaptados a vivir en las profundidades de las montañas. En *Las dos torres* se dice que «tienen ojos que penetran como taladros en la oscuridad». Esto se debe a que están acostumbrados a vivir en la oscuridad de su asfixiante hábitat subterráneo, lo cual tiene la desventaja de que son más sensibles a la luz del sol que los orcos normales, quienes ya de por sí no pueden soportarla.

Tolkien, por lo tanto, se separó de la imagen simpática que tenemos en España y en el resto de Europa sobre los trasgos, diciendo que eran seres moradores de la oscuridad, engendrados con viles propósitos.

J. R. R. Tolkien

"Tolkien se separó de la imagen simpática que sobre los trasgos tenemos en España y en el resto de Europa. En su mitologóa eran seres moradores de la oscuridad.

Duendes

Su sangre era negra, tenían ojos efervescentes inyectados en rojo y, aunque ahora se limiten a efectuar inofensivas travesuras en las casas, hubo un tiempo en que eran una raza dedicada a empresas tiránicas de gran magnitud, sobre todo en la época de la Tierra Media, cuando todavía no tenían miedo a la luz...

Epílogo

Posiblemente el lector, a lo largo de estas páginas, habrá experimentado dos tipos de sensaciones. Por una parte, se habrá quedado sorprendido de la cantidad de casuística que sobre duendes y análogos existe en España, teniendo en cuenta que en este país estamos muy influidos por las aportaciones extranjeras, un tanto espurias y tergiversadas, por ejemplo a través de personajes como David el gnomo o los pitufos del padre Abraham. Por otra parte, se habrá decepcionado de que no hayamos mencionado tal o cual duende, fantasma o espíritu burlón de su zona o región. Este libro no deja de ser novedoso en el sentido de que, hasta el momento, nunca se había investigado y escrito sobre este tema a nivel nacional (salvo tímidos intentos por parte de Julio Caro Baroja o Constantino Cabal en capítulos incluidos en obras de más alcance) y esa novedad tiene la ventaja de exponer, por vez primera, a estos seres de forma sistemática, documentada y escueta, tras haber buceado en múltiples fuentes de información, crónicas, leyendas y tradiciones en toda la geografía española. Tiene la desventaja, casi seguro, de adolecer de algunas imprecisiones forzadas por la envergadura del tema tratado que, fácilmente, podría haber tenido el doble de páginas que tiene en la actualidad.

Duendes

Sabemos que uno de los principios del arte zen es dejar la obra deliberadamente incompleta para que el espectador o lector se recree en completarla y descifrarla y, para eso, debe tener ambivalencias y contradicciones simultáneas, algo que ocurre en el caso presente, con la única diferencia de que no ha sido deliberado el intento, sino obligatorio.

El objetivo principal de los autores y del dibujante, ha sido mostrar un fascinante mundo mitológico, en este caso circunscrito a los duendes, mucho más amplio, complejo y ameno del que en un principio se podría imaginar uno. Inicialmente pensábamos que se podía despachar en unas pocas páginas y, al final, comprobamos con suma satisfacción que el folklore y los mitos sobre estos seres son tan ricos y están tan vivos como lo pueden estar en otros países con mayor tradición en el tema. Por todo lo cual, que el lector no piense que está ante un libro acabado, completo y definitivo. No es una colección más o menos variopinta de duendes fijados a la pared por un alfiler virtual, sobre los que ya está dicho todo lo que se sabe de ellos. Ni pretendemos ser taxidermistas ni somos tan ingenuos de creer que hemos clasificado, vencido y conocido a estos diminutos personajillos. No nos extrañaría que ahora empezara una nueva «época de duendes» en la que algunos fenómenos como las casas encantadas y los visitantes nocturnos de dormitorio se contemplen desde otro punto de vista. Así como hubo una oleada de avistamientos de duendes a finales del siglo XVIII y a principios del XIX, tal vez estén esperando pacientemente, como ocurre con los *goblins* de la película *Dentro del laberinto*, a que se diga la frase adecuada para empezar de nuevo a hacer de las suyas en los hogares humanos...

Creer o no creer en ellos, he ahí la cuestión. La periodista Rosa Montero, en un artículo publicado en *El País Semanal* en abril de 1994, hizo la siguiente reflexión que nos parece muy acertada para concluir esta obra:

> Me gustaría saber quién ha decidido que no existen las hadas. Ni los gnomos, los elfos, los trasgos y demás habitantes del mundo crepuscular. Ya sé que no hay manera empírica de demostrar la existencia de estas criaturas fantásticas, pero tampoco hay manera de demostrar la existencia de Dios, y fíjense ustedes en la cantidad de partidarios que tiene.

Bibliografía

ALCOVER, Antoni María: *Diccionari català-valencià-balear* (también denominado *Diccionario Alcover Moll* en honor a sus creadores). Palma de Mallorca, 1980.

ALONSO PONGA, José Luis: *Tradiciones y costumbres de Castilla y León.* Ed. Imprime Sever-Cuesta. Valladolid, 1982.

ÁLVAREZ PEÑA, Alberto: *Asturies Máxica: Un viaxe ilustráu pela mitoloxía asturiana.* Ed. Conceyu Bable. 1992.
—*Mitología asturiana.* Picu Urriellu, Gijón, 2001.
—*Mitos y leyendas asturianas.* Pico Urriellu. Gijón, 2003.
—*Lliendes de Llena.* 1997.

AMADES, Joan: *Folklore de Catalunya. Costumes i creences.* Ed. Selecta. Barcelona, 1969.
—*Essers fantàstics. Butlletí de Dialectologia catalana*, Vol. XV, Barcelona, 1927.
—*Costumari català.* Salvat editores y Edicions 62. Barcelona, 1987.

ANDERSEN, Hans Cristian: *Cuentos completos.* Ed. Labor. Barcelona, 1974.

ANÓNIMO: *Cuentos de duendes.* Miraguano ediciones. Madrid, 1992.

ARACIL, Miguel G.: *Guía de la Catalunya paranormal y mágica.* Barcelona, 1986.
—*Guía de los seres fantásticos de los países catalanes.* Ediciones Índigo. Barcelona, 2000.

ARMENGOU I MARSANS, Josep María: *Guía de la Catalunya misteriosa, mágica y paranormal.* Ed. Obelisco. Barcelona, 1990.

ARROWSMITH, Nancy: *Guía de campo de las hadas y demás elfos*. Ed. Olañeta. Mallorca, 1988.

ATIENZA, Juan G.: *Claves ocultas de la historia*. Ed. Latina. Madrid, 1980.
—*Guía de las brujas en España*. Ed. Ariel. Barcelona, 1986.

BARANDIARÁN, José Miguel de: *Diccionario de mitología vasca*. Ed. Txertoa. San Sebastian, 1984.
—*El mundo de las divinidades en la mitología vasca*. Ed. Pamiela Komikia. Pamplona, 1984.

BARROSO, Félix: *Las Hurdes, visión interior*. Centro de Cultura Tradicional, Diputación de Salamanca. Salamanca, 1993.

BECHTEL, Guy: *Los grandes libros misteriosos*. Plaza y Janés. Barcelona, 1977.

BERROCAL, Manuel: *Los duendes españoles en las leyendas populares*. Imágica ediciones. 2007.

BLANCO, José Francisco: *Brujería y otros oficios populares de la magia*. Ámbito Ediciones. Valladolid, 1992.

BLÁZQUEZ MIGUEL, Juan: *Castilla La Mancha. Magia, superstición y leyenda*. Ed. Everest. León, 1991.
—*Hechicería y superstición en Castilla La Mancha*. Junta de Comunidades de Castilla-La Mancha. Toledo, 1985.

BORGES, Jorge Luis: *El libro de los seres imaginarios*. Editorial Bruguera. Barcelona, 1981.

BRIGGS, Katharine M.: *Hadas, duendes y otras criaturas sobrenaturales: quién es quién en el mundo mágico*. Ed. Olañeta. Mallorca, 1988.

CABAL, Constantino: *La mitología asturiana. Los dioses de la vida. Los dioses de la muerte. El sacerdocio del diablo*. Instituto de Estudios Asturianos. Oviedo, 1972.

—*Mitología Ibérica. Cuentos y Consejas de la vieja España.* Grupo Editorial Asturiano. Oviedo, 1993.

CABALLERO, Fernán: *Cuentos de encantamiento infantiles.* Madrid: Revista de Archivos. 1911.

CARO BAROJA, Julio: *Algunos mitos españoles y otros ensayos.* Ediciones del Centro. Madrid, 1974.

—*Del viejo folklore castellano.* Ed. Ámbito. Valladolid, 1988.

—*Las brujas y su mundo.* Alianza Editorial. Madrid, 1993.

CARRE ALVARELLOS, Leandro: *Las leyendas tradicionales gallegas.* Ed. Espasa Calpe. Madrid, 1977.

CARRERAS Y CANDY, Francisco: *Folclore y costumbres de España,* Tomo I. Editorial Alberto Martín. Barcelona, 1931.

CASTAÑÓN, Luciano: *Supersticiones y creencias en Asturias.* Editorial Ayalga Ediciones. Gijón, 1976.

CASTELLO GUASCH, Joan: *Barruguets, fameliars y follet.* Rondalles. Ed. Institut d´studis Eivissencs. Ibiza, 1993.

CHAO ESPINA, Enrique: *Leyendas de Galicia y otros temas narrativos.* Imprenta Fojo. La Coruña, 1981.

COLL, Pep: *Muntanyes Maleïdes.* Ed. Labutxaca. Ciudad, 2008.

CONTRERAS GIL, Francisco: *Casas encantadas: cuando el misterio cobra forma.* Edaf. Madrid, 2008.

COVARRUBIAS, Sebastián de: *Tesoro de la lengua castellana o española.* Biblioteca Virtual Miguel de Cervantes.

D´AULNOY, Condesa: *Relación del viaje de España.* Editorial Akal. 1986.

DÍAZ LAFUENTE, Antonio: *Duendes y leyendas de Granada.* Ed. Arguval. Málaga, 1993.

Duendes

DOMÍNGUEZ LASIERRA, Juan: *Selección de relatos aragoneses de Brujas, demonios y aparecidos*. Ed. Librería General. Zaragoza, 1978.

—*Aragón legendario*. Ed. Librería General. Zaragoza, 1984.

DOMÍNGUEZ MORENO, José María: «La fascinación infantil en la provincia de Cáceres». *Revista de folclore* n. 97. 1989.

—*Los cuentos de Ahigal*. Cuentos populares de la Alta Extremadura. 2012.

DUQUE DE MAURA: *Supersticiones de los siglos XVI y XVII y hechizos de Carlos II*. Editorial Calleja. Madrid.

ESPINO, Israel J.: *50 lugares mágicos de Extremadura*. Ed. Cydonia. Ciudad, 2016.

ESPRONCEDA, José de: *El diablo mundo*. Alianza editorial. Madrid, 1996.

FABER-KAISER, Andreas: *El muñeco humano. Nos fabricaron para utilizarnos*. Kaydeda Ediciones. 1989.

FAJARDO SPINOLA, Francisco: *Hechicería y Brujería en Canarias en la Edad Moderna*. Ediciones del Cabildo Insular de Gran Canaria. Las Palmas, 1992

FEIJOO, Benito Jerónimo: *Teatro crítico universal*. Taurus Ediciones. Madrid, 1985.

—*Cartas eruditas y curiosas*. Editorial Crítica. Barcelona, 2009.

FERICGLA, Josep María: *El hongo y la génesis de las culturas*. Ed. La liebre de marzo. 1996.

FERNÁNDEZ FLÓREZ, Wenceslao: *El bosque animado*. Ed. Espasa-Calpe. Barcelona, 1965.

FERRER CLAPES, Michel: *Cuentos, creencias y tradiciones de Ibiza*. Gráficas Guasch. 1981.

FLORES ARROYUELO, Francisco: *El diablo y los españoles*. Universidad de Murcia. Murcia, 1976.

FRAGUAS Y FRAGUAS, Antonio: *La Galicia insólita*. Tradiciones gallegas. Edicios do Castro. La Coruña, 1990.

FREIXEDO, Salvador: *La granja humana*. Ed. Plaza y Janés. Barcelona, 1989.

FRÍAS, José Manuel: *Granada misteriosa*. Ed. Almuzara. Ciudad, 2011.

FRONTERA, Guillermo: *Guía secreta de Baleares*. Ed. Al Borak. 1975.

FROUD, Brian: *Hadas*. Mondadori. Madrid, 1985.

FRUTOS GARCIA, Pedro de: *Leyendas gallegas: de Breogán al fin del mundo*. Ed. Tres Catorce, Diecisiete. Madrid, 1980.

FUENTELAPEÑA, Padre: *El ente dilucidado: tratado de monstruos y fantasmas*. Editorial Nacional. Madrid, 1978.

GARCÍA LOMAS, Adriano: *Mitología y supersticiones en Cantabria*. Excma. Diputación Provincial de Santander. Santander, 1964.

GARRIDO, Carlos: *Mallorca mágica*. Ed. José J. de Olañeta. Palma, 1988.

GIL DEL RÍO, Alfredo: *Inquisición y brujería*. Ed. Casset. Madrid, 1992

GONZÁLEZ, Jose Gregorio: *Canarias misteriosa. Los enigmas del archipiélago canario*. Ediciones Alternativas. 2002.

GONZÁLEZ CASARRUBIOS y SANCHEZ MORENO: *Folklore toledano: Fiestas y creencias*. Imprenta Gómez-Menor. Toledo, 1981.

GRACIA BOIX, *Rafael: Brujas y hechiceras de Andalucía*. Ed. Real Academia de Ciencias, Bellas Artes y Nobles Artes de Córdoba. Córdoba, 1991

GRIMM, Hermanos: *Cuentos*. Alianza Editorial. Madrid, 2004

Duendes

GUIJARRO, Josep: *Infiltrados. Seres de otras dimensiones entre nosotros.* Ed. Sangrilá. Barcelona, 1992.

HALL, Michael: *Hadas, duendes, elfos y más gente menuda.* Ed. Edicomunicación. Barcelona, 1992.

HERNUÑEZ, Pollux: *Monstruos, duendes y seres fantásticos de la mitología cántabra.* Ed. Anaya. Madrid, 1994.

HOYO SAINZ, Luis de y HOYO SANCHO, Nieves de: *Manual de folclore. La vida popular tradicional en España.* Ediciones Istmo. Gijón, 1985.

HOPE ROBBINS, Rossell: *Enciclopedia de la brujería y demonología.* Ed. Debate. Madrid, 1988.

HURTADO, Publio: *Supersticiones extremeñas.* Arsgraphica. Huelva, 1989.

IRIBARREN, José María.: *Revoltijo.* Ediciones y Libros. Pamplona, 1980.

JIMÉNEZ, Iker: *Enigmas sin resolver.* Edaf. Madrid, 1999.
—*El paraíso maldito.* Edaf. Madrid, 2000.

JORDÁN PEÑA, José Luis: *Casas encantadas.* Poltergeist. Ed. Noguer. Barcelona, 1982.
—*Espíritus y duendes. Las casas encantadas.* Editorial Uve. Madrid, 1980.

JOVE Y BRAVO, Rogelio: *Mitos y supersticiones de Asturias.* Editorial La Comercial. Oviedo, 1903.

KIRK, Robert: *La Comunidad Secreta.* Ed. Siruela. Madrid, 1993.

LEADBEATER, C.W.: *El más allá de la muerte.* Ed. Casa de Horus. Madrid, 1992.
—*Los espíritus de la naturaleza.* Ed. Sirio. Málaga, 1984.

LÓPEZ GUTIÉRREZ, Luciano: *Portentos y prodigios del Siglo de Oro.* Ed. Nowtilus. Madrid, 2012.

LUNA SAMPERIO, Manuel: *Duendes y personajes mitológicos de España.* Editorial. Madrid, 1986.

LLANO, Manuel: *Brañaflor.* Ed. Librería Moderna. Santander, 1931.
—*Mitos y Leyendas de Cantabria.* Ed. Artes Gráficas Resina. Santander, 1982.

LLANO ROZA DE AMPUDIA, Aurelio: *Del folclore asturiano: Mitos supersticiones, costumbres.* Instituto de Estudios Asturianos. Oviedo, 1977.

LLINARES, María del Mar: *Mouros, ánimas, demonios. El imaginario popular gallego.* Editorial Akal. Madrid, 1990.

MARTÍN SÁNCHEZ, Manuel: *Seres míticos y personajes fantásticos españoles.* Ed. Edaf. Madrid, 2002.

MARTÍN SOTO, Rafael: *Magia y vida cotidiana. Andalucía siglos XVI-XVIII.* Ed. Renacimiento. 2008.

MARTÍNEZ DE LEZEA, Toti: *Leyendas de Euskal Herria.* Ed. Erein. Ciudad, 2004.

MENÉNDEZ PELAYO, Marcelino: *Historia de los heterodoxos españoles.* II volumen. Ed. Católica. Madrid, 1978.

MOURE MARIÑO, Luis: *La Galicia prodigiosa. Las ánimas. Las brujas. El demonio.* Galicia Editorial. Santiago, 1992.

PARACELSO: *El libro de las ninfas, los silfos, los pigmeos, las salamandras y demás espíritus.* Ed. Obelisco. Barcelona, 1987.

PEREDA, José María de: *De tal palo tal astilla.* Ed. Cátedra. Madrid, 1981.
—*Tipos y paisajes.* Biblioteca Virtual Miguel de Cervantes. 1999.

PERUCHO, Joan: *Bestiario fantástico.* Ed. Plaza y Janés. Barcelona, 1990.

Duendes

PLANELLS, Mariano: *Diccionario de secretos de Ibiza*. Ed. Sirven Grafic. Barcelona, 1982.

PORTELA PAZ, Agustín: *O trasno*. Excma. Diputación Provincial de Pontevedra. 1992.

RICO-ABELLO, Carlos: *La brujería en Asturias*. Editado por el Congreso de Brujología de 1975.

RÍO LÓPEZ, Ángel del: *Duendes, fantasmas y casas encantadas en Madrid*. Ediciones La Librería. Madrid, 1994

RODRÍGUEZ ALMODÓVAR, Antonio: *Los cuentos maravillosos españoles*. Ed. Crítica. Barcelona, 1983

RODRÍGUEZ DE ARELLANO, Teodomiro: *Paseos por Córdoba*. Tomo I. Imprenta de Rafael Arroyo. Córdoba, 1873.

RODRÍGUEZ BAUSÁ, Luis: *Toledo insólito*. Ed. Bremen. Toledo, 2003

RODRÍGUEZ BAUSÁ, Luis y MATEO ALVÁREZ DE TOLEDO, Javier: *Guía mágica de Toledo y su provincia*. Covarrubias ediciones. Toledo. 2011.

RODRÍGUEZ-GONZÁLEZ, Eladio: *Diccionario enciclopédico gallego-castellano*. Editorial Galaxia. Vigo, 1961.

RODRÍGUEZ LÓPEZ, Jesús: *Supersticiones de Galicia y otras preocupaciones vulgares*. Ediciones Celta. Lugo, 1970.

ROSELL, Joan: *Leyendas del Aragón demonio*. Ed. Doce Robles. 2016.

ROSO DE LUNA, Mario: *Por la Asturias tenebrosa: El tesoro de los lagos de Somiedo*. Ed. Eyras. Madrid, 1980.

RUA ALLER, Francisco y RUBIO GAGO, Manuel: *La piedra celeste: creencias populares leonesas*. Diputación Provincial de León. 1986.

SABRAFIN, Gabriel: *Leyendas y cuentos casi olvidados de las islas Baleares*. Olañeta. 1996

SÁNCHEZ CIRUELO, Pedro: *Reprobación de las supersticiones y superchería*. Editorial Glosa. Barcelona, 1977.

SÁNCHEZ DRAGÓ, Fernando: *Gárgoris y Habidis. Una historia mágica de España*. Editorial Planeta. Barcelona, 1992.
—*Las fuentes del Nilo*. Editorial Planeta, 1986.

SÁNCHEZ PÉREZ, José Augusto: *Supersticiones españolas*. Ed. Saeta. Madrid, 1948.

SATRÚSTEGUI, José María: *Mitos y creencias*. Editorial Txertoa. San Sebastián, 1983.

SCHNITZER, Rita: *Hadas y elfos*. Elfos Ediciones. Barcelona, 1988.

SEIJO ALONSO, Francisco: *Los fantasmas de Alicante, Valencia y Castellón*. Ed. Seijó. Alicante, 1969.

SENDER, Ramón J.: *Las criaturas saturnianas*. Editorial Destino. Barcelona, 1968.
—*Solanar y Lucernario aragonés*. Ed. Heraldo de Aragón. Zaragoza, 1978.

SEPÚLVEDA, Ricardo: *Madrid Viejo. Costumbres, leyendas y descripciones*. Ed. Avances. Madrid, 2010.

STELLA DE VALLEJO, Carmen: *Viejos mitos de Cantabria*. Ed. Institución Cultural de Cantabria. Sopena de Cauerniga, 1987.

SUEIRO, Jorge Víctor y NIETO, Amparo: *Galicia, romería interminable*. Phentalo Ediciones. Madrid, 1983.

TALAMONTI, Leo: *Universo prohibido*. Editorial Plaza y Janés. Barcelona, 1974.

Duendes

THOMAS, Hugh: *La conquista de México*. Ed. Planeta. Barcelona, 1994.

TOMEO, Javier y ESTADELLA, J. M.: *La brujería y la superstición en Cataluña*. Ediciones Géminis. Barcelona, 1963.

TORQUEMADA, Antonio: *Jardín de flores curiosas*. Ed. Castalia. Madrid, 1982.

TORRES Y VILLARROEL, Diego: *Vida*. Ed. Bruguera. Barcelona, 1968.

TUERU, Reyes (con ilustraciones de Alberto Álvarez Peña): *Trasgu*. (En bable). VTP editorial. 2000.

VIOLANT I SIMORRA, Ramón: *El Pirineo español. Vida, usos, costumbres, creencias y tradiciones de una cultura milenaria que desaparece*. Volumen II. Ed. Alta Fulla. Barcelona, 1986.

VV.AA.: *Brujología. Congreso de San Sebastián. Ponencias y comunicaciones*. Seminarios y Ediciones. Madrid, 1975.

VALLEE, Jacques: *Pasaporte a Magonia*. Ed. Plaza y Janés. Barcelona, 1972.

WEBSTER, Wentworth: *Leyendas vascas*. Miraguano Ediciones. Madrid, 1989.

ZAMORA CALVO, María Jesús: *Artes maleficorum: brujas, magos y demonios en el Siglo de Oro*. Calambur editorial. 2016.

JESÚS CALLEJO CABO

Especialista en temas folclóricos y mitológicos. Colaborador habitual de las revistas Año/Cero, Más Allá de la Ciencia, Enigmas del hombre y del universo y Muy Historia. Fue miembro de las tertulias *Las 4C de La Rosa de los Vientos* de Juan Antonio Cebrian. Autor de *Enigmas literarios*, *Breve historia de la brujería* y *Grandes misterios de la arqueología*. Director del programa radiofónico *La escóbula de la brújula* (Grupo PRISA) y colaborador en la sección el *Cronovisor* del programa SER Historia, de Nacho Ares.

CARLOS CANALES TORRES

Colaboró durante años en La Rosa de los Vientos de Onda Cero. Autor, con Jesús Callejo, de *Duendes, Seres y lugares en los que usted no cree y Enigma: de las pirámides de Egipto al asesinato de Kennedy.* Ha escrito decenas de artículos y libros. Miembro de diversas asociaciones nacionales e internacionales de investigación histórica, ha dirigido la revista Ristre Napoleónico.

RICARDO SÁNCHEZ RODRÍGUEZ

Creativo, diseñador e ilustrador. Ha colaborado en cientos de títulos de la Editorial Edaf, creando cubiertas, ilustraciones y mapas en proyectos como *Tercios de España, Una pica en Flandes, Banderas lejanas, Naves Mancas, Una ventana del castillo de Praga, La juventud de Cervantes,* etc. Su trabajo de dibujante es ampliamente conocido a través del libro *Duendes.* Como director creativo de Risconegro, innova en el diseño y la tecnología con proyectos de realidad aumentada.

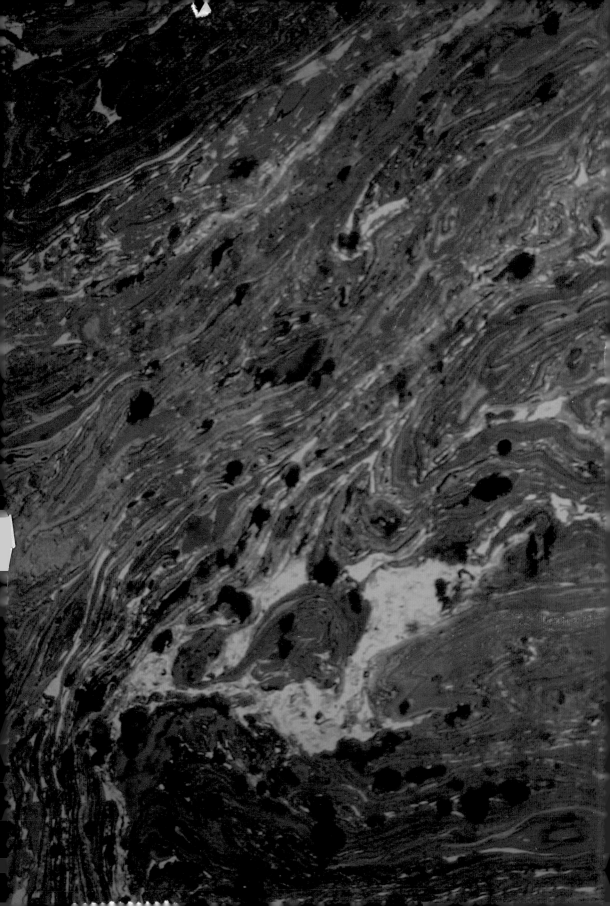